U0454245

亚马逊

Amaz○n

效应

如何用技术
驱动零售变革？

How the World's
Most Relentless Retailer
will Continue to
Revolutionize Commerce

岱冈———译

〔美〕娜塔莉·伯格
(Natalie Berg)

〔美〕米娅·奈茨
(Miya Knights)
———著

中信出版集团 | 北京

图书在版编目（CIP）数据

亚马逊效应 /（美）娜塔莉·伯格，（美）米娅·奈
茨著；岱冈译 . -- 北京：中信出版社，2020.4（2021.1 重印）
书名原文：Amazon: How the World's Most
Relentless Retailer will Continue to Revolutionize
Commerce
ISBN 978-7-5217-1377-0

Ⅰ.①亚…　Ⅱ.①娜…②米…③岱…　Ⅲ.①电子商
务—商业企业管理—研究—美国　Ⅳ.① F737.124.6

中国版本图书馆 CIP 数据核字（2020）第 029622 号

亚马逊效应

著　者：[美]娜塔莉·伯格　[美]米娅·奈茨
译　者：岱冈
出版发行：中信出版集团股份有限公司
　　　　　（北京市朝阳区惠新东街甲 4 号富盛大厦 2 座　邮编　100029）
承 印 者：山东韵杰文化科技有限公司

开　　本：880mm×1230mm　1/32　　印　张：11　　字　数：247 千字
版　　次：2020 年 4 月第 1 版　　　　印　次：2021 年 1 月第 2 次印刷
京权图字：01-2019-3734
书　　号：ISBN 978-7-5217-1377-0
定　　价：59.00 元

对《亚马逊效应》的褒奖之词

如果你信奉"知己知彼，百战不殆"的哲学，那么，《亚马逊效应》就是所有全渠道零售商必读的一本书。

——蒂姆·梅森（Tim Mason）

Eagle Eye Solutions（鹰眼解决方案公司）首席执行官

娜塔莉·伯格和米娅·奈茨撰写了一本描述亚马逊的崛起及其对零售业产生巨大影响的权威著作。作为一名追踪亚马逊 20 多年的金融分析师，我发现这本书充满了洞见和关键数据点。娜塔莉和米娅对亚马逊为什么要"干实体"（开发亚马逊无人超市和收购全食超市等）的解释尤为精彩。这本书为投资者和零售商，尤其是那些期望在 WACD（What Amazon Can't Do，即"亚马逊有所不能"）领域出类拔萃的公司，提供了宝贵的经验教训。我强烈推荐这本书。

——马克·S. 马哈尼（Mark S. Mahaney）

加拿大皇家银行资本市场董事总经理兼分析师

亚马逊是一个奇迹，它始终不懈地关注客户。为了推动发展，它不惜进行巨大的再投资，从不让"此时此地之得失"影响其对于长期愿景的执着追求。对于任何一位电商企业家来说，娜塔莉和米娅带来了丰富的见解，让我们了解了亚马逊如何在 25 年间一举创造奇迹。她们在深入分析亚马逊的增长的同时，也适时地提醒人们，消费者行为已经发生了巨大的变化。这一点令人兴奋，也正助力英国女装品牌 Missguided 等新零售商产生影响。

——尼丁·帕西（Nitin Passi）

Missguided 创始人兼首席执行官

娜塔莉和米娅对亚马逊所做的深入分析，将是零售商了解亚马逊影响的必读手册。由于两人对亚马逊的事业及其在美国和欧洲的同行拥有亲身、全面、近距离的了解，因此这本书充满客观的洞见力。但这远不只是一本关于亚马逊的专著，它还是一篇社会评论，它阐述了科技进步造成顾客前所未有的超高期望，以及随之而来的影响。购物者知道，原来不可能的事情，现在可能了；原来不可行的，现在可行了；曾经的梦想如今变成了现实。娜塔莉和米娅提醒我们，对于任何零售商而言，重塑自我以服务于新顾客，都是不得不做的事情。

——安迪·邦德（Andy Bond）

服饰零售商 Pepkor 欧洲公司首席执行官

这本书不仅全面而权威地洞析了亚马逊的运营模式，以及亚马逊不懈进取、创造更多成就的历程，而且对于未来购物模式和零售业也是一篇不可多得的深入分析。这本书指出，零售业必须要适应变革才能与"按自己的方式"的购物者保持相关性。

——罗宾·菲利普斯（Robin Phillips）

The Watch Shop（英国一家手表网站）首席执行官

亚马逊效应

娜塔莉和米娅对亚马逊的核心精华进行了全面的介绍，她们描绘出这头网络巨兽的历史和发展的路线图，细致入微地探索了那些塑造了亚马逊基因的关键拐点和核心要素。最为重要的是，她们在书中所提出的见解和暗示，将激发投身于亚马逊为之竞争的"物联工业"的任何人重新评估和提升自己的战略。我就会这样做。

——安阮卢（Anh Nguyen Lue）
宝洁公司北美开放式创新与电商品类管理负责人

目　录

第1章

无处不在的
亚马逊

相关性：与当前时间、阶段或条件相适应，符合当下的潮流。

零售业正在经历一场大变革。反对者称之为天启之灾，而对其他人来说，这是数字化转型。无论持哪种观点，大家都一致认同，这是一段将产生深远影响的结构变革的时期。

网上购物的兴起，以及消费者价值观和消费习惯的普通转变，都展现出零售业过度扩张的态势。商店正以前所未有的速度关闭，而零售企业也正在以经济衰退时期的水平纷纷破产。传统的业态正在被取代，每一家商户都在为生存而挣扎。目前全球最大的零售商沃尔玛甚至修改了自己的名字"沃尔玛商店"（Wal-Mart Stores）。在使用了这个法定名称近半个世纪之后，它在 2018 年去除了名字中的"商店"（Stores）一词，以反映新的数字时代。这就是零售业的达尔文主义——要么进化，要么死亡。

但是，人们在谈论迫在眉睫的这场天启之灾时，往往忽略了一个词——相关性。零售业最重要的法则就是一切需与顾客相关。如果你不能遵守这些基本的原则，为客户提供他们想要的，或者不能从竞争中脱颖而出，那么你就不会有机会。没错，对于这样的零售商来说，末日时钟正在嘀嗒作响。然而，对于那些愿意迎接变革的人来说，这却是零售行业一个令人难以置信的激动人心的时刻。未来，商店将会更少，但它们将更有影响力。未来，购物者将获得更加融合的线上和线下体验。未来，将在 WACD 领域所向披靡。

作为 21 世纪商业的巨人，亚马逊已经从网络书商发展为世界上最有价值的上市公司之一。在撰写本书时，亚马逊已经占了美国电子商务销售额的近一半。[1] 2010 年，这家零售商拥有 3 万个雇员，到 2018 年，这一数字已经上升到 56 万。[2] 从云计算服务（AWS）一直到语音技术，亚马逊在诸多领域已成为毫无争议的市场领导者。它是排在谷歌[3]之前的产品搜索首选平台，当你阅读这本书时，亚马逊很可能已摘得美国最大服装零售商的桂冠了。[4] 2018 年，在本书撰写过程中，亚马逊的市值相当于沃尔玛、家得宝（Home Depot）、好市多（Costco）、西维斯（CVS）、沃尔格林（Walgreens）、塔吉特（Target）、克罗格（Kroger）、百思买（Best Buy）、科尔士百货（Kohl's）、梅西百货（Macy's）、诺德斯特龙（Nordstrom）、杰西潘尼（JC Penney）和西尔斯百货（Sears）的总和。[5] 无疑，那些纸板箱正在改变零售业。

这似乎还不够，亚马逊一直忙于扩大其全球业务。2008 年，亚马逊的业务仅限于 6 个市场：加拿大、英国、德国、法国、日本和中国。10 年之后，美国境外的业务已占亚马逊销售总额的 1/3，

　　　　　　　　　　　　　　　　亚马逊效应

范围跨度多达 18 个海外市场，从灯红酒绿的墨西哥城到偏远的喜马拉雅山区。[6]

在短短三年的时间里，亚马逊就将其营业总面积扩大了一倍多。到 2018 年，亚马逊在全球拥有或租赁了超过 2.5 亿平方英尺[①]的空间。[7] 自从网站上线以来，亚马逊新增加了 30 多个产品大类[8]，并在全世界拥有了超过 1 亿个金牌（Prime）会员，每一位会员都愿意每年花大约 100 美元在线上购买商品。[9]

和大多数颠覆者一样，亚马逊原本是一个局外者。它本质上是一家科技公司，尽管是一家以客户为导向的公司。它坚持不懈地打造自己的零售模式，不仅通过品类扩张来颠覆整个行业，同时还通过增强娱乐功能、交付功能和技术功能，为消费者创造独一无二、顺畅无碍和完全浸入的体验。

亚马逊成功的根本原因之一，就是它坚定不移地致力于 20 多年前所设定的愿景：不懈创新，为客户创造长期价值。亚马逊的成功源于其不安于现状，坚持推陈出新，以及激发客户终身忠诚度的渴望。亚马逊的发展惊喜连连，但每一项行动最终都由其愿景所指引，始终未变。

对竞争对手来说，亚马逊冷酷无情、令人生畏；对消费者来说，亚马逊简直方便至极，而且越来越不可或缺。通过将点击量以百万计的产品与更快的送货速度相结合，亚马逊已经实现了人们购物的终极理想状态。这仅仅是个开始。亚马逊充分利用自身品牌的实力和信誉，正将触角伸向全新的行业。单是亚马逊有可能进军某个行业的传言，就足以引起该领域企业的股价暴跌。越

---

① 1 平方英尺约为 0.093 平方米。——编者注

发明显的一点是，亚马逊绝不满足于仅仅做零售商，它想成为人们生活的基础设施。我们相信，到 2021 年，随着云计算、订购、广告和金融服务变得越来越重要，亚马逊的大部分销售额将来自服务，而非产品。

亚马逊正处于一个转折点。这位电商之王已经意识到，尽管网上购物非常便利，但仅是线上经营显然已经不够了。实体零售与数字零售的融合正在加速。如果亚马逊想进军食品百货和时尚业，它就需要有实体商店。如果亚马逊想抵消日益上涨的运费和客户获取成本，它就需要有实体商店。如果亚马逊想进一步推动金牌会员制、普及语音技术，以及推广一小时送达服务，它就需要有实体商店。

通过并购全食超市（Whole Foods Market），亚马逊发出了一个非常明确的信号：零售业的未来是点击加实体。亚马逊将为 21 世纪的消费者重新定义超市——去掉收银台，使移动结算成为其定义特征。它还将利用实体店实现快速送货，而最重要的是，它将用一种网上无法实现的方式吸引购物者到店。未来的商店将变得更具体验性和服务先导性。

食品百货业将为亚马逊解开一个很大的谜团：频率。正如全食超市一位前老板所说的那样："食品业态其实是向你出售其他一切东西的平台。"[10] 这就是亚马逊进军食品百货业而令所有零售商（而不仅仅是大卖场）忧心忡忡的原因。这是亚马逊迈向零售业全面主导地位的又一步。

正如我们将在本书中通篇描述的，亚马逊在许多方面都是无可匹敌的。它遵循一整套完全不同的规则，能够募集廉价的资本，拥有几乎不可被复制的根深蒂固的生态系统。亚马逊将成为一股强盛的力量，零售业将因之提升其表现水平。我们将看到赢家和输家的分野。未实现差异化和表现不佳的零售商将被淘汰出局，而剩下的零售商将会变得更加强大，因为它们进行了自我重塑，通过确保客户相关性，最终保证自己立于不败之地。

第2章

亚马逊非同一般的零售策略

> **飞轮**：机器上一个很重的旋转轮，用以增加机器的功能，从而提供更强的稳定性和能量储备。

亚马逊充满了矛盾。这家以"长期不盈利"为策略的零售商，如今已在全球最有价值公司排名中位列第二。亚马逊是一家零售商，但它所出售的大部分商品都不是自己生产的。亚马逊是令人畏惧的竞争对手，但它同时也在逐渐变成零售合作伙伴。"亚马逊效应"既可以指让一家公司倒闭，也可以指极大地提升客户体验，这取决于你询问的对象是谁。亚马逊销售从尿布到跑步机的各类产品，它也制作热门电视节目，并为美国政府提供云计算服务。亚马逊是一家硬件制造商、支付平台、广告平台、海运业务经营商、出版商、快递网络、时尚设计商、自有品牌商、居家安保提供商和航空公司。然而，亚马逊不会止步于此，亚马逊还想成为一家超市、银行，乃至医护服务提供商。当你阅读本书时，它可能已经站在了颠覆又一个新行业的最前端。

亚马逊很明白，在外界看来，这种多样化似乎既零散又不合逻辑。难道亚马逊只是行行都要插一脚，却又什么都不在行吗？亚马逊于 2018 年在其网站上表示："当我们在开创新事物时，我们可以接受有可能被人长期误解的现实。"[1] 要了解亚马逊，你就首先需要了解它的战略框架：飞轮。

表 2-1　美国主要零售商市值总额比较（2018 年 6 月 7 日）

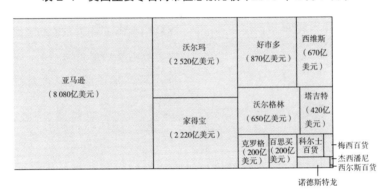

数据来源：作者研究资料、零售咨询公司 NBK 及谷歌金融。

以亏钱来赚钱

飞轮效应由管理学理论家吉姆·柯林斯提出，这一概念描述了一个良性的循环，它可以让企业变得更加成功。柯林斯在其个人网站上这样表述："没有单一的决定性行动，没有宏大的计划，没

　　　　　　　　　　　　　　　　　　　亚马逊效应

有一招制胜的创新，没有单独的幸运突破，也没有什么奇迹时刻。相反，这个过程就像持续地推动一个巨大而沉重的飞轮，让它一圈接着一圈旋转，不断增加动能，直至达到突破点，甚至超越。"[2]

那么，这一概念如何适用于亚马逊呢？布拉德·斯通在 2013 年出版的《一网打尽》一书中解释了最初的想法：

> 贝佐斯和他的同伴们勾勒出了自己的良性循环，他们相信这将为亚马逊的业务带来动力。良性循环的过程大抵如此：价格越低，点击访问的客户就越多；客户越多，销量也就越大，还能吸引更多支付佣金的第三方卖家进入该网站。这使得亚马逊能够从配送中心及运行网站所需的服务器等固定成本中获取更多收益。这种更高的效率使亚马逊能够进一步降低价格。贝佐斯和同伴们推断，只要给这一飞轮的任何部分提供动力，它就能加速整个循环。[3]

经过 20 年的投资，飞轮现在飞转起来了。为了给飞轮提供动力，亚马逊继续将业务多元化，并将目光远远地投向零售领域之外。亚马逊不会仅仅满足于当一家无所不卖的商店，它还想成为无处不在的商店。它的意图是颠覆诸如银行和医护保健等全新的行业，这似乎与核心的零售业分工不一致，但有两点是我们必须记住的：

（1）每一项新服务都是飞轮上的又一根新辐条。孤立地观察某一个业务部门，是无法全面衡量亚马逊的成功的。

（2）将亚马逊所有看似不合理的举动全部联系起来的一点就是，其任何举动都提供了改善客户体验的机会，而在整个过程中，这种机会会进一步与购物者如影随形。

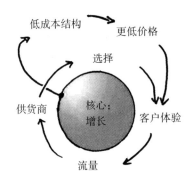

图 2-1　飞轮：亚马逊成功的关键

2018 年，据贝恩公司（Bain & Company）预测，亚马逊所提供的金融服务在未来 5 年内将吸引超过 7 000 万个顾客，使之达到美国第三大银行富国银行的规模。[4] 亚马逊品牌的信任度和忠诚度已经相当牢固，它们同时还可以延伸到其他领域，虽然实现这一点还少不了更严格的审查。现在，让我们深入探讨一下亚马逊的价值观，看看它究竟如何塑造了亚马逊，使其成为 21 世纪最具颠覆性和影响力的零售企业之一。

亚马逊核心价值观

> 我们是一家先锋型公司。我们要做的就是大胆进取，从一切为了客户而发明的理念中获得力量。成功是依据可能性，而非可行性来衡量的。
>
> ——亚马逊，2018 年 [5]

赢家组合：客户至上 + 发明创造

大多数零售商都自认为具有创新精神，一切以消费者为中心，以结果为导向。但亚马逊的不同在于，它是真的这样做的。

虽然最初也只是写在纸上，但这十多年来，亚马逊雄心勃勃的使命一直就是要成为全球最以客户为中心的公司。它始终毫不动摇地致力于这一目标，确保做出的每一个决定最终都会为客户带来价值。毕竟，零售的全部意义就在于为顾客服务。

> 如果你想知道到底是什么让我们与众不同的，那答案就是这个。我们才是真正以客户为中心的，我们才是真正以长期为导向的，我们才是真正热爱创新的。大多数公司并非如此。
>
> ——杰夫·贝佐斯，2013 年[6]

亚马逊并不是世界上第一家顾客至上的零售商。事实上，有人可能会说，这一灵感最早来自沃尔玛的已故创始人山姆·沃尔顿，他真正信奉"顾客就是上帝"的格言。他还说过一句很有名的话："我们只有一个老板，那就是客户。他只要把钱花在别的地方，就可能让公司里自董事长以下的每一个人都被解雇。"[7]

然而，亚马逊之所以与众不同，就在于它始终不满足于现状。它总是不断地寻求更好的途径为顾客服务，使顾客的购物体验更加方便、更加快捷。其他零售商一谈起创新，就会说"快闪店"（pop-up stores）和数字展示之类的。但在亚马逊，创新指的是水下仓库和机器人快递员。

2016 年，杰夫·贝佐斯在一封致股东的信中写道：

一切以顾客为中心的方法有许多优势，但其中最大的优势就是：顾客永远能指出让你意想不到的不满意之处，即便他们表面上说自己很开心，你的生意也很火爆。尽管他们说不上来可以怎样改进，但他们总是期望得到更好的东西，而你想要取悦客户的愿望就能驱使你为他们发明创造。

贝佐斯指出，从来没有人要求亚马逊创建金牌会员制，"但事实证明这确实是人们想要的"。[8]亚马逊甚至在客户需求尚未出现时就已经有了解决方案。

2017年，这家零售商共投入200多亿美元用于研发，投入金额超过了任何一家美国公司。[9]然而，尽管亚马逊拥有雄厚的财力，但它依然认为，节俭是一项关键的领导力原则，因为节俭有助于萌发多谋略、自给自足和发明创造。

节俭是世界上最成功的零售商的共同特征。创业早期，亚马逊因为将门板当作桌子而闻名。沃尔玛之所以用Walmart这个名字，就是因为它只有7个字母，比其他建议方案都短，因此安装和点亮霓虹灯店招的成本就会更低。与此同时，人们都说，在西班牙最大的零售商梅尔卡多纳（Mercadona）的高管们的衣袋里仍装着一枚1欧分的硬币，以提醒他们时刻为了顾客能省钱而努力。[10]

同样，亚马逊只会在明显给客户带来好处的情况下才会花钱。"杰夫绝不会动脑筋去改变哪怕任何一个像素、一个按钮或结账处的什么装置，抑或是官网上的任何内容，除非你明明白白地跟杰夫说清楚这对顾客有哪些好处。"英国在线服装零售商ASOS董事会主席，也是亚马逊英国的前经理布莱恩·麦克布莱德在2018年的一次零售技术会议上如是说，"除非确实是出于为顾客考虑，否则为什么这样做呢？"[11]

亚马逊的领导力原则

1 顾客至上

2 主人翁精神

3 创新与简化

4 决策正确，大都如此

5 学习并充满好奇心

6 雇用人才，更要实现人尽其才

7 坚持最高标准

8 远见卓识

9 贵在行动

10 节俭

11 赢得信任

12 追根究底

13 勇于表达不同意见，言出必行

14 行必有果

规模创新

那么，亚马逊是如何凭借机敏灵活的机制创造生机勃勃的文化的呢？它又是如何进行规模创新的呢？

其中一个例子就是"逆向思维工作法"。亚马逊一直对演示文稿（PPT）持反对态度（指其方便了演示者，却为难了听众）。因此，亚马逊的所有会议都要求参会者把文字介绍写在6页纸之内，大家在会议开始时都要先默读这些描述。按照贝佐斯的说法，这些说明文字能够帮助与会者更深入地厘清情况，尤其是涉及新产品开发时。说明文稿被设计成模拟新闻发布稿，在宣布新产品完成的同时，用通俗易懂的语言，或者用亚马逊 Alexa International（语音助手国际服务）现任总监伊恩·麦卡利斯特的话来说就是，用"奥普拉①语"（Oprah-speak）而非"极客语"（Geek-speak）向客户描述该产品的各种优势。

> 逆向思维工作法能让你对造福客户负责。
> ——保罗·米泽纳，亚马逊全球创新政策及沟通副总裁，2017 年[12]

麦卡利斯特在 2012 年的一篇博客中这样写道："当前的解决方案（无论内部或外部）全都聚焦在了客户关心的问题上，它为何就是不行，而新产品又将如何取代现有的解决方案。"如果产品优势听起来并不吸引人，那么产品经理就要继续调整文字介绍。"在新闻稿上描述迭代要比对产品本身迭代划算得多（也快得多）！"[13]

结果怎样？快速创新实现了。一个很好的例子就是 Prime Now（金牌现时），即亚马逊的 1~2 小时送达服务，该产品从创意到发布仅用了 111 天。[14]独特的产品开发方式使亚马逊能够将初创心境与大公司的规模和资源结合起来，这便是亚马逊傲然独立之处。

世界上最好的容错之地

亚马逊非常重视好奇心和冒险精神，但并非所有的东西到它手里都能点石成金。它最大的失败无疑就是亚马逊智能手机 Fire phone，它根本无法与苹果手机和安卓系统相匹敌，最终以 1.7 亿美元的亏损收场。其他短命的尝试还包括：旅游网站"亚马逊目

---

① 奥普拉·温弗瑞是美国脱口秀节目主持人。——编者注

亚马逊效应

的地"（Amazon Destination）、团购式的交易网站"亚马逊本地购"
（Amazon Local），以及允许购物者在手机上存储各类礼品卡和常客
卡的应用"亚马逊钱包"（Amazon Wallet）。

> 生活中有许多失败都是因为人们在放弃的时候，并没有意识到他们
> 离成功仅一步之遥。
>
> ——托马斯·爱迪生[15]

贝佐斯认为，创新和失败是"不可分离的孪生兄弟"。正是
由于将失败视为一种学习经验而予以宽容，亚马逊才有别于其他
企业。"我们（每）做一件非常重要的事情，"贝佐斯说，"都容许
冒极大的风险，并且坚持不懈，勇于创新。其中有些成功了，但
大多数都没成功。"让我们明确一点，凡是那些最终脱颖而出的
产品——例如金牌会员制、亚马逊云计算服务和亚马逊智能音箱
Echo——对公司来说都是巨大的成功。

下注 20 年及一以贯之的重要性

> 在很长一段时间内，我们无利可图。这就是我们的策略。
>
> ——杰夫·贝佐斯，1997 年[16]

华尔街天生就是做短期的地方，大多数上市公司只关注利润
最大化和季度间的股票波动情况。亚马逊则恰恰相反。

从第一天起，亚马逊就将增长优先于盈利进行考量，以用户
和收入增长、复购率及公司品牌价值来衡量自身的成功。亚马逊
的规划一直就是要建立市场领导力，而这反过来又加强了亚马逊

的经济模式。设计飞轮概念并不是为了一夜成功，而是为了与广大用户建立长期的关系。

不可忽视的一点是，一致性在亚马逊战略中极为重要，1997年的第一封致股东信读起来就像是昨天写的。贝佐斯没有预测未来，而是创造了未来。20年前，他提出了自己的愿景，即通过不懈地关注消费者，为消费者和股东创造长期价值。别忘了，1997年的亚马逊还只是一家网上书店，它与今日的亚马逊零售巨头不可同日而语，但两者的战略是完全一致的。

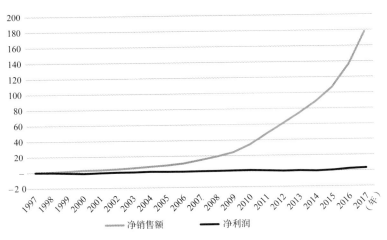

图 2-2　长线游戏：亚马逊的销售额与盈利

资料来源：本文作者的研究；亚马逊业绩。

为了让亚马逊的计划奏效，贝佐斯必须长期坚持亲力亲为。他现在是全球最富有的人之一，尽管他大部分的资本净值都与亚马逊的股票捆绑在一起。他执掌亚马逊已 20 多年，这有助于亚马逊避免偏离最初的愿景。若想摆脱吹毛求疵者的指责、平息股

亚马逊效应

东们的担忧，就需要有厚脸皮和超常的专注力。截至 2018 年本书撰写时，在亚马逊 21 年的发展史上，只有 13 年是盈利的。即使现在，亚马逊的边际利润率依然不亮眼且不稳定，远未达到金融市场喜闻乐见的那种线性上升趋势。照此情形，恐怕大多数零售企业的总裁早就被解雇了，但贝佐斯一直告诉他的股东们要有耐心。

> 要我说，亚马逊就是一家慈善组织，它由投资界的一些人为了消费者的利益而进行运作。
> ——*Vox* 杂志执行主编马修·伊格莱西亚斯，2013 年[17]

然而，最初的那些年，很多人都不看好亚马逊。到 2000 年，也就是互联网泡沫破裂、亚马逊进入第 6 个年头的那一年，这家零售商仍旧没有盈利，反而亏损高达数百万美元。华尔街分析师都认为贝佐斯是在沙滩上建房子，[18]雷曼兄弟公司的分析师拉维·苏利亚就预测亚马逊将在数月内现金短缺，除非它"可以从其变戏法的帽子里再变出一只融资兔来"。[19]苏利亚的观点并非一家之言。同年，金融杂志《巴伦周刊》（*Barron's*）发布了一份名单，列出了 51 家预计将在 2000 年年底破产的互联网公司。这 51 家烧钱率最高的公司就包括亚马逊和那些名字已被遗忘的公司，如唱片公司 CDNow、软件公司 Infonautics 等。

诸如"亚马逊能活下来吗？"[20]和"亚马逊：庞氏骗局还是网络沃尔玛？"[21]之类的新闻头条，都表明人们对亚马逊未来发展的怀疑。人们推测亚马逊将成为互联网泡沫的又一个受害者。

尽管大多数人对其非传统的商业模式大感不解且持怀疑态度，但亚马逊通过讲述一个引人入胜的故事，成功地说服了足够多的股东。亚马逊告诉股东们要有耐心，而令人意想不到的是，他们认可了。"我认为，这归功于信息和战略的高度一惯性。无论股票怎么涨跌，这个战略始终不变。"对冲基金 Miller Value Partners 首席投资官比尔·米勒说。[22] 如今，当亚马逊偶尔提交利润报告时，投资者往往会感到迷茫，因为他们已经习惯于接受亚马逊把所有资金再投入业务发展中。

亚马逊前高管布里顿·拉德认为，各家企业不是在玩有限的游戏，就是在玩无限的游戏。在一场有限的游戏中，相关公司相信自己能够击败竞争对手。有限游戏的特点，就是用一套各方均同意的规则和定义明确的机制来记录游戏的得分。

在与作者交谈时，拉德做出如下评论：

> 然而，亚马逊玩的是一场无限游戏，其目标就是超越竞争对手。亚马逊很清楚，竞争对手注定会层出不穷。亚马逊也明白，自己不可能在所有的领域独占鳌头。亚马逊因而做出一项战略决定，即要想专注于打败所有的竞争对手而生存下来，就要创建一个生态系统，借以完美地满足和服务于消费者日益拓展的产品、服务和技术需求。

廉价的资本和可持续的护城河

亚马逊显然是在按照自己的一套规则运作。如果没有贝佐斯的远见卓识，它就不可能赢得投资界的信任。如果没有股东们的信心，它就不可能投资于电子商务核心业务所需的基础设施，也不可能进行远超零售业边界的各种创新，为亚马逊飞轮增加那些关键的辐条。当然也就不会有亚马逊云计算服务、金牌会员制和智能语音助手 Alexa，亚马逊也就不是亚马逊了。

英国百货零售商德本汉姆（Debenhams）的主席伊恩·切希尔爵士在 2018 年的一次物流大会上指出，一般零售商会将收入的 1%~2% 再投资于体系建设，而亚马逊在这方面的再投资比例是 6%。"这是 5 : 1 之差，它令再投资回馈了更好的工具包、更好的测试和更好的基础设施。"他说。[23]

纽约大学教授斯科特·加洛韦则进一步断言，亚马逊"行事不公，但却从中大获裨益"。他解释道："它比现代任何一家公司都能获得更廉价的资本。亚马逊目前筹款的成本，甚至比一些国家的借贷成本还低。如此一来，它就比其他任何公司都能搞出更多的花样。"[24]

作为一个竞争对手，你怎么可能赶上一家根本无须向股东报告盈利的公司呢？又怎么可能赶上其投资者就是指望将资金持续投入新的增长领域的公司呢？

"当你以很低的利润率经营企业时，你真的会围绕它开发出可持续的商业护城河。"加拿大皇家银行资本市场董事总经理兼分析师马克·马哈尼如是说，他从 1998 年开始就一直涉猎互联网股票。"很少有公司愿意进入亚马逊的核心业务领域，并试图以 1% 或 2% 的利润率与之竞争。"[25]

这还仅是零售业务。实际上，亚马逊的许多非核心业务都是一等一的亏损大户。会员注册费现在也许就是一个健康的顶线收益贡献者，但大多数分析师认为，为了鼓励人们更频繁地上网购物，亚马逊在快递方面有可能仍在亏本经营。[26] 与此同时，亚马逊的电子阅读器 Kindle 和智能音箱 Echo 等终端设备[27] 都是典型的以成本价或亏本价在销售的。和谷歌一样，亚马逊的目标也是要锁定尽可能多的购买者，然后靠通过该设备购买的内容[28]来赚钱（并由此获取有关购买习惯的宝贵数据）。鉴于 Echo 机主的支出比亚马逊其他一般购物者高 66%，这家零售商显然有动机去补贴这款设备的销售。[29]

纳税：不公平的竞技场

谈到亚马逊的竞争优势，我们就不能不提纳税。在 2002—2017 年，沃尔玛共支付了 1 030 亿美元的企业所得税。这是亚马逊同期所支付税金的 44 倍。[30]

按照收入计，亚马逊是全球第三大零售商，并且在 2018 年成为（继苹果之后的）美国第二家市值达到 1 万亿美元的公司。[31]

然而，公司并不是按收入纳税，而是按盈利纳税。因此，亚马逊非传统的利润牺牲策略，就使它能够将税负最小化，有时甚至完全消除。2017 年，亚马逊公布了 56 亿美元的利润，却没有缴纳任何联邦税，这是该公司高管购买股票期权享受各种税负抵免和优惠待遇的结果。[32]

作为在线零售商，亚马逊历来受益于 1992 年美国联邦最高法院针对奎尔公司（Quill Corp）对北达科他州一案所做的裁决，即禁止该州从电子商务公司那里征收销售税，除非那些零售商在该州拥有实体存在（如办公室或仓库等形式），这一点也始终备受争议。华盛顿州人口稀少，而其最大城市西雅图也正在成为一个新技术汇集中心，这便是贝佐斯最初被吸引到华盛顿州设立亚马逊总部的原因之一。值得一提的是，据说贝佐斯的第一选择原本是旧金山附近的一个美洲原住民保留区，假如不是州政府从中干预，这个保留区本可以提供税收减免的优惠。

亚马逊早期在诸如内华达州和堪萨斯州这样的人口较少的州里建设了不少仓库，这使得它有能力向周边人口稠密的加利福尼亚州和得克萨斯州发货，而又不用缴纳销售税。[33] 多年来，这种售卖商品却不上税的本事，让亚马逊和其他网上零售商拥有了碾压实体对手的巨大优势。然而，随着业务的不断扩张，以及重心转向寻求更快的送货速度，亚马逊已别无选择，只能在离消费者更近的地方设立更多的配送中心。美国著名商业投资网站 Motley Fool 的杰瑞米·鲍曼在 2018 年这样写道："当原先的策略不再行得通，而亚马逊又需要在更多州增设更多仓储设施，以支撑其规模日益庞大的'金牌会员两日达'时，该公司便经常会协商以推迟、延期或减免作为条件来纳税。"[34]

许多州随后签署了一项协议，允许零售商在自愿的基础上缴纳消费税。截至 2017 年，亚马逊已经在美国 45 个全境征税的州实际缴纳消费税[35]，这意味着到第二年，当美国最高法院最终推翻 1992 年的裁定时，它能给亚马逊带来的影响已经相当小了。然而，这确实也意味着亚马逊的第三方商家不得不开始对其名下产品缴纳消费税（亚马逊以前只对本公司提供的商品纳税）。[36]

> "奎尔案"裁定造成了市场扭曲，而不是解决了这个问题。实际上，这是在司法上设立避税天堂，它有利于那些限制自己在某州的实体存在，却将商品和服务出售给该州消费者的企业。随着技术进步，这种做法变得更加容易，也更加普遍。
>
> ——美国最高法院，2018 年 [37]

与此同时，2018 年，亚马逊在为第二总部寻址的过程中向北美各地招标，承诺在未来 10 年将投资 50 亿美元，创造 5 万个工作岗位。这场"饥饿游戏"式的竞标共吸引了 200 多家投标方参与，其中不乏超乎寻常的提议，从新泽西州许下的 70 亿美元的税收优惠，一直到芝加哥关于员工必须将部分工资作为"所得税"返还亚马逊的承诺。

在欧洲，亚马逊的税务结构同样备受争议。亚马逊十多年来一直将在卢森堡的实体经营作为销售渠道。2015 年，亚马逊开始在英国、德国、西班牙和意大利核算销售额并纳税。自此，欧盟要求亚马逊缴纳 2.5 亿欧元的税款，这是卢森堡于 2003 年给予该公司不公平税收减免的结果。欧盟还提议对大型科技公司按照收入而非利润新征收 3% 的数字税。

与此同时，在英国，2017 年的一项商业利率重估让亚马逊和其他在线零售商得到了不成比例的极大好处。这些被许多人视为过时的利率，是在考虑了 2008 年以来房价上涨因素之后得出的。但由于亚马逊的大多数仓库都位于城外，因此其价值（以及相应的商业税）实际上有所下降，而城内商业街区的许多零售商的账单则上涨了 400%。这是亚马逊的另一个巨大的竞争优势。

亚马逊的税务斗争远未结束。美国总统特朗普曾在 2016 年的总统大选辩论中表示，不纳税让他变得"聪明"。如今，亚马逊的税务筹划却搞得他有些心烦意乱。具有讽刺意味的是，特朗普政府于 2017 年颁布的《税改法案》将税率从 35% 大幅下调至 21%，这直接让亚马逊捡了个大便宜。2018 年，该零售商报告称获得了近 8 亿美元的临时税收优惠。[38] 尽管如此，更严格审查的威胁已露端倪，后文会讲到这一点。

　　　　　　　　　　　　　　　　　　　　　　　亚马逊效应

> **特朗普推特**（2018 年 3 月 29 日 4:57）
> 早在大选之前，我就已经向亚马逊表达了我的担忧。亚马逊和其他公司不同，它几乎不向州政府或地方政府纳税，还把我们的邮政系统当成它自家的快递小哥（给美国造成巨大损失），让成千上万家零售商破产！

三大支柱：市场平台、金牌会员制、亚马逊云计算服务

税收上的减免和获得廉价资本的独门捷径，使亚马逊对于实体竞争对手而言，拥有持续的竞争优势。正如我们在前文中提到的，这些优势使亚马逊能够更快地投资于新的增长领域，从而形成它所说的三大业务支柱：市场平台、金牌会员制和亚马逊云计算服务。这些业务在增加亚马逊的收入和加快飞轮转速方面发挥了重要作用。除了云计算服务（作为亚马逊主要利润引擎，情有可原），这些业务都直接为客户增加了价值。更重要的是，这些业务在很大程度上都是亚马逊所独有的。

市场平台

作为最早向第三方卖家开放平台的零售商之一，亚马逊实现了打造"全球最大商品集选站"的梦想。消费者手指轻点，便可从数十个大类的数百万种产品中挑选所爱，而亚马逊则降低了库存成本和风险。这一网上市场平台使得亚马逊成为人们选购所有商品的首选之地，甚至包括选购那些奇奇怪怪的东西（从硅胶酒杯到猫抓转盘唱机），而这些产品一旦与金牌会员配送服务相结

合，就形成了一种极具魅力的消费之道。

事实证明，市场平台也是亚马逊一个卓有成效的收入来源，因为它可以从商品售价中抽取约 15% 的分成。[39] 2015—2017 年，来自第三方卖家服务的收入几乎翻了一番，达到 320 亿美元，成为亚马逊仅次于零售产品销售的最大收入来源，遥遥领先于亚马逊云计算服务。[40]

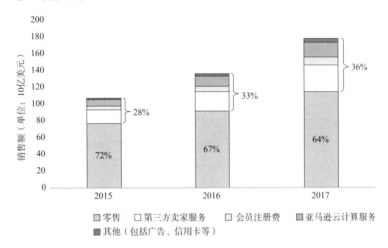

图 2-3 日益重要的服务：亚马逊各业务板块的净销售额

越来越多的网上卖家不仅选择通过亚马逊销售其商品，还寄托于这家零售商为它们存储商品，并在收到订单时，靠它处理付款、选货、打包和配送。这种操作被称为"亚马逊物流"（Fulfilment by Amazon，简称 FBA），它意味着这些产品有资格享受快速的金牌会员配送服务，也有更大的机会争取进入购物车（即该产品会出现在产品详情页面的第一个"加入购物车"按钮上）。对于亚马逊来说，"亚马逊物流"使它能够更好地利用过剩产能，

亚马逊效应

同时也极大地增加了配送量，从而能与美国快递公司（UPS）和联邦快递（FedEx）等快递公司平分秋色。但"亚马逊物流"最绝的地方或许在于，任何一家零售商若想复制这套体系，都可能需要花上数十年的时间。

金牌会员制

亚马逊的金牌会员制已被证明是其生态系统的黏合剂。亚马逊的金牌会员制在全球拥有超过1亿个会员，它已不仅仅是一项客户忠诚度计划，还成了一种生活方式。亚马逊巧妙地将金牌会员制从最初的以快捷送货特权为中心的计划，转变为一个无所不包的会员服务计划——从流媒体内容、图书借阅到照片存储。其结果当然是达到了更高的消费量、更高的购物频率和更高的留存度。我们将在下一章更详细地讨论这个问题。

亚马逊云计算

亚马逊的云计算服务可能不会直接让消费者受益，但它已经被证明是亚马逊的"白马骑士"。亚马逊的营运利润率一直保持在较高的数字。2017年，该部门为亚马逊带来了逾100%的营业利润。还记得布拉德·斯通关于无论为飞轮的任何部分提供动力都能使之加速的观点吗？只要内部有独特的盈利部门，就意味着亚马逊有更大的机会对核心的零售板块进行再投资。

> 当初起步时，许多人都认为"亚马逊云计算"是我们打的一场赌，大胆而不同寻常。"这个业务和卖书有什么关系呢？"我们原本有可能就此陷入纠缠不清的困境，但我很高兴我们并没有。
>
> ——杰夫·贝佐斯，2016年[41]

目前，"亚马逊云计算"显然是公共云计算业务领域中的领头羊，为全球近 200 个国家的成千上万家企业提供支撑服务。[42] 用分析师本·汤普森的话来说："亚马逊由此能够在所有的经济活动中分得一杯羹。"[43] 不必惊奇，沃尔玛和克罗格等主要竞争对手正竭力避开"亚马逊云计算"（这将使谷歌和微软大获裨益），但亚马逊仍然在向许多零售品牌提供云计算服务。截至 2018 年，这些品牌包括服装品牌布克兄弟（Brooks Brothers）、意大利超市餐厅 Eataly 和英国生鲜电商 Ocado。

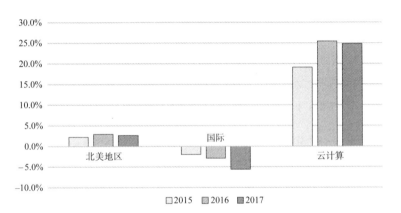

图 2-4　亚马逊各部门营业利润率

在亚马逊不拘一格交织各种业态的广泛架构中，"亚马逊云计算"或许就是个鹤立鸡群的存在，但它依然保留着亚马逊所有的传统特征：客户导向、创新与实践、立足长远。

亚马逊正在寻找其第四根（以及第五根、第六根……）支柱，这已经不是什么秘密了。亚马逊工作室（Amazon Studios）和 Alexa 被标榜为接下来的可能支柱，尤其是 Alexa，那简直就是巨大的成功，尽管有些出人意料。我们相信，驱动现有三大支柱消费的亚马逊飞轮的一个硬件得到扩展时，Alexa 就会更加强大。这并不是说它不会成为亚马逊未来增长的一个关键领域，因为贝佐斯已承诺将"加倍"提高对语音技术的投入。

技术第一，零售第二

正如我们在本章前面所阐述的，使亚马逊与竞争对手远远拉开距离的，正是它的技术根基和对于发明的热情。事实上，亚马逊过去的许多创新很容易被人们遗忘，因为它们早已成为如今的常态。回想一下 20 世纪 90 年代末的情景吧，那时网上购物还是一个相当费事的过程。通过推出一键购物、个性化的产品推荐，以及用户生成的评分和评论，亚马逊彻底消除了这种麻烦的情况。

同样，那时的快递也并不全是既免费又快捷的。如今的会员制极大地提高了客户的期望，让竞争对手别无选择，只能投资打造自己的交货能力。2011 年，亚马逊推出了亚马逊快递柜服务，从而解决了网上购物中最大的障碍之一：收不到货。如今，几乎每一家西方主要零售商都提供"网购店取"服务。

在亚马逊推出 Kindle 之前，电子阅读器听起来就好像是科幻小说。尽管种类更广泛的图书销售出现了放缓（我们可以将其归咎于阅屏疲劳），但在单一设备上存储数百本书的便利性，在其问世之初就彻底改变了卖书的游戏规则。

> 我们当然是一家零售商，但我们本质上还是一家科技公司。杰夫当初创办亚马逊，并不是为了开一家书店。
>
> ——亚马逊首席技术官沃纳·沃格尔斯，2016 年[44]

亚马逊是终极颠覆者。上文讲述的那些只是一小部分从根本上改变了消费者购物和消费习惯的举措。亚马逊绝大多数的创新都落后于竞争对手，这使得它处于被动应对而非引领变革的不利地位。但是，总会有人从竞争中受益，那便是消费者。亚马逊一刻不停地创新，提升了消费者的期望值，反过来又引领竞争对手去努力提高自身技术等级，最终为消费者创造更好的体验。在当今零售业，任何自满都绝没有立足之地。

> 数字化转型就像铁路在维多利亚时代的出现，但其发展的速度更加迅疾。
>
> ——葛道远，亚马逊英国站经理，2018 年[45]

经营者要面对的一大难题是，需要判断在当前正在推进的各类尝试中，哪一种将会继续下去，并再次改变整个零售行业。亚马逊已经成为送货、结账和语音技术等领域变革的惊人催化剂，而且几乎是在独家打造西方世界零售业的未来。以下是我们的预测。

- **亚马逊进军实体店领域将是纯电子商务的最后一根棺材钉。** 随着新技术突破实体店和数字店之间的壁垒，那些没有实体店且受到运费和客户获取成本双重压力的零售商将处于严重

亚马逊效应

不利的地位。更多数字化的本土电商品牌将主要通过旗舰店、"快闪店"、特许经营，以及被传统零售商收编等方式跨入实体领域。

- **实用性购物和乐趣性购物之间的差异会更大**。未来，消费者购买日常生活用品的时间将大大减少。由于亚马逊所提供的支撑服务，消费者足不出户就能完成所有日常用品的复购，这样人们就再也不用到超市去买漂白剂或卫生纸了。这一类产品将被自动续补，这才是对品牌忠诚度的终极考验。亚马逊想要把这类生活杂务从食品购买中剥离出来，并促进一种顺畅无碍的体验，这就让竞争对手有机会专注于 WACD。

- **如今，要想在零售领域胜出，就意味着要在亚马逊不会去做的那些方面出类拔萃，因此要少关注产品，多关注体验、服务、社区和专业知识**。未来的商店将从实用性转向体验性，因为竞争对手都希望与网上购物的功利性保持距离。在亚马逊买东西很棒，但要在亚马逊上逛逛就不那么吸引人了。我们相信，实体店的设计、布局和更广泛的用途将不断进化，从而更好地体现消费者不断变化的关注重点。实体店将不仅仅是一个购物的地方，它还会变成一个吃饭、工作、玩乐、发现、学习，甚至租赁物品的地方。

- **技术的发展能消除美国杂货类电商的那些传统障碍，亚马逊由此将使网上杂货业大众化**。得益于亚马逊进军杂货业的雄心，更多的反亚马逊联盟将在像谷歌这样的公司之间形成。亚马逊一旦让消费者相信它是可靠的超市替代者，那么它就扫清了成为"万货商店"的最后一道障碍。只要把人们这种频率极高的购买行为抓在手中，就可以更容易地进行交叉销售，吸引购物者进入更广阔的消费生态系统，使亚马逊成为默认的购物首选。到那时，情形将变得十分严峻，不仅对超市，而且对所有的零售行业都是如此，因为在亚马逊购物的人一定会成为其忠诚一生的顾客。

- **随着金牌会员制转而成为实体店的一项机制，零售商将不得不彻底反思自己的忠诚度奖励计划。** 在收银台刷卡换取积分的想法已经过时了，忠诚度奖励做法的下一次进化，将会是零售商彻底摈弃那种"你买得越多就赚得越多"的概念。积分奖励计划将成为过去，争夺忠诚度的战场将从为客户省钱转向为他们节省时间、精力，减少消耗。高度个性化的实时移动奖励将成为常态。我们迫切需要超越交易本身，而与购物者建立深厚的情感联系。

- **随着传统零售商将门店（最佳资产）重新配置为迷你仓库，商品一小时送达将成为城市地区的常态。** 零售商还必须利用其实体店的地段优势，用店内的特色供货来取悦今天"有个性要求"的顾客，并解决网上零售业的退换货难题。在这一领域，更多的合作，甚至包括与亚马逊本身的合作，都将成为大势所趋，因为零售商会合力为消费者提供更好的服务。未来的商店不仅会成为体验中心，也会成为配送中心。

- **亚马逊将继续坚持不懈地代表客户进行创新，在这一过程中，亚马逊不仅会令消费者惊叹，还会颠覆更多行业。** 在未来，跳过结账环节的理念会让人感觉很自然（而不像弄得好像在店里行窃似的）；居家或车内收货将成为传统无人交接送货的可替代方案；网上购买服装的一大障碍——不合身及退换货，也将在很大程度上被消除。与此同时，更加复杂的人工智能与渗入家庭和手机的 Alexa 相结合，将会引领真正个性化的购物助理时代。

- **2021 年，亚马逊将转型为一家以服务为主的公司。** 零售占总销售额的比例会继续下降（从 2015 年的 72% 降至 2017 年的 64%）。我们相信，转型的临界点将出现在 2021 年，届时亚马逊绝大多数的销售都来自服务，而非第一方产品。尽管亚马逊的核心零售业务在国际上仍有很大的增长空间，但它正致力于构建范围广泛的各类服务的综合体系，以造福于供应商和其他行业（途径包括广告、市场平台、云计算），也造福于消费者（服务包括核心会员、音乐/视频流、居家安保安装、杂货订购等），甚至造福于其他零售商。更重要的是，随着第三方销售在总付费商品中所占比例的持续增长，亚马逊公布的销售额越来越不能反映经亚马逊流动的商品总量了（因为这只考虑了它从第三方供应商那里获得的销量，而不是全部订单的总值）。亚马逊正从零售商户转型为不可或缺的基础设施平台。

- **在未来，更多的零售商将在亚马逊铺就的轨道上运行。** 零售商自己也越来越愿意利用亚马逊的实体和数字基础设施，而对亚马逊带来的巨大竞争威胁视而不见。一些人可能会认为亚马逊是在玩火，比如玩具反斗城（Toys R Us）、博德斯书店（Borders）和电路城（Circuit City）等零售商肯定会这么认为。21 世纪初，这三家公司将自己的电子商务业务外包给亚马逊，成为亚马逊的第一批"友敌"，之后这三家公司均告破产。但我们相信，如果亚马逊能帮助更多零售商拓展业务范围（通过市场平台），增加商店的客流量（通过亚马

逊设备试用店、"网购店取"、店内退货等）或改善客户体验
（例如当日送货、语音购物等），就一定会有更多的零售商乐
于同亚马逊和睦相处。亚马逊作为竞争对手和服务提供商的
独特双重角色如今已经十分明显。"竞合"（Co-opetition）是
未来的一个关键词。

　　总而言之，亚马逊并不是一般的零售商，可以说它并不是
一家真正意义上的零售商。这是一家科技公司，其唯一的宗旨是
代表客户需求不断创新，只不过，在此过程中，它顺带卖了很多
东西。

第3章

金牌会员生态系统：
重新定义消费者行为

无限制快速送货。[1] 这就是杰夫·贝佐斯在 2005 年启动亚马逊金牌会员制时对它的描述。这个创意其实很简单，即购物者只需支付年费，就可以享受再无任何限制的两日达快速送货服务。客户不用再算计合并订单，也不用担心最低采购要求。贝佐斯想让快送服务成为日常生活的体验，而不是一时任性。[2]

亚马逊当时已经有"超级省钱送货"服务了，这项服务主要是迎合那些有大把时间的客户，因为他们不介意所购商品被送达得慢一些（如今这种操作仍然存在，但已改称"免费送"）。这为金牌会员制等新的快送服务探好了路，而金牌会员制最初是由亚马逊工程师查理·沃德提出的。布拉德·斯通在《一网打尽》中写道：

> 沃德建议，为什么不为相反类型的客户，即那些对时间敏感但对价格不敏感的消费者创建一种服务，比如一个快送俱乐部呢？他建议，可以像音乐俱乐部那样运作，按月付费。[3]

亚马逊对冒险并不陌生，这其实就是一场赌博。两日无条件送达的承诺不仅会不成比例地拔高顾客的期望值，还会增加巨大的成本压力（尤其是在短期内）。再说，顾客愿意为在亚马逊购物后的这个特权买单吗？当然，像好市多那样的仓储俱乐部是要收取会费的，但可以通过在店内购物的优惠价来补偿顾客。亚马逊能否让消费者相信，单是快送服务本身就值最初付的那 79 美元的费用呢？

> 从来就不关那 79 美元什么事，这实际上关乎改变人们的心态，这样他们就不会去其他地方购物了。
>
> ——亚马逊前董事维杰·拉文德兰，2013 年[4]

似乎确实如此。至 2018 年，亚马逊在全球范围内共运送了超过 50 亿件商品，在全球拥有超过 1 亿个付费的金牌会员，使之成为全球最大的线上定制计划之一。[5]

送货、购物、视听流及其他

亚马逊的金牌会员模式是典型的着眼于长远的顾客至上模式。如今，金牌会员的意义已经不仅仅是享受快捷送货方面的福利了。在过去十年间，亚马逊始终坚持不懈地打造金牌会员制这一飞轮，目前已达到如此高的程度，它被称为"通向亚马逊精华的门户"，金牌会员制负责人梁丽莎如是说。[6]亚马逊已经将其适用于金牌会员制的产品范围显著扩大到尽人皆知的程度（即从 2014 年的 2 000万件到 2018 年的 1 亿件[7]），同时还增添了大量的新服务，努力为客户提供比以往任何时候都大的价值。如今，顾客有更多的理由成为金牌会员了。

> 他们成为会员是为了快送服务，持续拥有是为了线上享受。
> ——亚马逊总经理亚伦·伯莱因，2018 年[8]

    作为将触角伸向更广泛领域的战略的一部分，亚马逊极大地增强了金牌会员制的娱乐功能。不要忘记，亚马逊存在的主要理由，用葛道远的话来说，就是"要优化消费者的购物和娱乐体验"[9]。亚马逊早在 2011 年就解决了娱乐体验的问题，即在金牌会员服务项目中加入了数千部电视剧和电影的无限播放，以及无商业广告的即时流媒体内容。自此，该公司通过下属的亚马逊工作室，得到了对影片制作更大的控制权，可以为金牌会员提供大量独家内容。如今，Prime 会员影音（Prime Video）是网飞（Netflix）的有力竞争者。这项服务让金牌会员服务套餐更具吸引力，同时又能给飞轮充电，从而有助于留存用户。"如果我们夺得了电视金球奖，我们就一定能卖出更多的鞋子。"贝佐斯说。[10]

表 3-1　亚马逊金牌会员制的福利

领　域	亚马逊金牌会员制的福利
送　货	两日内或更短时间递送超 1 亿件物品（免邮费） 同日或一日内递送超百万件物品至 8 000 个美国城镇（免邮费） 发布日晚 7 时前递送新视频、游戏、书、音乐、电影等 金牌现时平台下单 1~2 小时送达
流媒体	金牌影音：成千上万部影视节目播放或下载 金牌游戏（Twitch Prime）：为游戏玩家提供额外福利，例如每月免费提供游戏中的道具 金牌音乐（Prime Music）：超 200 万首歌曲在线无广告播放 金牌原创（Prime Originals）：亚马逊自制剧

领　域	亚马逊金牌会员制的福利
购　物	全食福利：独家省钱，VISA 卡 5% 返现及 2 小时送达 Alexa：语音购物及再次下单 金牌独享（Just for Prime）：提早购买及独家获得自有品牌产品 亚马逊家庭（Amazon Family）：定制至少 5 项服务，购买纸尿布和儿童食品可享受 8 折优惠
阅　读	超过 1 000 种上榜书籍、杂志、连环画册、儿童图书及其他读物可供挑选 先睹为快（First reads）：每月可在 6 种编辑精选的即将问世的作品中选择一种免费提前下载阅读
其　他	使用指定信用卡消费可获 5% 返现；参加亚马逊金牌再充值（Amazon Prime Reload）可获 2% 奖励 金牌图片（Prime photos）：无限制图片存储

资料来源：作者调研；亚马逊，截至 2018 年 6 月。

这不仅仅是美国才有的福利。在日本，金牌影音推出仅 3 个月后，亚马逊会员数量就增长了 16%。在印度，由于亚马逊大力投资金牌影音，第一年新增的当地会员数量就超过了其他任一市场的增量。2018 年，亚马逊在中国的计划中增加了首个娱乐项目"金牌阅读"（Prime Reading）。[11] 如今，捆绑销售的优势让它在国际市场上更容易吸引和留住会员。

便利始终是万利之基，如今亚马逊正致力于将此提升到新的高度，即打造完整的便捷生活方式。想要一小时收货吗？想用一键下单订购洗衣粉吗？想通过 Alexa 购物吗？想要"家中交货"或是"车中交货"吗？不要犹豫，成为亚马逊金牌会员吧。

> 如果你还不是金牌会员，那你就是对自己不负责任。一点儿不错，我们亚马逊金牌会员制的目标，就是要确保这一点。
>
> ——杰夫·贝佐斯，2016 年[12]

金牌会员制在注重服务的同时，也越来越注重提供更丰富的产品。作为进军食品和时尚行业的一部分，亚马逊一直在悄悄打造范围广泛的自有品牌产品组合，其中许多产品都是专门为会员准备的。这创造了极强的排他性，那是一种在实体环境中不可能被复制的排他性。你能想象沃尔玛禁止某些顾客从货架上取走特价商品吗？亚马逊在数字环境中巧妙地做到了这一点，这显然使其有足够的动力去扩大自有品牌的产品组合，并以此作为一种方式，既向客户提供更大价值，又以不断递增的利润率与同行区别开来。

需要指出的重要的一点是，金牌会员还享受"亚马逊生鲜"（Amazon Fresh）、"金牌食材"（Prime Pantry）和金牌现时等额外的付费服务。在支付每月 15 美元的食品配送附加费之前，亚马逊网上杂货购买者的首要之事就是成为金牌会员，这是因为易腐食品配送的相关成本较高，这一点也是美国消费者普遍接受的。但这意味着每一个通过亚马逊购买新鲜食品的顾客都是其忠诚度计划的成员，因此亚马逊对他们非常了解。想象一下，如果乐购有专门为会员服务的商店，那提供个性化服务的机会将是无限的。因此，亚马逊急于将全食超市的忠诚度计划纳入金牌会员制就一点儿也不奇怪了。

金牌会员制为会员提供超值服务，但不承诺最低价格。事实上，在设计之初，亚马逊的员工想把这一计划叫作"超级省钱白金计划"，但被贝佐斯拒绝了，理由是这一计划不是为了替客户省钱而设计的。[13]〔据说，之所以最终选择"金牌"这个名称，是鉴于配送中心的快速托盘线所具有的"金牌"（优先）地位。[14]〕然而，如今成为金牌会员的经济动机越来越多。除了主要的快递福利，会员还可以享受特供购物，可以用金牌会员联名 VISA 卡在亚马逊和全食超市购物时获得返现。此外，随着亚马逊进一步进军实体店，会员还可以在其实体商店里享受更低的价格。

更重要的是，亚马逊专门为金牌会员创建了一个完整的购物活动——"金牌会员日"。这场"黑色星期五"式的活动首发于2015 年，表面是为了庆祝亚马逊成立 20 周年，其实旨在人为地刺激低迷时期的需求，同时向金牌会员俱乐部的会员提供超过 24 个小时的优惠。首发之时，这是一种缓解近期会费提价冲击的明智方式，亚马逊有史以来首次将金牌会员会费从 79 美元涨到 99 美元（之后再涨到 119 美元，而且这肯定不会是最后一次上调）。"金牌会员日"不仅提醒现有会员会籍的价值，同时也与不择手段地争取客户有关。

总之，亚马逊的目标就是要让金牌会员制变得特别诱人，用贝佐斯自己的话来说，购物者如不成为亚马逊金牌会员就是对自己"不负责任"。每一项服务都不仅使顾客的生活更便利、更享受，通过将各类服务集结于一把大伞之下，亚马逊还可以不断挖掘那些远远超越价格考量的消费者需求：他们不只是想要分享钱包，他们还想要分享生活。

顾客忠诚度计划：从省钱转向便捷

在零售行业里，有一个问题被争论得十分热烈，即我们真的能把金牌会员制称为忠诚度计划吗？从本质上说，这些措施都旨在通过奖励最重要的客户来拉动复购。从这个意义上说，亚马逊会员制是非常典型的忠诚度计划。毕竟，除了亚马逊，没有几家零售商能拥有1亿个肯为在其店里购物的特权买单的顾客。

然而，"忠诚度计划"一词经常与我们随身携带的钱包里的塑料卡片联系在一起，我们总是习惯性地在收银台刷卡，以便换取积分（通常无法量化）。我们必须非常清楚，这类忠诚度计划正在逐渐过时。

"忠诚卡"这个词用得不恰当。这些卡片并不能提升忠诚度。如果确实有效，那我们的钱包里就会只剩下一张卡了。相反，美国、加拿大或英国等市场上的普通购物者通常持有三四张卡。[15] 由于主要聚焦于打折和代金券，这些卡往往会刺激消费者精心挑选最划算的商品，从而导致与商家的目标截然相反的消费行为。这也反映出购物习惯正在发生改变，而且购物选择日益丰富，尤其是在英国这样的市场，消费者已经放弃了每周购物的模式。相反，购物者购买的频率更高，数量却更少，而且交错于不同的零售商。只忠于一家超市的想法已经成为过去。

因此，在提高忠诚度方面，如今的零售商必须摈弃那种"买得越多越划算"的观念，转而推崇便利性、服务和体验。由于有了金牌会员制，亚马逊正在引领忠诚度的下一轮进化，战场也正迅速地从为客户省钱转向为他们节省时间、精力，以及减少消耗。零售商将通过提高个性化以及用店内福利取悦顾客的方式来提高客户忠诚度。例如，英国维特罗斯超市在向其会员卡持卡人免费提供咖啡和报纸方面取得了巨大的成功，就像在家里欢迎客人一样欢迎顾客到店。

会员卡将演变得更加数字化，毕竟，如果传说中的无结算商店真的到来，那你将无处刷卡！忠诚度奖励措施将演化为外延更广泛的捆绑销售计划的一部分。捆绑计划不仅会奖励顾客的惠顾，还会在商店中向他们实时提供个性化的优惠，让顾客通过一个手机应用就能找到所有需要的商品并支付，从而减少购物摩擦。

当然，以价格为导向的零售商在这里是个例外，它们会继续通过为顾客提供物超所值的特价商品来提高顾客的忠诚度。我们认为，在这种情况下，完全放弃代价高昂的忠诚度措施而投资于每日低价是有好处的。毕竟，阿尔迪（Aldi）和利德（Lidl）这两家连锁超市未开展任何忠诚度计划，但它们照样拥有一批最忠实的顾客。归根结底，提高顾客忠诚度的关键在于了解什么才是他们最看中的价值。

对于亚马逊来说，这就是简单和便捷。这是一种即时的心满意足：使顾客在消费过程中身心愉悦变得越来越关键。如果亚马逊能够做到这一点，那么这对其更广泛业务的开展将大有裨益。

会员制如何影响消费行为？

得到了极致忠诚；得到了一生一世、从一而终的亚马逊购物者；得到了那些被亚马逊金牌会员制迷住双眼，而对其他零售网站根本不屑一顾的顾客。他们将亚马逊当作自己生活的第一补给站，是购物的默认首选，尽管这里的价格并不总是最便宜的。由于沉迷于金牌会员会籍提供的便利，购物者对价格变得不那么敏感了，这一切都得益于亚马逊的算法。这是行为矫正方法的最佳形态。

那么，这一切通过数字来表示会是怎样的呢？

- 支出：根据摩根士丹利的数据，金牌会员的平均支出为
  2 486 美元，几乎比非会员多 5 倍。[16] 与大多数定制服务一
  样，会员的典型心态就是要让自己的钱花得值，从而导致非
  理性的消费决策。就亚马逊而言，会员会通过在亚马逊上花
  更多钱来证明自己的年费付得有道理。沉没成本悖论对亚马
  逊有利。
- 频率：根据消费者情报研究合作伙伴的数据，金牌会员在亚
  马逊购物的频率（每年 25 次）几乎是非金牌顾客的两倍，
  这使得贝佐斯最初的设想变成了现实，即将金牌会员制当作
  一种工具，用以消除不利于频繁购物的那些障碍。[17]
- 留存率：据估计，客户留存率高于 90%。[18]

通过金牌会员制，亚马逊还可以访问宝藏般的客户数据库，
使自己对最重要的消费者在线购物的行为有了无比深入的了解。
这会带来更广泛的个性化，从实用的产品推荐直到不太受欢迎的
浮动定价（根据爱尔兰电商分析公司 Profitero 的统计，亚马逊每
天会对价格进行 250 万次以上的调整）。

金牌会员制还提供了增销的机会，正如我们曾就亚马逊生鲜、
金牌食材、金牌现时谈论的那样，但更重要的是，金牌会员制吸
引购物者进入了亚马逊更广阔的生态系统。当其他零售商只将忠
诚度计划聚焦于顶级客户时，亚马逊则精明地将尽可能多的购物
者吸引到自己的生态系统中，从而在其整个生命周期中将客户价
值最大化。亚马逊有充分的理由将金牌会员免费开放给大学生，
再向这些金牌会员售卖折价 20% 的尿布和婴儿食品，以吸引处于
人生关键期的潜在消费者，再将他们锁定为亚马逊顾客俱乐部的

忠实会员。

亚马逊还能从中得到别的好处吗？能，那就是金牌会员制几乎不可能被复制。它不仅涉及面广，而且优惠多，故其规模无人可敌，这让亚马逊脱颖而出，备受瞩目。没有多少零售商能以同等规模、同等基础设施和跨行业优势来复制亚马逊的模式。

尽管沃尔玛是世界上最强大的零售商之一，但它在试图赶上亚马逊的生态系统方面却失败了。沃尔玛也推出了类似亚马逊金牌会员快送服务的"捷送通"（ShippingPass），提供无限制的两日送达服务，其年会费更低，只要49美元，但这一做法收效甚微，其中自有原因。尽管比亚马逊会员便宜，但沃尔玛的此项服务中不包含送货以外的其他任何优惠。这恰恰证明了亚马逊通过金牌会员制创建的捆绑销售主张的优势和独特性。在超过一半的美国家庭已经拥有亚马逊金牌会员的情况下，如果没有金牌会员制的各种福利，人们就很难觉得再付一笔额外会费是划算的，尤其是沃尔玛的那些对价格更为敏感的购物者。当然，沃尔玛所有的商品价格可能会更低，但商品种类不及亚马逊，而且顾客对送货速度和成本的预期也在迅速变化。对于一项正在成为常态的服务，这家零售商不可能再照过往的模式收费了。沃尔玛在2017年取消了这一短命的计划，转而以免费两日送的形式递送了200多万件商品——完全无须会员资格。

走向全球

亚马逊将其金牌会员模式推行到绝大多数有亚马逊运营的国家。2007年金牌会员模式首次走向全球时，亚马逊全球三大市场——德国、日本和英国的消费者，自然就成了第一批尝鲜的人。然而，近年来，亚马逊一直在用金牌会员制回填现有的市场。可以说，与十多年前首次输出时相比，如今这一做法的吸引力显然大得多。2016—2018 年，亚马逊在 6 个市场增加了金牌会员服务，其中包括新加坡和澳大利亚这两个新市场。除了在中东（埃及、阿联酋、沙特阿拉伯、科威特）和巴西运营的是 Souq 平台的业务，金牌会员制现在通行于亚马逊在全球的其他所有市场。

表 3-2　亚马逊金牌会员制的全球分布

启动年份	市 场
2005	美国
2007	德国
2007	英国
2007	日本
2008	法国
2011	意大利
2011	西班牙
2013	加拿大
2016	印度
2016	中国
2017	墨西哥
2017	荷兰
2017	新加坡
2018	澳大利亚

资料来源：作者调研；亚马逊资料不含亚马逊没有实际运作的市场，例如比利时，截至 2018 年 6 月。

　　这一点没有逃过巴西竞争对手的注意。当地电商平台 B2W 充分利用了亚马逊起步缓慢的时机，及时推出了自己的购物俱乐部，并对快速送货收取年费，还恰如其分地也将其命名为"金牌"。与此同时，"拉美的易趣（eBay）"——电商平台 MercadoLibre 已开始存储和递送第三方卖家的商品，其方式与亚马逊的"亚马逊物流"计划类似。亚马逊自 2012 年以来一直在巴西运营，但主要商品是电子阅读器、图书和流媒体电影。5 年后，它终于向第三方供应商开放了网站。我们相信，亚马逊最终将把它的全部零售业务带到拉丁美洲这个最大的零售市场，并且相伴而来的一定还有金牌会员制服务。

同样，一旦亚马逊将其 2017 年所收购的 Souq 完全整合，并在 2018 年进入土耳其市场的基础上继续建设，我们就有理由期待亚马逊将金牌会员制引入中东市场。在金牌会员制向国际扩张方面，亚马逊只是触及了表皮，随着美国国内增长机会的枯竭，这将是未来十年的一个重点。

实体店如何延续会员制？

对于像我们这样的行业分析师来说，观察金牌会员制在实体环境下如何操作是一件相当有趣的事情。当然，在线上对购物者进行分类比较容易，你可以允许或禁止某一类客户对某些产品和服务的访问。在实体环境中，情况则更微妙。然而，金牌会员制构成了亚马逊零售业务的核心基因。随着亚马逊进一步深入实体零售领域，弃金牌会员制而不用绝对是不可能的。透过亚马逊图书（Amazon Books）——亚马逊的第一家全尺寸传统概念的图书商店，我们首次见证了亚马逊如何将金牌会员制移植到实体环境中。我们将在本书的后续章节详细地探讨这一独特概念，但现在重要的是要明白，在 2015 年最早启动之初，金牌会员在亚马逊书店并没有那么多的实惠可得。然而，不到一年，亚马逊实体书店就非常大胆地采取了分级定价模式，为金牌会员提供的价格与亚马逊网站上的价格完全一致，但其他人都必须按标价支付。

也许你会说，这和美国超市几十年来在收银台扫描会员卡的做法并没有什么不同。然而不同的是，超市会给购物者提供部分特定商品的折扣价，而亚马逊的方案是为每一件商品设计两种价格。如果你不是金牌会员，除非你想要试用 Echo 或 Kindle 等亚马逊设备，否则完全没有理由去那里购物。这和进商店还要买门票只差一步之遥了。

这些商店对整体营收的贡献并不大，你也不必对此感到惊讶。事实上，我们认为这其实应当被视为一种营销投入，因为这些店存在的唯一目的，就是让更多的人都知道金牌会员制的好处，并成为会员。但是，在超市的环境中该如何操作呢？亚马逊不可能玩得转如此明显的分层定价政策，因为购物者只会用脚投票。亚马逊面临的挑战就是，既要以足够谨慎的方式奖励金牌会员，以避免失去客户，同时又要向那些非会员传递成为金牌会员的好处，它必须在两者之间取得恰当的平衡。那么如何展开呢？先通过服务来实现，因为服务更容易被评判为会员的专属福利。例如，2017年推出的试用版亚马逊生鲜汽车穿梭超市，它只对金牌会员开放。这么做就意味着，你必须先成为金牌会员，才能从亚马逊生鲜订购食品杂货。但全食超市如果也想做到这一点，面临的挑战就会更大。2017年年中，亚马逊宣布收购全食超市时，我们对金牌会员制在其门店的表现提出了一系列预测。我们当时估计，亚马逊将会在顾客结账时提供总价折扣；提供个性化、实时的店内优惠；将全食超市纳入金牌现时服务之中；对非食品类商品也实行（类似于亚马逊图书那样的）分层定价；开辟金牌会员专用结账通道，并推出贵宾线上订购专享货源及退换货积分。

我们的预判成真了吗？在撰写本书时，亚马逊已于 2018 年年中提供了以下优惠：

- 提供金牌会员独享促销（例如，感恩节向金牌会员打折供应火鸡，一举打破全食超市的历史纪录）。
- 在部分定点城市，全食超市为金牌会员推出了下单超过 35 美元即享 2 小时免费送货的服务。
- 扩大了亚马逊联名金牌会员奖励 VISA 卡的优惠范围，金牌会员在全食超市购物时可享受 5% 的返现抵扣。
- 在亚马逊网站上添加了全食超市的自有品牌产品，比如 "365 日每日特惠"。
- 开始在销售点整合金牌会员制的技术工作。人们认为，一旦这个项目完成，金牌会员将可在结账时获得 10% 的额外折扣。

所以，我们的预判差得并不太远，何况现在就下结论还为时过早。在销售点整合金牌会员制将是重中之重，届时我们将看到实体店陆续推出更多的额外福利。我们相信，考虑到大约 75% 的全食超市购物者已经是金牌会员[19]，亚马逊会更有底气在实体店内施行金牌会员制。然而，所有金牌会员中仅有不到 20% 的人会去全食超市购物，因此，在利用亚马逊的配送完成能力来提高全食超市的电商服务吸引力的同时，全食超市还有机会增加顾客流量。

金牌会员制的未来

未来的亚马逊实体存在肯定会更加壮大，金牌会员制的核心数字主张也将演变得更具吸引力，而且越来越灵活，最终更有价值。

更多五花八门的功能

亚马逊将继续丰富金牌会员服务，增加新的实惠福利，以加强金牌会员制的凝聚力，或是与亚马逊更广泛的战略重点配合。例如，亚马逊在 2017 年推出了首个时装方面的福利"金牌衣橱"（Prime Wardrobe），以期在这一领域建立信任和美誉度。这项服务将试衣间带到了顾客面前，金牌会员可以在舒适的家中收到快递来的至多 15 件衣服、鞋子或配饰，并且可以试穿。顾客可以得到预付过的标签和可重新加封的盒子用于免费退货，而且他们可以只对那些决定要留下的衣物付费。这一做法解决了目前网购服装的一些障碍——尺码不合适及退换货［前者通过亚马逊收购从事三维人体扫描的初创公司"人体实验室"（Body Labs）而得到了进一步解决］。

金牌衣橱的灵感来自时装电商 Stitch Fix 和 Trunk Club 等品牌提供的小众服务，它是主流服装零售商中第一家提供此类服务的。ASOS 在创立后的几个月内，就推出了其"先试后买"和"当日送达"服务，极有可能是为亚马逊将金牌衣橱带到大西洋彼岸做准备。这就是现实中的亚马逊效应，它令竞争对手全力以赴，并提升了客户的体验。

着眼于低收入消费者

根据 2016 年美国券商派杰公司（Piper Jaffra）的一项调查，在年收入超过 11.2 万美元的美国家庭中，拥有亚马逊金牌会员的家庭比例高达 82%。[20] 亚马逊已经垄断了富人市场，为了未来的用户增长，它现在必须将目光投向核心客户群体之外。该调查还显示，在收入低于 4.1 万美元的人群中，亚马逊的影响力最低。

从历史上看，金牌会员年费、互联网接入受限及没有信用卡一直是这一低收入客户群体无法成为会员的主要障碍。超过 1/4 的美国家庭没有或只能有限地使用支票和储蓄账户。[21]

近年来，亚马逊加大了着眼于低收入消费者的营销力度。例如，2016 年，它推出了按月付费的金牌会员计划。对于消费者来说，按月付费一年下来的总费用其实比年费更高（156 美元 vs 119 美元），但如果客户不愿意或无法一次性支付年费，他们还可以选择以这种方式在亚马逊购物。

与此同时，对于那些没有银行账户或享受不到金融服务的人，亚马逊很贴心地向接受政府资助的人推出了打折的金牌会员费，以及"亚马逊现金"（Amazon Cash）计划，这使消费者可以在参与计划的各家商店通过扫描条形码，将现金存入他们的亚马逊账户。

自此，这一计划也在英国推广开来，并被命名为"充值"（Top Up）。这是一种露骨的尝试，目的就是要从习惯于接受实体零售商（最著名的是沃尔玛）提供的服务的人群中分得一杯羹。据估计，大约 20% 的沃尔玛购物者用食品券购买日常用品。多年来，沃尔玛一直允许顾客在网上"现金支付"（实际付款在沃尔玛的实体商店进行）。[22]

那么，亚马逊下一步会做什么？在我们于 2018 年年中写作本书时，亚马逊正与摩根大通（JP Morgan）及其他银行就为客户建立一个亚马逊品牌的支票账户进行谈判。这将是亚马逊已经提供的服务的自然延伸，而阿里巴巴等全球零售电商也都在提供这种服务。

费用上涨无可避免

根据前文的分析，亚马逊有十足的动力不断扩大其金牌会员的数量，以满足既推动飞轮（简单地说，就是不断提高销售额）又平抑不断上涨的运输成本的双重目的。正如在第 2 章中所讨论的，亚马逊若想继续投资于核心零售部门，那么云计算、广告和日益增长的会费（金牌会员制收入约占其 90%）等收入来源便至关重要。

我们认为，到 2020 年，金牌会员费将为亚马逊带来 200 亿美元的收入。[23] 金牌会员制收入的增长有两种实现路径，其一是赢得更多国际客户，其二是会费上涨。

2005 年，金牌会员费最初是 79 美元，但我们不要忘记，当时推出金牌会员制纯粹是为了送货服务。在维持原价近 10 年后，亚马逊在 2014 年首次将金牌会员费提高至 99 美元。这反映出不断上升的快递成本，以及向视频流媒体等金牌会员制新加服务中的投资。2018 年，金牌会员费再次大涨了 20% 至 119 美元。这肯定不会是最后一次上涨。

亚马逊在商品物流上花费了数十亿美元，我们将在后文更详细地探讨这一点。从理论上讲，随着消费者支出增加，销量就会增加，运输成本则会下降，其结果便是零售商与供应商有更好的交易，从而为客户带来更低廉的价格。然而，鉴于快消品领域的低价/高频特性，亚马逊越是深入该领域，上述目标就越难以实现。据估计，金牌会员制的运送费约占总运费的 60%[24]，亚马逊要想在金牌会员制上实现收支平衡，就必须将会员费提高到 200 美元。但这是不可能的。没错，我们可以预期会员费每隔几年就会上涨一次，但是我们也不要忘记至关重要的飞轮效应，那才是金牌会员制的核心所在。尽管金牌会员制是看不见摸不着的，但它确实刺激了购物者在亚马逊花更多的钱，而亚马逊必须在这两者之间保持恰当的平衡，以免崩盘。

对许多人来说，亚马逊已经深深地融入了他们的日常生活，因而他们会接受未来会员费的上涨。亚马逊必须继续投资于数字内容和核心的送货服务，同时探索保持顾客忠诚度的新渠道，以便固守其极高的消费者价值主张。但坦诚地说，金牌会员制仍将是亚马逊零售机器的引擎。

第4章

零售业大突变：现实还是神话？

很长一段时间以来，人们一直在预言电影院的消亡。但至今，人们仍然喜欢去电影院看电影。

——杰夫·贝佐斯，2018 年 [1]

今天，你不必花很大力气，就能找到将电子商务定位为实体店丧钟的一篇文章或研究报告。"天启"一词已正式进入零售业的专有词汇，而且它已经在当下的媒体报道中被用滥了，甚至还辟有专门的维基百科页面。

"厄运"和"黑暗"成为博人眼球的新闻标题，我们将用本章大部分的篇幅来驳斥这种"天启"说法。但首先也让我们明确一点：我们的商店的确太多了。当下，我们的零售空间供过于求，它们已不再匹配原本的用途。

因此，商店自然会接连关门，而且这种事情发生得很快。根据戴德梁行（Cushman & Wakefield）的数据，2017 年，美国有近9 000 家大型连锁店关门，预计 2018 年还会有 12 000 家连锁店倒闭。[2] 就在 2017 年，共有 20 多家零售企业宣告破产——从淑女服装连锁店 The Limited 到"玩具反斗城"这样的标志性大牌。[3]同时，大型购物中心正成为濒危物种：预计到 2022 年，多达 1/4 的美国购物中心将关闭。[4]

尽管这种情况在过度建设的美国郊区尤为明显，但这绝不是美国独有的现象。据英国零售研究中心的预测，2018 年英国总门店数量将下降 22%。[5] 在加拿大，近年来购物者已经彻底告别了西尔斯百货和塔吉特等大型零售连锁店。

与此同时，全球消费者对在线零售的需求和预期正在迅速增长。麦肯锡统计，中国目前的网上购物者数量超过其他任何国家，销售额占全球电子商务销售额的 40%。[6] 英国国家统计局的数据显示，在过去的 5 年里，非食品类商品的网上销售额增长了一倍，目前占整个市场的 25%。[7]

> 每一次工业革命都带来了长期的利益，但也总是会经历短期的痛苦。
> ——葛道远，2018 年[8]

不可否认，电子商务的发展在一定程度上是以牺牲传统实体连锁店为代价的。但这都是亚马逊的错吗？不完全是。简而言之，成熟的现代零售市场已经店铺过剩了，因为人们的购物习惯发生了翻天覆地的变化，移动方式颠覆了零售业，人们花更少的钱买东西，却花更多的钱去体验，而且新型的、具有颠覆性的实体零售商（例如快销时装和折扣杂货商）正在悄然夺走那些业界传统玩家的市场份额。我们正处在重大的技术、经济和社会变革的交会点，而这些变革正在深刻地重塑零售业。

现在让我们更仔细地观察这些变革是如何发生的，说得更具

亚马逊效应

体些就是，它是如何引导零售商调整它们的商店组合的。

"按自己的方式"的购物者诞生了

> 在新的分布式商业世界中，消费者可以在任何时间、任何地点购买任何产品，因此无论客户是在公司的实体店购物，还是在公司的网站或其手机应用上购物，都真的无所谓了。今天的零售商以顾客想要的任何方式卖东西给他们。
> ——美国零售联合会会长兼首席执行官马修·肖，2017 年[9]

技术不仅会提高顾客的期望值，创造新的购物方式，更主要的是，它还从根本上引发了零售业的革命。这自然是贯穿全书的一个关键主题，但在这里，我们想特别探讨的一点是，技术是如何通过提供更便捷且无摩擦的购物体验来重置客户期望的。

我们必须承认，与十年前相比，世界联系得更紧密了：全球2/3 的人口通过移动设备相互关联，如今移动设备的数量已经超过了地球上的人口数量。[10] 很难想象，我们如今的日常生活已完全离不开的苹果手机竟然只是从 2007 年才逐渐普及的。谷歌表示，如今我们已不再去"上网"，而是时刻"在线"。鉴于每人每天平均看手机 150 次，可以说手机已然成为我们消费者身份的延伸。[11]

> 不用区分实体店顾客和线上顾客，只有比原来更有能力"按自己的方式"购物的顾客。
> ——诺德斯特龙联合总裁艾瑞克·诺德斯特龙，2017 年[12]

在这个无处不在的互联时代，消费者就是王。自从借助越来越便携的移动终端实现了电子商务引入，如何迎合这些"随时在线"、永远互联的消费者一直是零售商要面临的挑战。坐在火车上或候诊时用手机购物的能力，为消费者带来了全新的便利性和可行性，同时也弥合了实体零售和数字零售之间的鸿沟，我们将在下一章对此做进一步的讨论。

改变我们购物方式的技术发展，还有通过网上银行和电子账户实现的移动支付。贝宝（PayPal）节省了输入支付信息的时间，提高了安全性，并引导消费者使用各种在线支付的方式，就像非接触式信用卡为实体店的其他移动支付方案铺平了道路一样。

移动方式的出现加速了包括亚马逊在内的电子商务零售商的增长。对于更具沉浸式、更加便携的体验的需求推动了其他技术的发展，包括移动端网站的优化、应用程序的改进，以及平板电脑等更大的终端设备的优化，而这些设备有更大的触摸屏和可穿戴设施供使用者与之交互。其安全性也在不断提高，从使用无数容易忘记的密码到通过谷歌、脸书等进行单点登录访问，再到双因素身份认证，以及生物指纹和面部识别。

同样，零售业的发展也利用了这些技术进步，这使得网上购物体验尽可能地被简单化了。亚马逊的"一键下单"专利彻底改变了在线结算方式。各大品牌都在研究如何让社交购物也能结算付费，拼趣（Pinterest）的网上可交易拼图，微信支付在中国的主导地位，都是早期取得显著成功的案例。但在未来，被线上操作刺激的消费者对于舒适和便捷的期望推动商家不断探求，其发展将超越移动技术和触屏技术。我们已经可以看到这种推动正在发生，比如互联家居（Connected Home）的供暖和照明系统，以及通过语音实现的自动、简化的必需品续补。

这些技术上的进步令消费者指尖轻点就能在数十亿件产品中自由挑选，当然在商品交付的过程中也出现了与之相适应的发展。网上零售商期望复制曾经只有实体零售商才能提供的那种即时性，因此网购交货时间变得越来越短。如今，客户希望送货快捷、可靠又免费。

这一切的结果是什么？那就是网上购物变得毫不费力。尤其是移动商务正在蓬勃发展，并且将迎来令人无法忽视的增长。到2021年，全球移动商务销售额预计将增长一倍以上，达到3.6万亿美元，在全球电子商务市场上占比达到令人震惊的73%。[13]

这种转型自然也会反映在零售排名中。2012年，全球五大零售商沃尔玛、家乐福、克罗格、7-Eleven便利店和好市多都是以实体店为基础的零售商。到2017年，全球前五的零售商中有三家都是以网络零售为主的，即阿里巴巴、亚马逊和京东。我们预测，到2022年，沃尔玛在盘踞全球最大零售商头把交椅数十年之后，最终将被挤下宝座，因为阿里巴巴将成为全球最大的零售商，而亚马逊将紧随其后位列第二。

实体零售商必须确保能够满足今天那些带着被拔高了的，有时甚至是相互矛盾的期望走进店里的超级购物者。一方面，顾客要求超便捷、无摩擦的购物体验，还要求透明度及即时满足感。另一方面，他们又要求自己购物的环境必须是高度个性化的，还要越来越注重体验。

未来实体店的数量肯定会减少，但它们的作用和影响会更大：我们认为，零售商将会继续调整门店的数量和规模，同时投资于开发店堂体验方式，因为它们也得适应这种消费模式不断变化的现实。而那些不能敏锐地为现代消费者变革的零售商，将发现自已别无选择，只能倒闭。

亚马逊效应：杀死品类杀手

就像"零售天启"这个词一样，"亚马逊效应"也是当今许多涉及零售业文章的有效关键词。商店纷纷关闭？这就是亚马逊效应。零售商投资网上？这还是亚马逊效应。并购、破产、大量的冗余等，都是亚马逊效应。如今，我们总有办法将大多数零售业的发展同这家总部位于西雅图的庞然大物联系起来，尽管这种联系其实是微乎其微的。

但是，对某些人来说，"被亚马逊了"的概念是非常真实的。彭博新闻社专栏作家希拉·奥维德在 2018 年写道："其他公司之所以成为潮流先锋，是因为它们的产品，例如谷歌或施乐（Xerox）。而亚马逊之所以能成为潮流先锋，则是因为它对其他公司所施加的致命损害。'被亚马逊了'的意思就是，亚马逊进入了你所在的行业，你的生意将因此受到重创。"[14]

当实际产品能够以数字方式交付（试想一下音乐、视频、游戏、书籍之类），而且电子商务的渗透率接近 50% 时，在实体空间销售这类产品几乎再无任何希望。所谓"品类杀手"，即那些通常在某一类商品领域领先的品类高度集中的零售商，它们自然就成了最先被电子商务攻击的伤亡者。诸如百视达（Blockbuster）、电路城、美国电脑（CompUSA）及玩具反斗城等公司，都已经遗憾地成了历史书中的记载了。许多这样的公司从颠覆者变成了被颠覆者，这清楚地提醒我们自满是十分危险的。

例如，博德斯曾是美国第二大连锁书店。根据对冲基金经理托德·沙利文（Todd Sullivan）网站的记载，在 2008 年的一次访谈中，该书店首席执行官乔治·琼斯（George Jones）曾说："我不认为在我们的书店里采用技术和自助服务，就能稀里糊涂地取代我们书店的特色，即当你踏进我们的书店，立刻就有人迎上来和你打招呼，并且这些人对店里的书了如指掌。这一直是我们业务的重要组成部分。"[15] 博德斯在三年后宣告破产。

就品类杀手而言，其曾经的竞争优势，包括深度的产品分类和庞大的门店网络，最终导致自己走向消亡。亚马逊由销售图书起家并非巧合，因为图书是一种早期网上购物者都很乐于在线购买的商品类别。另有一点也很重要，即当亚马逊进入图书市场时，全世界在印图书共有 300 万册，远远超过任何一家书店的库存能力。[16] 这便是品类杀手开始灭绝的最初征兆。

亚马逊的存在本身就影响着每一项零售业务。它是西方世界不费吹灰之力的最具颠覆性的零售商。没有其他任何零售商能如此有效地消除行业内的自满和各行其是，并最终推动了有利于消费者的变革。但很自然，这意味着未来实体店的零售空间将更少。全球 28% 的购物者认为，亚马逊是人们减少光顾实体店的根本原因。[17]

零售空间过剩，相关性受质疑

根据国际购物中心协会的数据，1970—2015 年，美国购物中心的数量增长了 300%，是人口增长速度的两倍多。[18] 如今，美国人均零售空间为 23.5 平方英尺，是世界上迄今为止零售过度最为严重的国家。事实上，美国的人均购物空间比加拿大多 40%，是英国的 6 倍，德国的 11 倍。[19] 零售业的末日蛰伏已久。

美国经济大萧条和电子商务的发展加剧了实体购物中心的没落。毕竟，网上市场就是一个现代化的数字版的购物中心，但它全年无休，每天 24 小时营业，而且商品种类繁多。

早在电子商务尚未兴盛时，美国零售业就被认为存在严重的库存过剩问题。据彭博新闻社报道，这种情况是"数十年前城市郊野地区蓬勃发展之际，投资者向商业地产疯狂砸钱的结果。这些建筑都需要充足的商店来配套，而这种需求自然引起了风险资本的注意。其结果便是大卖场时代的诞生。卖场不仅店铺繁多，而且品类齐全，从办公用品供应商到宠物零售商，应有尽有"。[20]

转眼就要到 2019 年，另有一个重要因素也在发挥作用，即消费者购买的服装越来越少。《大西洋月刊》（The Atlantic）在 2017 年报道，21 世纪，服装在美国消费者支出总额中所占的比例大幅下降了 20%。[21]

我们在服装上的花销减少了

这是为什么呢？首先，可自由支配的支出正向体验转移，它使购物者口袋里可挥霍于时装上的钱大为减少。在英国，巴克莱信用卡（Barclaycard）数据显示，无论是娱乐消费还是酒吧消费或餐馆消费，每一种在 2017 年都有两位数的增长，而用于女性服装上的支出却下降了 3 个百分点。[22] 在经济最景气的时候，人们会任性地挑选新衣服，但可支配收入减少，加之消费者的偏好重点转变，使得服装行业备受打击。

其次，现在明显缺乏任何新的必备品的时尚趋势（在过去的十年里，紧身牛仔裤一直是我们会持续购买的必备品）。再次，我们的人口正在老龄化，而随着年龄的增长，女性通常会少买新衣服。这是英国百货零售商玛莎百货（Marks & Spencer）所面临的众多问题之一，因为其核心客户群都在 55 岁以上。事实上，该公司首席执行官史蒂夫·罗维（Steve Rowe）表示，2016 年，60% 的女性消费者的购买服装量不及 10 年前。[23]

此外，消费者对循环利用和可持续性的意识也日益增强，这引导了时尚界致力于实现时装的完全循环。随着越来越多的消费者在购买新产品前三思而行，诸如服装品牌 H&M 在德国推出所谓"精心"之类的服务，目的就是要通过提供免费修补和污渍清除建议，帮助购物者延长衣服的使用寿命。服装品牌 Zara 也有自己的"加入生活"回收计划。这对消费者很好，对地球当然也好，但对时装零售业就不那么好了。

最后，如今的工作场所更加休闲，这导致购物者放弃了夹克和西装外套，转而青睐更加多样的服装。英国衬衫品牌 Charles Tyrwhitt 的创始人尼克·惠勒（Nick Wheeler）公开表达了对于领带也渐入末途的失望："这可是唯——款还能赚点儿钱的产品了。"[24]

购物中心、百货商店和超市连锁店，将会缓慢消亡吗？

考虑到传统购物中心 70% 的面积都一直用于服装销售，因而消费者不断下降的对新衣服的需求格外令人担忧。如今，这一比例更接近 50%[25]，而且随着时间的推移，估计还将继续回落。在 2017 年彭博新闻社的一次采访中，美国购物中心运营商 GGP 的执行总裁桑迪普·马斯拉尼表示，理想的现代购物中心周边应当有一家百货商店、一个超级市场、一家苹果专卖店、一家特斯拉门店、以及那些从网上业务开始发展的商家。[26] 我们认为，一个亚马逊退换货专区也应是这种综合配套设施的一部分，但我们把这一点留到后面再展开。

戴德梁行的数据显示，2010—2013 年，美国购物中心的客流量下降了 50%，而且之后一直在下降。[27] 然而，有必要在此指出，那些主要位于城市或旅游胜地的高端"A 级购物中心"正在逆势而上。事实上，就是这些占比只有 20% 的购物中心实现了购物中心总销售额的近 3/4。[28] 对于这些表现最好的购物中心来说，自我重塑将是确保其业务未来升级换代的首要要求。对其他所有人来说，合理化是不可避免的，预计到 2022 年，美国将有 20%~25% 的购物中心关门。[29]

当然，如今空间过大和缺乏关联性的不只有购物中心。随着品类杀手的消亡，我们认为当前城市以外的超市连锁店和百货商店是最危险的零售模式。尽管这两种模式有许多不同之处，但百货商店和超市连锁店的初始模式是一致的，即一站式购物。过去，动辄将 10 万平方英尺以上的零售空间给这些"消费宫殿"是有道理的，因为这样可以将大量的品牌聚集在一个屋檐下。众所周知，梅西百货以其 250 万平方英尺的纽约旗舰店是世界上最大的商店而自豪，这家店覆盖了整整一个街区，而在欧洲，家乐福和特易购（Tesco）的一些超大型超市的规模如此之大，以至于员工上班四处跑动要穿上溜冰鞋。层层加码越造越大在过去也许有用，但如今，仅亚马逊一家就储备了数百万种适用于金牌会员制的产品，认为实体零售商仍能提供"一店之内购尽天下"购物方式的想法就变得可笑了。

零售业发展很快。就在一二十年前，沃尔玛还指望其超级购物中心的概念能成就零售业的未来。我们不要忘记，在当时那个年代，这的确是令人难以置信的创新。购物者不再需要跑多家专营零售商店买东西，一站式购物的便利和低廉的价格结合在一起便稳赚不输。早在 1997 年，沃尔玛时任执行总裁的大卫·格拉斯（David Glass）就曾预测："我认为，在下一个十年，超级购物中心就会发展得像上一个十年的折扣店那样。"值得注意的是，当时沃尔玛和大多数零售商一样，才刚刚开始发掘"网购这样的超前理念"。[30]

格拉斯的预测当然不错（虽然我们也确信，贝佐斯可以更新此预测说，电子商务之于未来十年犹如超级购物中心之于上一个十年）。1996—2016 年，沃尔玛平均每年开设 156 家超级购物中心。这些新开的超级购物中心，大部分其实是在原有折扣店的基础上改建而来的，并非完全新建，然而这是美国历史上最重要的食品零售业的转型过程。沃尔玛能够将其制胜法宝（低廉的价格和繁多的食杂品类）带到以前配套服务欠缺的地区。

早在 2012 年，娜塔莉和受人尊敬的零售分析师、与其合著者布莱恩·罗伯茨（Bryan Roberts）就预测，到 2020 年，沃尔玛的超级购物中心模式将达到饱和。[31]这一预测基于三个因素：折扣店转型机遇枯竭、人口增长缓慢、线上零售对于实体销售的侵蚀。

如今，超级商店的概念在世界上许多地方面临被淘汰的严重风险。在过去 20 年里每年开设数百家大型仓储式卖场之后，2017 年，沃尔玛在美国的新开店数还不到 40 家。[32]我们尚未看到已有门店数量出现净下降，但我们坚持前文所述，即这种模式将在不久的将来达到饱和。

"大型卖场的消亡"在英国这样的市场要严重得多。在英国，零售业受在线和折扣销售渠道的影响更大，这些渠道对大型超市构成了最大的威胁。截至 2018 年撰写本书时，英国国家统计局的数据显示，电子商务占英国零售总额的 17%[33]，几乎是美国的两倍。[34] 与此同时，凯度（Kantar）消费者指数的数据显示，仅阿尔迪和利德两家公司就占了食品杂货业的 12%。[35] 过去十年，这两条渠道的爆炸式增长导致了购物行为和预期的巨大变化，其中最显著的莫过于"每周购物"的消亡。

> 这是五六十年一遇的大改变。上一次巨变就在超市（发生于 20 世纪 50 年代）。我认为，你们现在看到的还只是最基本的。
> ——维特罗斯前总经理马克·普莱斯勋爵，2014 年[36]

根据《维特罗斯 2017—2018 年度食品和饮料报告》，令人惊叹的是，英国当前有 65% 的购物者每天光顾超市不止一次。[37] 顾客再也不用为了低价和货品齐全而长途跋涉到城外的超大卖场去购物了。线上零售正在侵蚀大卖场的地位，同时近距离零售也不再有溢价。现在的购物者买得少，但买得更勤了。他们会为了当晚之用而购物，其结果就是他们会光顾许多品牌店。

这种购物习惯上的根本转变，在超市的入口处就能一眼看出来。上述报告还指出，一般每家超市传统上都为"天天购物者"提供 200 辆大购物车和 150 辆小购物车。至 2017 年，这种购物车的配置发生了逆转，现在是 250 辆小购物车，而大购物车只有 70 辆。[38] 普莱斯说："那种推着购物车买全一个星期之需的想法已经过时了。"

与此同时，百货商店可就没那么幸运了。2000 年以来，美国各地的百货商店销售额暴跌 40%。过去十年，市面上几乎所有大型

　　　　　　　　　　　　　　　　　　亚马逊效应

百货商店零售商的店铺效率都有所下降。曾经的标杆企业西尔斯百货如今正缓慢地走向衰亡，销售额狂跌，每平方英尺的销售额竟下降了56%，从2006年的218美元直降为2016年的97美元。[39] 要问这带来的明显后果吗？很多商店都关门了。西尔斯百货、梅西百货和杰西潘尼总计关闭了500多家门店。[40]

> 它们早就想杀死我们。我们挺过了大型卖场、超级市场、专卖店，而现在纯粹就是闹着玩了。
>
> ——英国宫百货董事长迪马斯·吉梅诺，2018年[41]

零售的一条基本规则就是你的生意要和顾客需求息息相关。在经济形势好的时候，这一点是必要的；在零售业整体门店过剩，消费冲动受抑的消费者购物偏好发生变化的大背景下，这简直性命攸关。要让所有人都能购其所愿不再是一种选择。事实上，我们认为亚马逊可能是当今世界上唯一一家能够做到让所有人都能购其所愿的零售商，这要归功于其无可匹敌的齐全品类和便利性，无论是在金融还是在物流方面。对于其他零售商来说，对目标客户设立清晰的愿景和一个真正与众不同的主张是至关重要的，只有这样，它们才能从同行中脱颖而出。

由其本质决定，大多数传统的百货商店如今与消费者的关系不如以往那么密切了。

- **网络电商的蚕食。**尽管亚马逊没有披露品类数据，但它被认为是美国最大的服装零售商之一。我们不相信网上零售商能够彻底取代实体店在时尚和食品等领域的体验，但这并不意味着它们不会做出尝试。更快捷的交货方式、更大方的退换货政策和尺码调整，有助于给那些期望在网上购买衣服的购物者树立更强的信心。

正如我们在本章前面提到的，网上零售正在蚕食百货公司的核心前提：一站式购物。根据考恩公司（Cowen and Company）的数据，美国百货公司目前约有15%~25%的销售额来自网上。许多分析师认为，35%~40%是服装网上销售的最高渗透率。[42] 因此，尽管百货商店的网上销售有增长的空间，但这会导致实体店的空间过剩。好消息是，零售商完全可以创造性地填补这些过剩的空间，我们将在本书后面的内容中讨论这一点。

我们同样有必要提醒自己，曾几何时，购物者是冲着能得到相关信息和帮助才去商店的，而百货商店的员工确实能够提供这些信息和帮助。逛商店也是一个发现新产品并从中获得灵感的机会。当然，这在今天已经无关紧要了，因为手机已经成为购物者信赖的选货顾问，而且很多人在去商店之前都会先上网查询。话虽如此，我们还是认为，在更广泛地利用人际交互购物和试衣间体验方面，实体百货商店仍然大有可为。

- **产品的同质化和市场定位的中档化。** 百货商店的陷阱远不止经营品种多寡这一种。如今，商品结构本身并没有什么大的差别，也不那么引人注目了。事实上，艾睿铂（AlixPartners）的咨询顾问估计，传统百货商店的商品结构有40%的重叠。但是这些商店也并非千篇一律。[43] 西尔斯百货的《邮购目录》曾经代表着在一个地方能找齐的最长的玩具目录。直到20世纪80年代，杰西潘尼还在销售家用电器和汽车产品。随后，沃尔玛和塔吉特等大型折扣店的崛起，迫使各大百货连锁商店调整其提供的一般商品，并将重点转向时尚。如今，服装、鞋类和配饰已占多数百货商店销售额的 80% 左右，而几十年前这一比例仅为 50%。[44]

或许，不断聚焦于时尚曾有助于百货商店摆脱日益增大的大型超市的威胁，但如今，尽管尽了最大努力投资于独家经营系列，并与其他品牌进行合作，但百货商店看上去依然相当脆弱。作为所谓的快时尚连锁商店，Zara 可以在 25 天内将一件外套从设计到制成，并上架销售。[45] 与此同时，特价零售商给出的售价要比传统百货商店低 70%。[46] 这些"搅局"的实体店的崛起意味着百货商店不再是售价最低廉、款式最时尚、购物最方便的场所。另外，我们都知道，在零售业中，定位中档是非常危险的。

面对这些新的竞争威胁，百货公司最初的下意识反应就是开始一段似乎永远打折的时期。然而，这种竞相杀价的逐底竞争，不过是侵蚀利润率，也降低了品牌认知度，并教会消费者只在促销时购物。现在，百货公司通过扩大自己本身的降价空间，选择实行一种更可持续的"打不赢就入伙"的方式。事实上，在 2018 年撰写本书时，越来越多的传统百货连锁企业拥有的直销店和折扣店要比其全价商店多得多。[47] 尽管存在着挤占现有商店的风险，但这种形式对今天的购物者来说更适合。

百货公司对于自身再造并不陌生，关于它们如何才能与亚马逊和其他线上零售商同生共存，我们将在本书后面的内容里更详细地讨论。然而，就目前而言，不可否认的是，百货公司会越来越少。

千禧一代：极简主义和用心花钱

1955 年，经济学家兼零售业分析师维克多·勒博在发表于《零售杂志》的一篇文章中这样写道：

> 我们拥有高度生产力的经济要求我们把消费作为生活方式，要求我们把购买和使用商品变成日常仪式，要求我们在消费中寻求精神上的满足和自我满足。衡量社会地位、社会接受程度和声望的标准，现在都可以在我们的消费模式中找到。我们现今生活的真正意义和重要性是通过消费来表达的……我们需要以越来越快的速度消耗、燃烧、磨损、替换和丢弃东西。

在 20 世纪，美国文化一直被消费主义定义。但现在，这一切都在发生改变。根据皮尤研究中心（Pew Research）的数据，千禧一代（1980—1996 年出生的人）的数量超过了历史上的婴儿潮一代（1946—1964 年出生的人），成为美国在世人数最多的一代人。[48] 当然后续的人口统计数据也需要考虑，比如 Z 一代（指 1995 年后出生的新新人类），而且之后也还会出现大量更多的数据。然而，千禧一代特别令人感兴趣，因为他们已经到了消费高峰期，其价值观和消费习惯也与前几代人截然不同。

正如摩根士丹利 2016 年的研究所述：

教育支出可能会成为千禧一代的标签，就像拥有一栋房子和两个车库是婴儿潮一代的象征一样。平均而言，25 岁以下的千禧一代花在教育上的钱是他们父母花费的两倍。费用的增加意味着学生负债的增加，这就抑制了消费开支。[49]

事实上，根据摩根士丹利的统计，2005—2012 年，30 岁以下美国人的平均助学贷款金额几乎翻了一番，从 13 340 美元增至 24 897 美元。千禧一代受过教育但负债累累，他们越来越多地选择极简但有意义和有社会意识的生活方式，其结果便是导致了一代人购买习惯的转变，这将在未来几十年对零售业产生巨大影响。

对钱包份额的争夺战必将加剧，这不仅是因为在数字浪潮中生长的千禧一代已成为占主导地位的消费群体，还因为我们将会看到，跨代的消费方式正从购买实物商品转向旅游、娱乐和外出就餐等体验。在 2017 年的零售行业大会上，万事达（Mastercard）高级副总裁莎拉·昆兰在演讲中指出，2016 年美国圣诞礼物排名第一的是机票，排名第二的是酒店代金券。[50] 与此同时，宜家认为我们已经达到"物极"程度[51]，而博姿（Boots）首席执行官（也是迪克森车载电话公司前老板）赛博·詹姆斯则认为："消费者现在只是自食其有。"在本书的后面内容里，我们将讨论零售商如何调整它们的门店，以适应共享经济和体验经济的兴起。

不可否认的是，轻资产的千禧一代非常看重体验，尤其是在社交媒体助长"社交控"因素的当下，但向体验式消费的转变不仅仅是千禧一代的事情。莎拉·昆兰在 2017 年的一次企业采访中很好地总结了这一点：

以前，如果你获得的东西越来越多，那你的社会地位就会得到彰显。而现在……我们真的更加喜欢我们的家人和朋友，想要花时间和他们在一起。因此，我们看到在旅游、酒店、飞机、火车、音乐会门票等方面的支出都在增加。这才是人们所珍视的——与其买买买，不如与家人和朋友一起出去吃顿饭。[52]

根据美国人口调查局的统计，2015 年，美国人花在餐馆和酒吧里的钱，有史以来首次超过了花在超市的钱。[53] 2016 年，花在外出用餐和娱乐等方面的随性支出继续增长，分别增长了 5% 和 3%，而此前一年的增长分别是 8% 和 4%。

因此，零售商疯狂地改造实体店也就不足为奇了，它们要让自己的门店少一些交易性，多一些体验性，我们将在本书后面内容里更详细地探讨这个话题。"光有好东西是不够的，"德本汉姆百货的董事长伊恩·切希尔爵士说，"你还得用一系列的体验来包装它。"[54]

同样重要的是，在涉及医疗健康、保险和养老金等生活必需品时，消费者如今都会进行更加深入的探究。德勤（Deloitte）的数据显示，医疗健康占个人消费支出总额的比例，已从 2005 年的 15.3% 上升至 2016 年的 21.6%。[55]

归根结底，随着人们对于实物商品的支出减少，零售商自然不得不调整其门店的商品和服务的组合结构，以应对这种似乎是永久性的支出模式变化。

总的来说，这对某些人是"天启之灾"，对大多数人来说则是转变。

亚马逊效应

第5章

纯电商的终结：
亚马逊向实体零售转型

> 纯电商的身份已经不像以前那么特殊了，竞争越来越多。渐渐地，消费者已不再考虑什么线上线下，他们考虑的就是怎么买到东西。
>
> **——特易购前首席执行官特里·莱西爵士**[1]

既然我们已经明确提出，为了适应购物习惯的变化，还会有更多的商店被迫关闭，那你一定会问，我们现在为什么要来谈电子商务的消亡，而不是商店的消亡呢？

答案很简单，因为尽管线上零售出现爆炸式增长，但目前全球零售业销售总额的90%还是实体店带来的。[2]实体零售必定会进化，但它并非行将消亡。其中，经营表现不佳的将被淘汰出局，毫无自身特色的也将暴露，店面过剩的问题将得到解决。但未来几十年，实体店仍将继续在零售业发挥关键作用，这一点是不会错的。

> 实体店不会消失。电子商务倒是会成为万事万物的一部分，但绝不会是全部。
>
> ——杰夫·贝佐斯，2018 年[3]

事实上，我们认为，在今天看来，随着科技打破线上和线下之间的障碍，那些没有实体店的零售商就很脆弱了。鉴于前文所提到的对于销售店面的需求，那种让纯网络零售商大肆标榜其管理成本低，从而售价也更低的日子已经一去不复返了。纯网络零售商曾经拥有的结构性经济优势已经消失。

早在 2015 年，娜塔莉就在其撰写的一份报告中预测，到 2020 年，大部分纯电商将不复存在。[4] 当时，这一预测受到了某种程度的质疑，其中最引人注目的质疑就来自赫赫有名的亚历克斯·鲍多克——时任在线零售集团 Shop Direct 的总裁，他在《零售周刊》研讨会上的演讲中公开反驳了我们的观点。[5] 但是，除了为纯电商辩护，你还能指望一位纯电商的零售商老板做些别的什么呢？

如今，"从线上到线下"的理念已经成为一种合乎情理的趋势，甚至有了自己的首字母缩写：O2O。自从我们的报告发布以来，我们已经看到了数十家著名的数字原生态电商品牌跨入实体零售领域，其中最引人注目的就是电商巨头亚马逊和阿里巴巴。这两家公司通过推出新的零售概念，包括高技术化的书店和免结账超市，向零售界发出了一个明确的信号，即它们对未来的愿景在很大程度上包含了实体店。这并不仅是开一两家所谓的旗舰店那么简单，例如网络零售商京东就期望能够一天在中国开设 1 000 家门店。

阿里巴巴创始人马云后来又将我们当初的预测向前推进了一步，他认为，"纯电子商务将被简化为传统做法，并被新零售概念取代，即在单一价值链上整合线上、线下、物流和大数据"。[6]

在本章中，我们将探讨促成由线上到线下趋势的各种因素，探讨亚马逊为何要调转方向开始实体零售，以及为何实体世界和数字世界的加速融合会促使零售商调整它们自己的商业模式。

下一代零售：对全渠道的追求

在深入探讨O2O趋势之前，我们非常有必要理解实体零售和数字零售的更加广泛的融合。如今的消费者才是真正对零售渠道和设施不闻不问的人。"消费者才不管线上线下，"阿里巴巴欧洲区总经理冯必睿说，"世界上没有哪个消费者会早上起床后说'我要在线上买些鞋子'，或者在点开一家电商平台后说'我要在线下买台冰箱'。只有卖鞋或卖冰箱的人才在乎这一套。"[7]

> 渠道（无论是网上还是实体）的时代已经结束。我们现在真正置身的世界，对于消费者来说，是渠道已经完全融为一体的世界。我们必须这样来考虑问题。
> **——英国百货商店约翰·刘易斯总经理保拉·尼克尔斯，2017年**[8]

消费者真正想要的是一种无摩擦的体验。现在，无论用于研究、浏览、购买或收集商品的渠道或设备有多少，无缝购物已成为一种根深蒂固的期望。满足这一需求并非易事。事实上，我们已经计算出如今有超过2 500种购物方式。购物已经不再是线性的，在传统零售渠道之外，新的顾客触点正在涌现。只要传统零售渠道与激增的快递服务结合，这就意味着购物者比以往任何时候都有更多的选择。

因此，在过去十年里，行业讨论已经被诸如"全渠道""互联互通""无缝""无摩擦零售"，还有"物数化"这个可怕的合成词（如果我们敢用的话）等术语主导，这已不足为奇了。尽管都带有时髦词汇"宾果"的流行元素，但上述术语的含义却是，实体零售商不仅必须投资于数字化能力建设，还必须确保能提供真正水乳交融的线上和线下体验。换句话说，零售商需要开始像它们的顾客一样思考。

> 亲手触摸、亲身感觉、亲眼看到产品仍然是无法替代的体验。我们将在未来看到更多的融合。
>
> ——葛道远，2018 年[9]

那么全渠道零售在实践中是什么样的呢？有个妈妈要给儿子买一双新鞋。她先是通过线上——台式电脑、手机或平板电脑进行搜寻，然后去商店让儿子试尺码。她想要的鞋子已经脱销了，于是店员主动提出去另一家分店看有没有货，或者等这家店有货了再给她寄送到家里去。在这个案例中，尽管顾客未能买到想买的东西，但她还是满意地离开了。这家零售商能够提供由技术加持的优质客户服务。

以如今的标准，这听起来似乎太过简单，但绝大多数零售商对于库存都缺乏认知，而且许多零售商的经营架构其实都无法支持这种程度的服务。尽管全行业都专注于创建统一的客户体验，但许多零售企业仍旧采取"竖井式"运作，即线上部门和实体部门都根据自己不同的目标各行其是。

自从智能手机面世以来，我们已经走过了漫长的道路，而当时这玩意儿还没有多少人听说过，所以那些焦虑不安的零售商才会部署无线信号干扰器，以试图阻止购物者使用他们的设备搜索更便宜的价格。当时，它们根本不知道"店看网购"的出现一旦广为人知，会对购物产生怎样深远的影响，正如我们不了解电子商务本身的发展会带来什么一样。

同样，在电子商务初创时期，零售商店的经理们曾抱怨，顾客从线上零售商那里买了不想要的产品，却越发想在线下商店退货。从客户的角度来看，这是最容易的，因为他们不希望重新打包，也不愿意支付退货的邮寄费。要是那家线上零售商在离当地主要购物街几米远的地方就有一家分店的话，那顾客何必多发一份快递呢？

但面对逆向物流受到的影响，许多零售商并没有做好应对准备。在一些早期案例中，逆向物流导致商店经理拒绝接受网上退货。然而，零售商们很快就意识到提供这项服务的便利价值，并将其转化为它们的优势，通过"网购店取"方式在实体商店中实现网上订单的线下交付。如今，如果顾客不喜欢他选购并已经发货的鞋子，他通常可以免运费发回或直接到门店退货，而门店则常常根据订单实际交货或结账支付的地点来统计售出（及退货）。

对于那些自身经营模式已经遭受亚马逊效应和"店看网购"双重打击的零售商来说，数字商店的整合或转型已成为一项势在必行的重要战略。这一点，或许与人们的直觉相悖，但这意味着要拥抱"店看网购"并向顾客提供免费及稳定的 Wi-Fi 无线信号（尤其是在移动数据信号无法到达的地方），还意味着通过这种网络连接来获取有关顾客流量、交通流量、停留时间和购买行为的更加详尽的信息，并用以提升顾客体验，加大店内优惠力度。

随着技术迅速冲破线上与线下之间的障碍，零售商正被迫提供一种更加互联的零售体验，从而收获更高的客户满意度。现在，让我们来看看促成这一切的究竟是哪些具体的技术和创新。

未来趋势：线上线下零售融合

移动设备的核心作用

正如前一章所讨论的，手机真正改变了我们的购物方式，它不仅创造了无尽的新的购物机会，还充当了线上和线下零售之间非常重要的桥梁。

知识就是力量

有了手机这个如影随形的购物伙伴，消费者就可以在商店内外做出更加周全的决定。那么，这对实体店的购物体验有什么影响呢？简而言之，这种体验给了客户一种高度的授权感。有了手机的帮助，人们的店内体验就得到了极大的优化，人们对于网络接入、速度和便利性方面的要求也提升了。如今，大部分的销售都受到了数字化的影响。[10] 要货比三家就得跑多家实体店的日子已经一去不复返了。如今，当消费者想要了解更多有关产品的信息时，在手机上查找往往比去商店问询来得快。

值得指出的是，在美国，上网搜索产品的首选之地并不是谷歌，甚至也不是什么搜索引擎，而是亚马逊。[11] 亚马逊无与伦比的商品分类，再加上宝贵的顾客评价，使其成为消费者在获取产品信息时值得信赖和便捷的来源。事实上，超过一半的美国网购者都最信任亚马逊，原因就是它能提供极有用的产品信息。[12] 仅这一统计数据就足以让整个零售业后背发凉，特别对于实体零售商而言，这凸显了来自价格透明度和商品易获性的双重挑战。如果某款产品缺货或者价格不合适，那亚马逊就将处于有利地位，它可以通过移动交易的方式将这笔买卖一举拿下。

> 许多人认为我们的主要竞争对手是必应（Bing）或雅虎。但其实，我们最大的搜索对手是亚马逊。
>
> ——谷歌前董事长埃里克·施密特，2014 年 [13]

就算是购买杂货，在店内使用移动设备也能帮助购物者做出更周全的决定。例如，在未来，沃尔玛希望顾客只用手机对准一块水果就能判断它有多新鲜。

无摩擦、个性化的体验

移动设备也为零售商创造了无数机遇，使它们能够为顾客创造更方便、更个性化的体验。但在顾客尚未进入实体店之前，零售商就应当推出与实体店明显挂钩的网上优惠，以便赢在上网"搜索、浏览和发现"的阶段。一旦实现了这一点，零售商就需要给顾客一个去实体店的理由。许多商家已经开始尝试通过提供愿望清单、菜谱或购物清单，以及打折、特色活动和本店促销，将线上顾客吸引到实体店内。

但是，一旦到了那里，零售商就必须解决两个最大的购物难题（尤其是在杂货区域），一个是如何找到商品，另一个就是排队付款。手机在这两个方面都发挥着巨大的作用。第一，在改善定位向导方面，零售商采用了包括 Wi-Fi、蓝牙、音频、视频及磁性定位，以及增强现实（AR）和 3D（立体）虚拟化在内的一系列技术手段来加持店内测位系统，让顾客能够通过使用移动设备更快地找到他们心仪的产品。未来，预计会有更多的零售商将店内向导服务与个性化的、实时的优惠捆绑在一起，以复制曾经只能在网上体验的深度定制服务。移动设备实现的信标技术和增强现实技术正在为零售商创造新的机会，锁定店内购物者并为之提供这样的优惠。技术使零售商总是行走于快捷和龟速之间，但研究表明，大多数购物者都愿意接受与他们相关的实时优惠。[14] 如前所述，我们相信，随着零售商期望将顾客忠诚度计划数字化，那种塑料的计点制的顾客计分卡将成为过去，而移动设备自然将在此过程中发挥关键作用。

第二，减少结账时的麻烦已经成为一个热门话题，亚马逊最负盛名的就是试图在其"亚马逊无人超市"（AmazonGo）中完全绕开支付流程，更不用说现场结账了。我们将在后文更详细地讨论这一点，但这里还是有必要指出，为了加速排队结账，实体店内正在应用数字集成和更实用的无现金交易方式。例如，食品杂货商对自助结账并不陌生，它们依靠顾客自己扫描、打包所购商品并付账，以此获得比人工结账更快的顾客流速。排队疏解系统也能让销售助理给队列里的顾客结账。接受非接触"感应式"或移动钱包支付是帮助顾客完全避开排队结账困扰的另一措施。

此外，数字显示器取代了传统的纸质标签和海报，通过与客户的移动设备连接，或者通过专门的应用程序，显示器就可以成为客户获取数字货架标签本身所含信息的便捷连接点。数字显示还有一个好处，它使零售商能够灵活改变价格和促销活动，从而开发出另一种与线上保持同步的途径。时装零售商可以使用所谓的智能镜或"魔镜",帮助购物者看到某商品的同类补充或替代产品的推荐,在社交网络上与朋友分享他们的穿搭方案,甚至可以直接打电话给客服,咨询不同尺码。与此同时,无尽的购买通道和移动售货亭使零售商能够提供超越传统实体手段限制的无限商品种类。

就整合数字技术到实体店而言,那些走在最前列的零售商非常清楚怎样才能通过这些努力将线上的最佳优势(指在线接入和可获性的方式)与那些根本无法在线上复制的属性,即只有实体商店才能够提供的直接感触产品的体验完美地结合起来。在这个例子中,一些公司已经开始为它们的店员提供与客户相同的产品、价格和可供货信息的访问权限,这样他们就可以通过将商品从另一分店运来以保证取货,或者在网店下单安排送货到家或到店取货,从而"挽救一单生意"。再举一例,鞋类零售商 Dune 的单一库存视图,允许其店员每周内调配运送数千双鞋子,在季末清仓销售期间,Dune 也能够确保商品被准确地送到指定的商店。至关重要的是,这种模式赋予该零售商一种能力,即可通过任何渠道来最终实现销售交易,哪怕店里其实卖得就剩最后一双鞋了。

与此同时,零售商利用 AR 和 VR(虚拟现实)体验进一步模糊现实与虚拟的界限。例如,时装连锁店 Zara 在阿索斯和布虎(Boohoo)等纯粹的线上竞争对手日益激烈的竞争之下,于 2018年开始测试 AR 体验。店内购物者拿着手机对准商店内的某个窗口或传感器,然后就可以在自己手机的屏幕上看到叠加的模特穿着某款式的影像效果。这不仅能让店内购物者在手机上直接点击购买商品,还可以让线上的购物者也使用这款应用,只要将手机悬停在 Zara 配送的包裹上就行。移动设备正在真正实现一种更加融合的购物体验，而这种情形未来只会加速到来。

点击、取货和退货

就完成一笔交易而言，线上和线下的界限也变得越发模糊了。对于当今许多购物者而言，去实体店是线上下单后的首选取货和退货方式。零售商也同样积极地推动这种行为，因为将实体店提升为网单的提货点，远比为分散各处的顾客送货上门更加节省成本，而且顾客进店之后往往还会有更多的消费行为。在塔吉特门店，1/3 的"网购店取"的顾客都会购买其他商品；在梅西百货，顾客在取到网单商品后，通常都会在店内再多消费 25%。[15]

在不到五年的时间里，"网购店取"已经从英国零售商阿尔戈斯（Argos）所特有的一种奇怪的商业模式（不知不觉地超前于其所处的时代）转变为零售的一种先决条件。如今，在一个成熟的零售市场上，很难想象有哪家零售商不允许顾客在网上下单后到实体店取货。"网购店取"方式的惊人发展充分证明，购物者希望将网上购物的优势——商品种类应有尽有和下单快捷，与店内取货的便利性结合起来。毕竟，90% 的美国人住在距沃尔玛门店 10 英里①以内；[16] 在法国，购物者开车 8 分钟就能找到家乐福门店。[17] 我们不应低估大型跨国公司在实体基础设施方面所拥有的优势。

零售商也在重新配置它们的商店，以应对比以往更大的退货量。历史上，零售退货率一直低于销售额的 10%。如今，由于电子商务的发展和客户期望值的提高，这一比例可能更接近 30%，

---

① 1 英里约为 1.6 千米。——编者注

而在服装这样的品类中，这一比例甚至能高达 40%。[18] 现今的购物者自然希望能够将不想要的网订商品退货到对他们来说最方便的地方，而不用管购买的渠道是什么。

这再次强调了实体店正在改变中的至关重要的角色作用。家居建材用品零售商家得宝高达 85% 的网购退货都发生在店内。[19] "网购店退"是多渠道零售商让实体店借力网络零售增长的又一大好机会，它不仅可以取悦当今要求很高的顾客，而且正因为有"网购店取"这种方式，零售商还可以从顾客进店后的增量购买中获益。据 UPS 统计，三分之二的顾客到实体店退了网购商品后，会同时在该店再次购买商品。[20]

60% 的购物者更愿意到实体店去退网购商品，这种趋势凸显了纯粹网上零售商的又一劣势。[21] 亚马逊进军实体零售，以及收购全食超市之后做出的首批改变之一，就是实施亚马逊自取柜计划，这为购物者提供了一种可替代邮局的方式来提取、退换在网上下单所购之物，它并非一种巧合。

同样，许多纯粹的电商零售商正与实体零售商合作，为购物者提供更多的选择和便利。例如，在英国，沃尔玛旗下的艾斯达（Asda）就允许购物者从阿索斯、Wiggle 和 AO.com 等在线零售商那里提取和退掉网购的商品。与此同时，一些零售商甚至不惜与竞争对手展开合作。例如，2017 年下半年，亚马逊就与科尔士百货合作推出了店内退货计划，而另一个不太为人所知的例子是，瑞士巨商米格罗斯（Migros）和零售电商 brack.ch 之间也形成了一种类似于"网购店取"的模式，以更好地服务于顾客的名义，创造更加统一的实体和数字零售体验。

普适计算：无店铺或无视屏购物

谈到线上和线下融为一体的购物体验，就不能不提到物联网。当我们在考虑融入消费者家居情景中的购物体验时，就已经可以看到 AR 和 VR 以及语音和简化的补货方式带来的影响了。这一切让由网购而来的消费者对速度、便利性、性价比和个性化的期望，又上了一级台阶。这一切充分利用了当今为大多数顾客提供消费决策信息的混合现实。

例如，虚拟现实技术可以让零售商通过需要特殊的头戴式装置进行观看的沉浸式数字显示器将商店带入顾客家中，消费者甚至只需在阿里巴巴的淘宝 VR 购物"BUY+"里点一下头即可购物。这听起来可能有点儿像科幻小说，但沃尔玛于 2018 年推出的 3D 虚拟购物服务，会有助于将这项技术普遍应用于广大的消费者。同样地，消费者也可以把他们的家带入商店，像宜家、梅西百货和劳氏（Lowe's）等零售商现在都在使用虚拟库存来实现无尽通道功能。

> 虚拟现实技术发展迅速，5~10 年后必将成为人们生活的一部分。
> ——宜家产品系列及供应经理叶思博，2018 年[22]

亚马逊继续让零售业大开眼界，它展现了直接将零售房地产移植进消费者家庭的可能性，从允许顾客一键修改订单的"单键按钮"到可以让购物者通过 Alexa 语音助手添加购物清单的智能音箱设备，这些都将一路直达被本书作者视为商业圣杯的无摩擦自动补货机制，届时购物者完全无须为采购决策劳神。这一切有一个共同的目标：让购物者和零售商之间的互动方式隐入背景，让

亚马逊效应

二者更多地使用随处可见的运算界面，而不是键盘、鼠标，甚至是触摸屏。

因此，线上零售和线下零售不再相互排斥。最成功的零售商将是那些既认识到数字投资的紧迫性，又能够重新配置其门店，并最终将之视为资产而非负债的零售商。实体店将在塑造未来零售业的过程中发挥重要作用，使之成为一个更加便捷、互联更加紧密、顾客说了算的行业。

那么，你如果一家实体店都没有，会怎样呢？

网上购物的终结

> 我认为这就是一场比赛，也就是说，像我们这样的电商搞定实体零售的速度，能快过实体零售商搞定网上零售吗？
> ——美国电商 Boxed 创始人兼总裁黄杰，2018 年[23]

O2O：变身实体的动力

既然我们已经确定了推动数字世界和实体世界融合的因素，那就让我们来看看这对于纯粹的零售电商意味着什么。

简而言之，这意味着光是线上已经不够了。

的确，网上零售总能靠丰富的分类更胜一筹。但正如我们之前已经确定的，虽然受到物理空间的限制，但实体零售商越来越多地利用技术来提供更加融合的客户体验。在此过程中，它们正在侵蚀那些传统上仅属于网上零售的便捷性、个性化和信息透明等特性。

与此同时，面对不断上升的运输和客户获取成本，纯网络零售商认识到，拥有实体销售空间在财务、物流和营销方面的好处越来越多。随着电子商务在零售商所有业务中所占据的地位越来越重要，网上交易成本经常被低估的情况日益显现。全球咨询公司艾睿铂表示，低估的费用包括如下项目。

- 运费和手续费：免费或快速运费、包装成本。
- 与不断增加的退货和重新进货、逆向物流，以及无法销售出去的每库存单位的利润损失相关的成本。
- 加强电子商务部门（包括产品促销、策划、营销、内容创作、网络开发及信息技术等）的业务带来的企业员工数量的增长。
- 平衡额外的网络营销费用和传统费用。
- 与拣件相关的增量分销和仓储成本。
- 去杠杆化的商店基础和稀释的商店劳动量。
- 与全渠道功能相关的增量劳动和技术费用（从商店发货，在线购买，在商店提货，从商店订购等）。
- 库存管理的复杂性，即决定共享或者不共享在线库存和商店库存，以及与这两个决定相关的成本。[24]

将这些线上成本叠加起来与实体零售商的成本相比，结果会如何？以服装销售为例，据艾睿铂统计，在实体直销店花 100 美元买一件衣服，商品的成本价约为 40 美元，相关的运营成本，例如租金、管理费用和人工成本为 28 美元，这样一来零售商的利润率就是 32%。[25]

如果在网上同样花 100 美元购买这件衣服，并要求送货上门的话，其商品成本价也在 40 美元左右。但是，网上处理订单的相关成本要比在实体店销售的成本略高。具体来说就是，单笔订单必须从配送中心提取、打包并运送到购物者的家中，这自然要比将一卡车库存货物从配送中心运送到商店昂贵得多。在这种情况下，运营成本就要 30 美元，这使得零售商只能获得 30% 的利润，或者说利润率比在实体店销售该商品略低。[26]

运输成本

当然，现在的零售业并不像这个案例研究所显示的那样非黑即白，有许多变量会影响成本，例如产品类别、店铺模式和供应链中的效率。然而，值得强调的是，对于以数字化起家而又希望降低成本的品牌来说，物理空间正成为一个有吸引力的选择。展望未来，看不到任何网上交易量下降而成本也随之下降的迹象。UPS 预计，到 2019 年，电子商务的送货量将占其总送货量的一半以上，高于 10 年前的 36%。[27]

美国人在网上每消费 1 美元，亚马逊就会拿走约 40 美分，[28] 难怪这家零售商会特别起劲地优化供应链，进而降低运输成本。在短短三年（2014—2017 年）的时间里，为客户分拣和运送产品的成本几乎翻了一番，达到 220 亿美元。[29]

亚马逊为了提升其涉及面广泛的金牌会员制生态系统的价值，花样迭出地搅动零售这池水，以提高客户对免费送货及更快送达的期望。作为一家原先一直只在网上销售的零售商，亚马逊与旗鼓相当的实体零售商对手在即时性上的竞争生死攸关。但是，现在精灵已经从瓶子里被放出来了。如今，近乎即时的满足已经成为顾客默认的需求，故而其他零售商别无选择，只能投资于加强次日送达和越来越多的当日送达的能力。

问题在哪里？这种做法根本就不可能长久。我们已经看到那些开始出现的裂隙。亚马逊提高了饮料、尿布和其他运输成本高昂的重头产品供应商的运输费，同时也限制了消费者购买单一低价商品（例如肥皂和牙刷）的数量。正如前面所讨论的，我们甚至看到亚马逊全面提高了金牌会员制的年费、月费和学生会员费，同时提高了金牌现时 1~2 小时送达服务的费用和最低消费要求。几乎可以肯定，未来一定会出现更多的涨价情况，消费者应准备好为"免费"送货花更多的钱。

在这一点上，亚马逊对投资者非常开诚布公，它表示随着全球越来越多的消费者成为活跃的金牌服务使用者，以及亚马逊降低运费、使用更昂贵的运输方式并提供额外服务，运输成本势必将继续上升。与此同时，为更好地控制送货的"最后一英里"，从而使得商品递送更具成本效益，亚马逊正在不懈地探索各种适用的方法，包括无人机、机器人、奖励选择慢送服务的购物者、亚马逊灵活送（Amazon Flex）、送货服务合作伙伴等，不胜枚举。无论是通过自取柜、店内外租区域、商场"快闪店"还是实体店本身，切实的物理存在都是这一巨大王国版图的组成部分。这使亚马逊能够为购物者提供一种有可能更方便，当然也更经济的方式来收取他们的网上订货单，对此我们将在后文更详细地加以讨论。

顾客获取成本

运费支出并不是唯一的挑战，如果没有实体店，吸引购物者的成本就会更高。事实上，采用"在线购买＋仓库发货"模式的购物者的获取成本，既包括 IT（信息技术）管理费用，也包括营销成本，这使得其分销成本比店内直销方式高 4 倍。[30] 购物者可能会偶然发现一家实体店，就决定进去逛一下，但"走入流量"的概念并不适合移植到网络上，[31] 尤其是对中小型网上零售商而言。数字领域的房地产正变得越来越拥挤和昂贵。有近 100 万家线上零售商都通过同一个门户网站——谷歌来争夺消费者的注意力。[32] 高德纳 L2 咨询公司（Gartner L2）的一份报告显示，尽管在数字营销上投入了数百万美元，但在谷歌全部搜索结果的总点击量中，付费搜索列表仅占 10%。[33] 该报告指出，"其余 90% 的点击份额属于自然搜索列表，这表明自然搜索优化对于维持所有零售商的在线流量和电商市场份额至关重要"。

同时，只有 6% 的消费者会继续浏览谷歌搜索结果的第二页。[34] 即使一家零售商出现在首页，那也不能保证点击量。第一页的前 5 个结果可以获得 68% 的点击量。[35]

然而，实体店还可以充当该品牌的广告牌，让购物者以一种在屏幕上无法实现的方式与零售商保持互动。讽刺的是，这对推动网上销售反而更有利。英国一家地产公司 2017 年的一项研究发现，当零售商新开一家门店时，周边地区对其网站的访问量在开店 6 周内增长了 50% 以上。有趣的是，拥有不到 30 家门店的零售商受到的影响最大，其网上流量增长高达 84%。[36]

现在情况应该越来越清楚了，网络零售商光靠自己再也不行了。它们开始认识到实体存在的价值，并将其作为抵消不断上升的运输及客户获取成本的一种手段。

O2O：谁在做？如何做？

只做线上业务有一个问题，那就是，如果你很想要一件衣服，但在买它之前不能亲身试穿，那么这可不是一次很好的服务体验。
——男装品牌 Bonobos 首席执行官安迪·邓恩，2016 年 [37]

有人称 O2O 为行业中最愚蠢的缩写，但对其他人来说，这可是"一万亿美元的机会"。不管怎样，随着亚马逊和阿里巴巴等电商巨头高调进军实体领域，O2O 趋势方兴未艾。然而，最出名当然也是最早从线上成功走到线下的零售商范例，就是一家名叫沃比帕克（Warby Parker）的美国眼镜零售商。总部位于纽约市的这家零售商于 2010 年在网上创立。三年后，该公司开了自己的第一家门店，截至本书写作时，其门店已近 70 家。具有讽刺意味的是，实体店非常赚钱，这反而使沃比帕克有能力扩大其线上销售。其共同创始人戴夫·吉尔伯亚说："我们也看到了光环效应，实体店本身成为我们品牌知名度的重要提升者，为我们的官网带来了大量的流量，并加速了我们的电子商务销售。"

自沃比帕克首次涉足实体店以来，全球数十家纯电商零售企业纷纷效仿，其中包括亚马逊、阿里巴巴、京东、Bonobos 等，简直数不胜数。

无论是"快闪店"、展示厅、特许店，还是永久店，这些零售品牌都开始认识到拥有某种形式的实体存在的价值，而有些形式甚至吸引了希望加速实现数字化的传统零售商的目光。

在 2018 年零售电商大会 eTail West 上，被沃尔玛吞并的网上时装连锁企业 Modcloth 的首席执行官马修·卡内斯总结道：

2010—2014 年是真正的扩张时期。在电子商务领域，人们普遍感觉电商将超越零售业。很多人因为说他们永远也不会开实体商店，或者宣称实体商店已经完蛋了而出名……人们已经习惯于客流量逐年增长以及获取顾客变得更有效率了。[38]

然而，在 2015 年，由于脸书和谷歌决定改变它们的算法，网页自然触及变得更加困难。卡内斯继续指出：

获得新客户变得更加困难，在这方面筹集风险资本也变得更加困难……你看到的卖方的许多操作背后的原因皆出于此。股东、董事会、创始人和投资者都意识到，要打造一个能长久维持并不断扩大规模的品牌，大多需要拥有多渠道。[39]

2015 年，Modcloth 开始在全美各个城市测试"快闪店"，次年在得克萨斯州奥斯汀开设了首家永久性商店。2017 年，该公司被沃尔玛收入旗下，到 2018 年，Modcloth 宣布计划在全美开设 13 家无库存商店（我们将在后文探讨这一趋势）。

但 Modcloth 并不是沃尔玛的第一个目标。在实现数字转型方面，这家全球最大的零售商采取了大胆的收购策略。这些交易中最引人注目的就是其于 2016 年对亚马逊竞争对手购物网站 Jet.com 的收购，其创始人、亚马逊前雇员马克·罗尔由此加入沃尔玛，并执掌沃尔玛的全球电商业务。自从加入沃尔玛，他引领了一波收购热潮，其中包括 Modcloth、Bonobos、鞋类零售商 Shoebuy、家居用品零售商 Hayneedle 和户外用品企业 Moosejaw。

> 对我们来说，这在很大程度上就是偏执。当遇到对我们真正构成挑战的竞争对手时，我们就能处于最佳状态。
>
> ——沃尔玛董事会主席格雷格·彭纳，2017 年[40]

在罗尔的领导下，沃尔玛一直采取双管齐下的方式进行数字化并购，其目标要么是拥有深厚营销经验、强大产品内容及与供应商关系牢固的专业零售商，要么就是力图在竞争中脱颖而出的线上原生垂直品牌（DNVB）。这里所说的在竞争中胜出的，指的就是亚马逊。

亚马逊如何进军实体零售

2012 年，杰夫·贝佐斯在接受采访时，被问到是否会考虑开实体店。"我们很愿意开，但前提是我们要有一个真正与众不同的理念。在亚马逊，我们做得不够好的一件事，就是模仿。"他说，"……我观察过实体零售店，那里的服务做得非常好，经营实体零售店的人都精于此。在着手做这样的事之前，我们经常会问这样一个问题：其中的理念到底是什么？我们该怎样做才能与众不同？怎样做才会更好？"[41]

自从那次采访之后，贝佐斯就开始运作实体店了。

- 美国各地购物中心的亚马逊品牌售货亭。
- 零售商店、商场、图书馆、大学，甚至公寓的自助取货柜。
- 从洛杉矶到伦敦，将价格标签换成可扫描条形码的"快闪店"。

亚马逊效应

- 并非单纯为了卖书而设计的书店。
- 美国第一家不设收银员的超市。
- 设在最可怕的竞争对手的商店里的 Alexa 授权专区和亚马逊产品退货区。
- 亚马逊"淘宝卡车"（其实就是车轮上的"黑色星期五"）。
- 一家只售线上高评分产品的四星级商店。
- 数家汽车穿梭超市。

不，亚马逊绝不是那种"人有我有"的零售商。

从历史上看，亚马逊的实体空间在设计上无非出于两个目的，一是为了展示其设备，二是充当网上订单的提货点。如表 5–1 所示，亚马逊最初进军实体零售领域，就是通过设立自提柜、大学校园提退货点和商场"快闪店"来实现的。

表 5–1 亚马逊实体形态发展历程

开张年份	形态	基本功能	描　述	仅供金牌会员
2011	亚马逊储物柜	完成交易	常见于零售商店、购物中心、办公室、图书馆、体育馆及其他地方的订货送达提取柜。这让亚马逊克服了网上购物的两个最大障碍：送货不达和退货不便。	否
2014	亚马逊"快闪店"	技术	300~500 平方英尺的站点，让购物者在现实中与亚马逊的 Kindle 阅读器、Fire 平板电脑和 Echo 智能音箱等设备进行互动。最早出现于购物商场，如今多见于全食超市和科尔士门店（美国的百思买和印度零售商 Shoppers Stop 连锁店也开设了规模较小的 Alexa 授权专区）。	否

开张年份	形态	基本功能	描 述	仅供金牌会员
2015	校园提退货点	完成交易	亚马逊最早建立的人员配备齐全的提退货收集点，专门为全美各大学的在校学生服务。2017 年，由于推出了"即时取货"功能，这一服务得到了加强，使顾客可在下单两分钟内从就近的储物柜取货（现已停止）。	否
2015	亚马逊图书	零售 / 技术	具有独特数字功能的书店：书封面展示，金牌会员享受优惠价格。大约 75% 的空间用于图书，其设计宗旨在于推动发展金牌会员，和"快闪店"一样，让顾客在实体环境中与亚马逊的专有技术设备进行互动。	否
2016	亚马逊"淘宝卡车"	零售	亚马逊每天精选"淘宝卡车"的供货商品，通过发短信的方式与顾客交流。之后，提醒购物者"淘宝卡车"的具体位置，以方便顾客取货。"淘宝卡车"创造了一种立即购买的迫切感，它同时也为这种典型的功能性购物体验增添了乐趣。	否
2017	亚马逊生鲜提货	完成交易	网上购买杂货的提货服务非常类似于当下流行的法国"驾驶"概念。亚马逊使用车牌识别技术来缩短等待时间，可将订单商品直接送到顾客汽车的后备厢里。	是
2017	快递汇集中心	完成交易	设在公寓大楼的快递包裹提取柜。就像亚马逊标志性的黄色储物柜一样，该中心也是完全自助服务，一周七天、一天 24 小时开放，并接受来自所有运营商的送货。	否
2017	全食超市	零售	并购北美和英国 450 多家超市。全食超市吸引亚马逊的原因是其强大的生鲜食品供货（占销售额的 67%）、强大的自有品牌、都市区布点，以及与亚马逊金牌会员客户群有很强的重叠。亚马逊由此不再是一家纯粹的网上零售商。	否

开张 年份	形态	基本 功能	描 述	仅供金 牌会员
2017	亚马逊 退货	完成 交易	与科尔士百货签订了独家协议，使亚马逊的顾客可以将不想要的网上订货退给当地的科尔士门店，从而解决了网购退货带来的长期困扰，同时也增加了科尔士百货的客流量。我们认为这一趋势将会在国际上推广开来。	否
2018	亚马逊 无人 超市	零售	第一家免结账商店。购物者使用亚马逊应用程序扫描进店。这家高科技便利店将电脑视觉、传感器融合和深度学习相结合，创造出无摩擦的顾客体验。	否
2019 至今	时装或 家具商 店将是 顺理成 章的下 一步			

注：亚马逊无人超市于 2018 年正式对外开放。

资料来源：亚马逊；作者截至 2018 年 6 月的研究数据。

然而，具有讽刺意味的是，2015 年推出的实体书店标志着亚马逊战略的真正转变，因为这是亚马逊首次在实体书店环境中模仿数字营销和定价。亚马逊图书副总裁詹妮弗·卡斯特表示："我们运用 20 年来的网上图书销售经验，打造出一家集线下和线上图书购买优势于一体的书店。"[42]

网上会展示有价值的书评以及顾客评论的总体评分和数量。那种"如果你喜欢这本书，那么你一定也喜欢……"的标签式产品推荐方式，也已经被运用到了实体新书架上。书的封面就像在网上一样是面朝读者的，而且书必须至少有四星级的推荐才能上架。这意味着图书的分类策划更具匠心。这些书店 3 英尺^①长的书架只陈列大约 5 本书，而大多数书店会摆上三倍以上的书。⁴³亚马逊书店约 25% 的空间用于销售非图书类产品，如博士（Bose）音箱和法式滤压壶，当然也销售亚马逊自己的很多设备，如 Kindle 阅读器、Echo 智能音箱、Fire 平板电脑，以及自有品牌的基本电子配件系列。

图 5-1　亚马逊于 2015 年首次推出实体零售概念——亚马逊图书

　　亚马逊图书理念最吸引人之处，也许就在于其大胆的定价方式。该店的书本身不带任何标价牌，相反，顾客必须扫码欲购之书。如果他们是亚马逊金牌会员，他们将获得亚马逊网站的优惠价，而非会员就得按定价付款。这些书店的设计显然是为了吸引

①　1 英尺约为 0.3 米。——编者注

　　　　　　　　　　　　　　　　　　　　　　亚马逊效应

更多人成为金牌会员，并像亚马逊"快闪店"一样，鼓励顾客与亚马逊的设备互动，这两点都为更广泛的生态系统提供了支撑。卖书其实是次要的。

在接下来的两年里，作为零售商和技术供应商，亚马逊继续在实体店进行经营试验。它下一步还将继续推出新的杂货经销模式，如亚马逊生鲜取货和亚马逊无人超市，我们将在接下来的章节中讨论这两种模式。亚马逊同时还将与科尔士百货、百思买等实体零售商，以及像专营床垫的初创企业 Tuft & Needle 这样不太知名的零售商合作。

Tuft & Needle 是另一家由线上起家的零售商，它在进一步打入实体零售业之际，已经与亚马逊携手合作，以提升客户体验。其位于西雅图的实体店内提供平板电脑，顾客可以用来阅读亚马逊网站上的产品评语，店内还提供用于回答顾客问题的 Echo 智能音箱。顾客也可通过亚马逊应用扫描二维码一键购买商品。Tuft & Needle 的联合创始人朴大熙表示，在就如何才能与亚马逊齐头并进展开多次讨论之后，公司决定逆向而行。"我们已经决定，张开双臂拥抱它。这是零售加电子商务的未来……我们只专注于自己擅长的，至于其他的，直接应用亚马逊的技术就好。"[44]

对于已经依赖亚马逊进行线上销售的其他品牌来说，这可能是一种可行的模式。Tuft & Needle 25% 的销售额是通过亚马逊完成的。[45] 同样，我们相信亚马逊将寻求与别人建立更多的零售合作伙伴关系，以期解除网购退货这颗定时炸弹。

2017 年，亚马逊与科尔士百货合作，在芝加哥和洛杉矶的科尔士百货开设了亚马逊指定退货专区。有人可能会说，这太像特洛伊木马了，尤其是在亚马逊打造自己的时尚品牌之际，但我们相信，这是风险最小的竞合路线之一。这一方式确有独到之处，它既为百货商场带来了急需的客流量，同时又没有泄露客户数据。为了更加方便，科尔士百货入口附近设有指定的亚马逊退货专用停车位，科尔士百货还会免费将退货打包运送至亚马逊。我们可以看到，亚马逊努力与全球百货零售商达成类似协议，比如玛莎百货或德本汉姆百货，因为这些零售商不仅大多位于城市中心商圈，而且大客流量会令其获益匪浅。合作竞争将是未来的一个关键主题，尽管并非所有人都愿意沿着这条路走下去。

不管怎样，即便对亚马逊进军实体零售的意志有过怀疑，2017年，当亚马逊宣布当前十年中最重要的一笔交易——收购全食超市时，这些怀疑也土崩瓦解了。一夜之间，亚马逊就拿下了2 100万平方英尺的零售空间，从而告别了其纯电商零售商的角色。

第6章

亚马逊的食杂业雄心：
建立无所不卖的平台

为了成为一家总营收 2 000 亿美元的公司，我们必须学会如何销售服装和食品。

——杰夫·贝佐斯，2007 年[1]

数字转型正席卷整个零售行业，但迄今为止，家具、时装和食品这三类产品对此相对绝缘。这有影响吗？当然。破坏严重吗？不严重。

就这三大类而言，质量是主观的，不可能总是通过屏幕来确定。一直以来，凡是这三类商品，顾客想要亲眼看到和能够动手触摸的愿望，远远超过在网上购买的便利性。因此，在网上购买这三类商品的误差率，要比在网上购买已经商品化的书籍或音像产品的误差率大得多。就后者而言，顾客在购买时就完全清楚自己买到的会是什么，而不管他是在哪里购买的。

但这一切都将发生变化。

据凯度公司预测，到 2021 年，美国 28% 的服装和鞋类销售及 18% 的家具和家居销售预计将在网上完成（十年前针对这一天的预测数据分别为 9% 和 6%[2]）。增强现实、可视化搜索和 3D 身体扫描等技术正在打破网上购物的障碍，减少购买服装时在搜寻款式和选择尺寸上的种种不顺，让顾客在购买家具等高价商品时更有信心。同时，"先试后买"的订阅盒子及更加宽松的退货政策，也有助于那些期待在网上购买服装的消费者逐渐建立信心。

美国线上杂货业务迟缓

> 我相信，在未来很长的一段时间内，绝大部分食品杂货的购买，还是将由顾客在实体商店里完成。
>
> ——沃尔玛首席执行官董明伦，2017 年[3]

那杂货业的情况如何？众所周知，超市行业本身就是一个复杂、利润低、固定成本高、供应商基础分散、某些商品易腐的行业。如果再把送货上门算进去，情况就会变得更加复杂。高盛的数据显示，超市每笔网上订单的仓储、备货、包装和配送成本高达 23 美元，这侵蚀了本已极其微小的利润率。[4]

各种产品不同的处理和温度要求、替代商品被拒绝、顾客不在家等因素更增加了复杂性。甚至网上订购的过程也不是那么直截了当，因为许多顾客都会不断地向"购物车"中追加商品，直到订单被取走为止。相比之下，发送图书就要轻松多了。

人口密度高对于任何电子商务业态来说都是一大利好，对于网上杂货店而言更是至关重要的。只需看看世界上最先进的食品杂货电子商务市场——韩国和英国就不言自明了。在韩国，83%的人口居住在城市，2017 年，网上杂货业的渗透率达到让人惊讶的 20%。作为基准，同期美国杂货业的渗透率仅为 2%。[5] 一个人口稠密、与网络高度互联的大国，无论是从提高供应链效率还是消费者接受度（韩国拥有世界上最快的互联网速）来说，都是网上杂货业的完美福地。

在美国这样人口大量散布于乡村的国家，要实现如此密集的业态覆盖变得更加困难。韩国每平方千米有 522 人，而美国同样面积之内只有 88 人。[6] 在这样一个幅员辽阔、人口分布稀疏的国家，大多数超市都发现很难实现规模经济，而这正是维持线上杂货模式所必需的。出于这个原因，零售商曾经完全回避食杂商品送货上门，或者仅限于在有钱却没时间的城市居民中推广，例如"豆荚"（Peapod）和"生鲜直达"（FreshDirect）这两家公司。

瑞士信贷（Credit Suisse）分析，与网上食杂业的接受度和盈利能力相关的共有 13 个独立因素：

- 宽带普及率
- 笔记本电脑 / 智能手机普及率
- 线上零售的支出占比
- 亚马逊的渗透度
- 创业 / 独立文化
- 城市驾驶的基础设施
- 人口 >100 万的都市区（适宜店内提货模式）
- 人口 >500 万的都市区（适宜集中配送）
- 人均 GDP（国内生产总值）水平

- 汽车保有量
- 双职工家庭占比
- 超市空间密度
- 季节性恶劣天气

　　除了上网访问受限，美国网上杂货业的推广也很缓慢，因为配送的相关费用很高，这自然就会阻挡一些购物者使用这项服务。截至2018年，沃尔玛仍在继续收取每单高达10美元的运费。[7]与此同时，网上购物的那种"无限货架"的典型优势，对于食杂业态来说就不那么重要了，因为许多美国人仍然不乐意让他人来挑选他们要买的商品，无论是人类还是机器人。人们想要看一看、摸一摸，甚至闻一闻新鲜食物的欲望是实体食杂店的关键驱动力。人的习惯根深蒂固，故而这方面障碍重重。

　　因此，食杂业态仍然是网上零售业中最不受重视的类别之一，这一点儿也不奇怪。这种倾向甚至在亚马逊的死忠粉中也表现得很明显。美国国家公共电台（NPR）和马里斯特学院（Marist）2018年的一项联合民意调查显示，在亚马逊美国金牌会员中，仅有18%的人上网购买过生鲜食品，只有8%的人使用过亚马逊的金牌食橱线上服务。食杂业如此不受待见，要问个中原委吗？那就是人们更喜欢店内的亲身体验。[8]

　　因此，我们认为，如果亚马逊想要在食杂业上打开一片天地，它就必须要有实体店。某些消费者群体（Z世代、千禧一代、忙碌的家庭、城市居民）对线上食杂业的需求可能正在迅速增长，但是，对其他许多顾客来说，跳上车直奔杂货店或许更方便，在某些情况下，这么做也更让人感到愉悦。不要误解我们的意思，食品杂货业电子商务正在兴起，而且发展很快，但超市在未来总还是会有一席之地的。

毫无悬念，美国最大的食品杂货零售商与我们看法一致。在2017年的投资界年会上，沃尔玛首席执行官董明伦在演讲中表示，为了发展全美网上食杂业务，"你必须要有能力保持生鲜产品的新鲜度、可获性和适中的价格，而要做到这些，你就得拥有生鲜食品供应链以支持那些设在消费者周边的商店"。[9]

除了实体店，董明伦还认为，一家成功的食品电商企业需要有"大量的一般商品和服装业务，这样有助于获得利润组合效益"，还应具备"大规模"，"因为销量越大越有助于减少降价和促销广告"。[10]亚马逊当然也没有放过这些，并在加速向服装行业突进。还记得我们之前讨论过的吗？不能孤立地审视亚马逊的各个类别或业务单元，每一种服务都是飞轮上的又一根辐条。销售利润率更高的服装，尤其是来自自有品牌的服装，将帮助亚马逊抵消部分较高的杂货配送成本。

亚马逊需要杂货店还有其他原因吗？有，它还将通过"网购店取"和"当日送达"为网上业务创造光晕效应，并再次强化消费者对跨渠道无缝购物体验的需求。在很多方面，并购全食超市就是承认食品杂货类将永远需要实体零售的元素，尽管这是一种更加多功能的元素。

与此同时，正如我们在其他领域所看到的，技术将消除消费者网上购买食品的传统障碍，而持续不断的城市化进程既推动了需求又降低了成本。从仓库机器人到无人驾驶送货卡车的自动化，供应链效率将提高，而第三方送货服务的兴起，将使更多超市无须在基础设施或系统上投入巨资，就能提供快速送货服务。

同时，线上杂货业的客户价值主张呈爆炸式增长。如今，消费者可以从改进的手机界面、单点登录、更强的个性化和网站导航、自动列表、建议食谱、送货单、声控购物、简化续货、当日送货，以及诸如"网购店取"和自提柜等替代送货上门的服务方式中受益。

网上杂货业允许顾客"按自己的方式"购物，并将其时间最大化，这一趋势将在未来愈加明显。因为随着我们的家居联网，日常家用品的购买将实现自动化，科技将把杂货采购从日常家务活中剔除。

食品业："西部荒原"和高频交易

> 食品杂货业是网上的"西部荒原"。这一疆界规模巨大，而且在不断扩大。
>
> ——豆荚公司首席营销官凯丽·宾科夫斯基，2018 年 [11]

积习难改，但终归还是可以改的。如果说有谁能改变行为，那就是亚马逊。食品零售业对亚马逊很有吸引力，因为它是最大的必需品行业，而且是适于颠覆的成熟行业。正如我们将在下文讨论的，这一点至关重要，因为它使亚马逊能够最终攻入高频交易的行业。

2022 年：网上购物的引爆点？

截至 2018 年，美国用于食品的零售支出高达 20%，但其中网上交易只有 2%。[12] 如前所述，技术的进步将有助于提高亚马逊作为行业领军者的被认可度。根据零售分析公司 One Click Retail 的统计，2017 年，零售巨头亚马逊在美国网上食品杂货市场所占的份额已达到 18%，是与其实力最接近的竞争对手沃尔玛的两倍。[13]

亚马逊会将其一技之长发挥到极致，使之充当变革的催化剂，推动其他超市投资于各自的网上食品杂货业能力，以最终改善顾客的体验。

> 亚马逊之前在食品杂货业并没有掀起过什么浪花，所以那些杂货商便能够心安理得地认为，食品业到底和其他行业不一样。人们已经意识到，网上业务将不会只占市场的 1%、2% 或 3%，而极有可能是 10%、20% 或 30%，甚至是 60%。
> ——奥凯多首席执行官蒂姆·施泰纳，2018 年[14]

根据美国食品营销研究所（FMI）和尼尔森公司（Nielsen）的一项联合研究，美国电商食品杂货业将狂飙突进，预计到 2024 年，消费者在网上购买食品和饮料的比例，将从 2016 年的 23% 直升至 70%。这两家机构还共同预测，到 2025 年，美国网上食杂业的销售额将达到 1 000 亿美元，占整个食杂业零售总额的 20%。而它们现在认为，这个 20% 的临界点最早将于 2022 年到来，因为亚马逊的网上食杂业快车道将成为主流。

向零售主导地位迈进的一大步

显然，如果没有食品这一部分，亚马逊也不可能被称为万有商店。食品不仅是消费者支出中的大头，也是以高频率为标志的一大零售类别（据 FMI 统计，平均每个美国顾客每周会光顾超市一两次[15]），因此购买食品在很大程度上是习惯使然（85% 的顾客每周放入购物车里的东西都是一样的）。[16] 其他任何行业都不可能提供如此难以置信的客户参与机会。

> （食品杂货是）你生活中的每日必须，此外的任何事物都不可能与之相提并论。
>
> ——全食超市前联席首席执行官沃尔特·罗伯，2018 年 [17]

除了便于采集数据，亚马逊还有充分的理由将其网上食品杂货优惠仅限于金牌会员。通过食杂类销售，亚马逊可以获得高频率效益。如果消费者每周的饮食都是通过亚马逊来采购的，他们一定会先成为金牌会员，那么亚马逊就极有可能也成为他们购买其他商品的首选之地。正如全食超市前联席首席执行官沃尔特·罗伯所说的："食品是向你出售其他一切东西的平台。"[18]

这就是为什么亚马逊进军食品杂货业，感到担忧的不仅仅是超市，而是所有零售商。食杂业是使亚马逊成为其客户购物的默认首选的必经之路。普华永道（PWC）2018 年全球消费者洞察力调查显示，全球 14% 的消费者只在亚马逊购物。[19] 如果亚马逊能打开食品杂货市场，它就有潜力将这一比例提高很多（虽然依旧在政府更严格的审查之下）。

在深入食品杂货业之前，亚马逊花了数年时间投资金牌会员优惠体制，一项又一项地增加会员福利，并不断增补加强内容，这一切并非偶然。在亚马逊购物轻松愉快，再加上金牌优惠的强大吸引力，其他零售商难以与之竞争。

这似乎还不够，亚马逊还要提供从语音辅助到视频流的各种服务，这些服务已经开始渗入消费者的日常生活和日常事务中，并最终使亚马逊成为人人都离不开的零售商。

攻入食品零售：亚马逊的创新之举

先用食品把顾客引诱进来，再用利润率更高的一般商品去吸引他们，这种方式绝不是一种新鲜的策略。这是大卖场和超市模式的必要前提。20 世纪 80 年代末，沃尔玛开始将食品加入其商品大全，因而在仅仅十年多的时间里成为美国最大的食品零售商。与此同时，英国的特易购最初是一家食品杂货商，它于 20 世纪 60 年代在其门店中增加了一般商品，最终成为英国最大的零售商。"仅 99 美分"公司（99 Cents Only）的首席执行官杰克·辛克莱表示，"亚马逊目前所采取的经营原则几乎完全相同"，他此前曾执掌沃尔玛美国的食品事业部。[20]

收购全食超市是亚马逊发展的一个拐点，但为了理解这笔并购交易的动机，我们必须先回到最开始。

案例分析：过度扩张危险性的教训——"网络货车"及互联网
　　　　　泡沫破裂

互联网泡沫破裂最引人注目的失败之一，就是网上食品零售商 Webvan（"网络货车"）的线上食品杂货服务。1996 年，（现已倒闭的同名连锁书店的创始人）路易斯·博德斯与人共同创立了第一家大型线上食品杂货配送公司。和当时的许多公司一样，其魔咒也是"快速壮大"。在不到三年的时间里，该公司烧光了 8 亿美元现金，然后挂牌上市，后来就申请破产，最后关门大吉。[21] "网络货车"昙花一现的崛起和极速败落，使其成为互联网过度泡沫化的典型代表。

有些人可能会说，那是因为"网络货车"太超前于时代。毕竟，20 世纪 90 年代末，蜗牛一样的拨号上网很难促进快速的网上购物。和亚马逊一样，"网络货车"曾在用技术能力改变购物习惯上下了很大赌注，但其问题远不止于此。那什么是其最根本的缺陷呢？扩张过度，但客户需求不足。

"网络货车"避开了传统的基于商店的配货模式，而采用了一种集中式的网上食品杂货配送方式。与今天的奥凯多并没有什么不同，"网络货车"坚持建设技术最先进的自动化配送中心，目标是在 30 分钟内将食品杂货送达购物者。其理念是，其独特的技术将推动生产力，使"网络货车"能够击败线上以及实体竞争对手。

糟糕的并不是概念，而是执行力。"网络货车"试图从零开始同时打造品牌和客户群，还要对一个成熟行业的基础架构进行重新设计。根据这项投资密集的计划，"网络货车"必须向每个大型高科技仓库投入 3 000 多万美元，但由于缺乏客户需求，这些仓库无法满负荷运转。[22]据一些分析人士说，若将折旧、营销和其他日常开支都计算在内，"网络货车"每做一单生意就会亏损 130 多美元。[23]

2013 年，美国在线超市平台 MyWebGrocer 首席执行官理查德·塔兰特曾这样评价"网络货车"：

> 一个利润本来就低的行业，而且在美国任何一个人都可以不出三英里就能买到产品的背景下，它决定去建立众多仓库，以及包含送货卡车、劳动力和其他所有要件的完整配送系统。可惜，散布于美国每一条主要街道上的 36 000 家便利的食品杂货店早已经具备了这一切。[24]

在安抚投资者的压力下，行业扩张迅速而猛烈。1999 年，《华尔街日报》报道了"网络货车"的首个巨型仓库在加州奥克兰开业的消息，文章这样写道：

> 不管这间仓库能不能火起来，博德斯先生都计划几个月后在亚特兰大再开一个巨型杂货仓库。依照这个思路，他将来还会计划在全美几乎每一个大到足以支持一支大联盟球队的城市，再建设至少 20 个这样的设施。[25]

"网络货车"在上马一项激进的且最终是灾难性的扩张计划之前，并未解决其商业模式的最根本问题。在一年半的时间里，这家线上杂货商就在全美 10 个大城市里展开了业务。[26] 相比之下，奥凯多花了十多年时间才开设了第二个配送中心。[27] "'网络货车'犯了零售行业的头等大忌，即在第一个市场还没有取得成功之前，就急忙扩张到另一个新市场，而我们更是扩张到了多个新市场。""网络货车"董事会成员迈克·莫里茨说，"其实，就在我们向其他地区扩张的同时，我们在湾区市场上正一败涂地。"[28]

为了获得规模效益，"网络货车"在 2000 年收购了竞争对手"居家杂货"（HomeGrocer）公司。巧合的是，当时亚马逊持有"居家杂货" 35% 的股份，这让人们第一次见识到贝佐斯对杂货行业的愿景，即让购物体验不再是一件"苦差事"。1999 年，他称赞"居家杂货"对客户体验"有着狂热的眼光"。"它的顾客挑选的产品比我自己挑选的还要好。这家公司对细节的关注确实非比寻常。"[29]

收购"居家杂货"也不足以挽救"网络货车"，一年之后，该公司就破产倒闭了。这对市场产生了持久的影响，未来数年甚至数十年，人们对网上食杂业都会越来越没兴趣。

亚马逊生鲜：从"网络货车"的灰烬中崛起

亚马逊自己的网上杂货配送服务亚马逊生鲜诞生于 2007 年。不过，如果你不住在西雅图，你可能会认为这是一个比较新的概念。亚马逊悄悄地在自己的发源地测试了这项服务 5 年，然后才最终将其推广到美国其他城市。如果说亚马逊从"网络货车"的破产中学到了什么的话，那就是在开始任何形式的扩张之前，先确定好自己的商业模式。

领导亚马逊生鲜计划的是"网络货车"的 4 名前高管：道格·赫林顿、彼得·汉姆、米克·蒙兹和马克·马斯坦德雷。值得一提的是，蒙兹还是 Kiva 公司的创始人，这家机器人公司是亚马逊在 2012 年收购的。Kiva 公司是在"网络货车"最初开发的技术基础上建立的，现已成为亚马逊生鲜战略的关键部分。有趣的是，"网络货车"也因为亚马逊买下其网站域名而复活了，该网站曾一度被用来销售亚马逊非易腐食品，不过现在已不再运营。

在转身成为风险投资人之前，汤姆·弗菲曾携手赫林顿和汉姆帮亚马逊开创了亚马逊生鲜。"在我们的领域里，有很多'网络货车'的基因，我们从这些经验里学到了很多东西，"汤姆说，"这是建立企业责任的好方法。"[30]

但是，这个团队的工作被叫停了。作为一家综合性百货零售商，亚马逊的网页一直都是为目标搜索而设计的，但购物者倾向于浏览杂货类别。虽然大多数的网上交易只涉及 2~4 种商品，但食品杂货订单却可由 50 种商品组成。[31]厘清供应链的复杂性和用户体验的差异，是打开网上食品杂货市场的关键。

亚马逊崭露头角时，尽管进展缓慢，但有两大有利因素，一是时机，二是已有的客户群。到 2005 年前后，快速的宽带连接和更高的智能手机普及率有助于刺激人们对于网上食品杂货服务的需求。与"网络货车"不同的是，亚马逊有能力利用现有的客户群。然而，值得指出的是，亚马逊生鲜问世时，金牌会员制也才刚推出没几年。线上食品杂货业之所以始终发展缓慢，其实另有原因，因为在亚马逊真正下功夫打造食杂业之前，金牌会员制必须要足够成熟、足够有吸引力，以便为亚马逊争取到忠诚度高且规模庞大的客户群。

2013 年，亚马逊生鲜终于开始在西雅图之外开疆拓土。短短几年间，此服务就已经扩展到芝加哥、达拉斯、巴尔的摩、西雅图、加州部分地区（洛杉矶、河滨、萨克拉门托、圣迭戈、旧金山、圣何塞和斯托克顿）、纽约、新泽西州北部、费城、北弗吉尼亚州、康涅狄格州，甚至包括美国以外的伦敦。[32]

多年来，亚马逊尝试了不同的品牌和收费结构，目的就是要让新鲜食品配送发挥经济效益。有一段时间，这项服务被称为"金牌生鲜"，它是金牌会员绑定服务选项的一部分，年费为 299 美元，是普通金牌会员费的 3 倍。结果，对于许多越来越习惯于在网上订购食品杂货的购物者来说，这不啻为一颗难以下咽的大"药丸"。因此，2016 年，亚马逊生鲜的定价模式发生了变化，它虽仍然仅限于金牌会员，但费用变成了更能让人接受的每月 14.99 美元。

尽管市场环境更加有利，但在网上销售新鲜食品并非易事，这就是亚马逊要同时试验人们更熟悉的另一种分类——不易腐食品的原因。

预订省钱：简化续货的首次尝试

2007 年，就在亚马逊生鲜第一次交货几个月前，亚马逊推出了"预订省钱"的服务。这项预订服务计划如今仍在运行，它允许顾客接收自动按时递送的杂货产品（每次间隔 1~6 个月不等），且折扣高达 15%。该计划启动之时，亚马逊的线上杂货商店与亚马逊生鲜这项服务根本不搭界，其 22 000 多种非易腐货品均来自知名大品牌，其中包括家乐氏（Kellogg's）、第七代（Seventh Generation）、好奇（Huggies），以及大量选择丰富的自然和有机产品。[33]

预订省钱是锁定杂货购买者的第一步，它使亚马逊能够广泛洞察购买者对于品牌的偏好，以及能接受的价格区间。对于这项计划的主要诟病则是，尽管有折扣，但它仍然受制于亚马逊的动态定价，从而失去了通过预订而省钱的效果。预订省钱的推出，在很早的阶段就让我们了解到亚马逊将以怎样的方式颠覆杂货行业，它要使购买杂货不再是一件烦心的家务。毕竟，这正是亚马逊多年前收购"居家杂货"少数股权时，贝佐斯最钦佩该公司的地方。预订省钱是亚马逊简化补货计划的第一次迭代。亚马逊将继续推出一系列全新的客户接触点，既有实体的，也有线上的，旨在使日常生活用品的反复续购尽可能做到无缝衔接。

- **单键按钮**：通过 Wi-Fi 连接的各种单键复购按钮放置在购物者家中。
- **单键换新服务**：设备驱动的换新计划，如碧然德（Brita）智能滤水壶，可自动下单复购替换滤芯；奥古斯特（August）家庭锁，可在电力不足时自行订购替换电池。

- **Alexa**：人工智能支持的虚拟助手，允许通过 Echo 智能音箱实现语音声控购物。
- **单键魔棒**：手持设备，可以通过扫描条形码或用语音声控下单复购。
- **虚拟单键按钮**：顾名思义，设在亚马逊的应用和网站上的单键复购按钮。

为了碾压这些新的竞争威胁，沃尔玛在 2017 年申请了一项专利，将物联网整合到其实际产品中。这就像亚马逊的单键补货计划一样，无须客户输入任何信息就能自动复购商品。当然，二者的不同之处在于，沃尔玛的专利是产品而非设备驱动的，这将引起更广泛的推广使用，并加速这一趋势。

> 亚马逊即将以迅速而隐秘的方式，巩固数以百万计的人针对许多产品类别的习惯性购买行为。
> ——美国雪城大学广告学教授布莱恩·希恩，2018 年[34]

自动补货趋势将对零售业的未来产生重要影响。通过这些可相互替代的触点，亚马逊想要减少购物摩擦并缩短购买路径，就像 1999 年它通过著名的"一键下单"专利所做的那样。如今，你已经可以不用去商店或透过屏幕就能购物了。你可以在厨房里让 Alexa 给你的购物篮里添加物品，或者就在"单键按钮"上按一下。在未来，这一切将变得更加无缝，因为购物者可以完全置身于购买决定之外。我们将从"一键下单"转到不点也能购买。

> 在食品杂货行业，智能家居、智能厨房、智能家电的影响将是巨大的。说到家庭物联网，我看到一场争夺家庭中心的战争正在发生。
> ——奥凯多首席技术官保罗·克拉克，2016 年[35]

因此，未来消费者花在购买日用必需品上的时间将会减少，我们将在后文更详细地探讨这一趋势，尤其是关于它对实体空间的影响。但就目前而言，重要的是，若想利用这些技术提供的便利，购物就要直接通过亚马逊的零售平台进行，尚无其他零售商如此成功地渗入消费者的家庭。

经过数年的运营，又得益于亚马逊于 2010 年推出"亚马逊妈妈"（Amazon Mom，现已更恰当地称为"亚马逊家庭"）计划及收购电商公司 Quidsi，"预订省钱"计划得到了极大的加强。"亚马逊妈妈"允许处于人生关键阶段的顾客，在登录网站订购每月常规送货的尿布时享受折扣。竞争对手 Quidsi 公司是纸尿布网（Diapers.com）、肥皂网（Soap.com）和爱美吧网（BeautyBar. com）的母公司。有趣的是，Quidsi 公司的联合创始人马克·罗尔后来留了下来，又在亚马逊工作了好几年。他接着创建了线上购物网站 Jet.com，如上一章所述，该网站于 2016 年被沃尔玛收购。这笔高达 33 亿美元的交易，是有史以来对美国电子商务初创企业的最大一笔收购，它清楚地表明，沃尔玛将亚马逊视为其业务发展的根本威胁。这是一次对竞争对手和人才的收购。在 2018 年本书撰写时，罗尔仍是沃尔玛美国电子商务运营板块的首席执行官。

亚马逊效应

表 6-1　亚马逊食品杂货业里程碑

年份	亚马逊食品杂货业里程碑	类别
1999	收购"居家杂货"35% 的股权	线上食杂业
2000	"网络货车"收购"居家杂货"	线上食杂业
2001	"网络货车"申请破产，网址并入亚马逊网站	线上食杂业
2007	推出亚马逊生鲜	线上食杂业
2007	推出"预订省钱"	线上食杂业
2011	收购 Quidsi 公司	线上食杂业
2012	收购 Kiva 公司	线上食杂业
2013	亚马逊生鲜向西雅图以外地区扩张	线上食杂业
2014	推出单键魔棒	居家联网
2014	推出亚马逊金牌食橱	线上食杂业
2014	推出亚马逊金牌现时	线上食杂业
2015	推出"单键按钮"	居家联网
2015	推出"单键换新服务"	居家联网
2015	推出 Echo 智能音箱 /Alexa 语音声控购物	居家联网
2015	推出亚马逊餐厅	线上食杂业
2016	亚马逊生鲜走向国际；与莫里森超市（Morrisons）和迪亚超市（Dia）签署供应协议	线上食杂业
2016	推出首批自有品牌食杂类商品	线上食杂业
2017	推出"亚马逊线下取货"	实体店
2017	收购全食超市	实体店
2017	亚马逊生鲜在美国 9 个州缩小规模	线上食杂业
2017	推出虚拟"单键按钮"	线上食杂业
2017	推出"餐包服务"	线上食杂业
2018	推出亚马逊无人超市	实体店

资料来源：作者研究；亚马逊。

金牌食橱和金牌现时

2014 年，亚马逊又推出了两款重要金牌会员产品：金牌食橱和金牌现时。一开始，金牌食橱服务对准的是数量巨大且通常是每月一次的集中采购需求，顾客只需统一支付 5.99 美元，就可以在一个 4 立方英尺①大小的盒子里，装满最多 45 磅②的非易腐家居用品。当购物者将商品不断添加到网上购物篮时，可即时了解该盒子已用空间的占比。这一概念具有创新性，且风险较低，因为递送谷物食品和洗衣粉虽说并非万无一失，但在经济上比递送新鲜食品更可行。亚马逊将亚马逊生鲜这一食品杂货服务扩展到西雅图以外的地区，前后用了 5 年时间，而金牌食橱仅在推出的第一天，就在全美 48 个毗邻的州同时全面铺开了。

> 一盒麦片和一本书没有那么大的差别，用不着从根本上重构全新的基础设施。
>
> ——亚马逊前高管伊恩·克拉克森，2018 年[36]

有些产品若免费递送则成本高昂，金牌食橱使亚马逊能够测试人们对这类产品的需求。对于美国消费者来说，缺了新鲜食品并不会影响他们下单——许多人直到今天还在犹豫是否要从网上购买易腐食品。然而，在像英国这样的国际市场，我们认为金牌食橱就没有那么大的魅力了。消费者期望在网上一次买足所需的食品杂货，再加上超市密度高，且家里相对缺乏存储空间，这都意味着英国消费者不会像美国消费者那样"海量"购物。

---

① 1 立方英尺约为 28.32 升。——编者注
② 1 磅约为 0.45 千克。——编者注

但是，已经对免费送货习以为常的美国亚马逊金牌会员，是否还愿意为每次送到家门口的那一纸板箱日常必需品再额外支付6美元（别忘了其中部分商品在亚马逊主平台上都在售）呢？更何况，金牌会员原已认定的两天即达的送货时间，到了金牌食橱这里却是整整4个工作日。可见金牌食橱的确是创新，但难以看到它对客户的真正价值。

2018年，亚马逊对这种模式进行了调整，金牌会员不再需要每次付费，而是在每年的金牌会费之外，每月另付5美元。亚马逊转向订购模式是其更广泛战略的一部分，该战略旨在为其金牌会员计划增添更多的等级，并助力提高这些层级的使用率和客户保有率。

随着金牌食橱服务于人们每月的采购，而亚马逊生鲜服务于人们每周的采购，亚马逊决定追求另一个购物目标——便利性。金牌现时专为金牌会员提供的两小时内免费送达（或固定付费7.99美元则一小时内送达）的服务，改变了网上购物的游戏规则。但别忘了，与此同时，其他当日送达的快递服务大都还是要付费的（金牌会员需付5.99美元，其他用户需付8.99美元）。金牌现时的重要意义在于，它使亚马逊能够更有效地瞄准特定的购物场景，进而盯住钱包份额，同时在此过程中彻底颠覆这个行业。

尽管尽了最大努力，但没有一家西方的竞争对手能像金牌现时这样，在短短一两个小时的时间窗口内，就能够将品类如此广泛的2万个库存单位的杂货和一般商品递送到客户手中。它当然不可能免费这么做。

特易购于2017年在英国推出了特易购现时服务，因而最接近这一水平。其顾客所购之物可以在一两个小时内由第三方供应商

Quiqup 递送上门，但顾客可选的商品范围仅有 1 000 种，而且只能从中挑选至多 20 件物品，最低收费 5.99 英镑。亚马逊提供的选择范围 20 倍于特易购，客户也无须支付任何额外费用。

亚马逊创造了金牌现时服务，"为我们的客户带来了神奇的感受……给了人们所需要的时间去享受生活，而不是满大街地跑到商店买食杂用品"。亚马逊金牌现时负责人玛莉安吉拉·马赛莉亚在 2017 年零售及电商创新大会 Shoptalk 上演讲时这样解释道。

从产品创意到推出，金牌现时只用了不到 4 个月的时间，这是典型的亚马逊行事风格。一开始，金牌现时只覆盖了曼哈顿的一个邮政区域，因为亚马逊希望在全面推广之前完善客户体验，而马赛莉亚相信，如果金牌现时能在曼哈顿成功运作，那么它也能在其他城市顺利运作。2014 年 12 月，亚马逊的第一笔金牌现时订单〔一款名为《冲刺》（*Rush*）的电子游戏〕于 8：51 下单，9点前完成备货及包装，10：01 就送到了客户手中。

圣诞夜是金牌现时人气最旺的日子之一，因为亚马逊具备应对"危机型"购物使命的独特能力。某年圣诞夜，英国曼彻斯特的一位顾客在晚上 10 点下单订购了珠宝、女性香水和一台 PlayStation 游戏机的操控器，要求晚上 11 点前将货送到。亚马逊不仅满足了顾客的需求，说不定还挽救了某段婚姻！

金牌现时目前还服务于另外两项购物需求，即送人的礼品和续补的杂货，后者在英国等市场正变得越来越受欢迎。亚马逊生鲜金牌现时的英国主管杰森·韦斯特曼表示，为了迎合"今晚就要"的购物需求，亚马逊将每日下单的截止时间推迟了一些。只要是在英国的邮编地区中，顾客在下午 4 点之前都可以下订单，而且所订之物依然可于当天晚上送达。他在 2018 年表示："时间对每个人来说，都是越来越重要的商品。"[37]

我们将在后文讨论金牌现时背后的机制，但目前重要的是要了解其对亚马逊以及更广泛市场的直接影响。金牌现时在曼哈顿推出一年后，已经覆盖了 30 多个城市，主要分布在北美，当然也包括伦敦、米兰和东京。截至 2016 年，金牌现时已经在全球 9 个国家的 50 多个城市运营。金牌现时甚至被用作打开新市场的工具，2017 年，亚马逊就是以金牌现时登陆的新加坡。

到目前为止，在亚马逊所有的食品杂货服务中，金牌现时一直都是最具颠覆性的，这一点毫无悬念。价格战已被时间战取代，全球许多超市现在争相提供当日送货服务。这甚至影响了英国等最先进的线上杂货市场。尽管在撰写本书时，亚马逊在英国杂货行业的份额还不到 2%，但在送货速度方面，它已成为推动变革的催化剂。自从金牌现时推出以来：

- 特易购在全英国范围内推广了当日送达服务，还推出了特易购现时（借助 Quiqup 公司）。
- 英国超市森宝利（Sainsbury's）推出了一种名为"嗖嗖"的一小时快递服务，并于 2018 年在英国 40% 的地区推出了当日送达服务（而一年之前此比例仅为 11%）。[38]
- 玛莎百货与 Gophr 快递公司携手合作，尝试推出一项两小时送达服务。
- Co-op 连锁便利店与 Deliveroo 快递公司合作，提供零食、糖果和酒精的快速配送服务。
- 莫里森超市和布斯超市（Booths）则直接搭上了金牌现时的潮流顺风车。

我们认为，在亚马逊"打进来"之前，英国的零售商普遍不愿提供当日送达服务，因为一来购物者并不是那么迫切地需要，二来这增加了不必要的成本和复杂性。但是亚马逊已经把精灵从瓶子里放出来，现在再也放不回去了。

与语音购物一样，亚马逊引发了当日送达的新趋势，在相当的程度上改变了人们的购物行为和预期，以至于一些竞争对手开始转而求助于亚马逊本身的基础设施，以求立于不败之地。如今，借助金牌现时进行销售的，远不止英国的莫里森超市和布斯超市两家，亚马逊还与世界各地许多国家和独立零售商签订了类似的供货协议，其中包括西班牙的迪亚超市、法国的顶级奢华美食品牌馥颂（Fauchon）和连锁超市 Monoprix、德国的劳诗曼超市（Rossmann）和芬尼伯格超市（Feneberg）等，仅举数例。与此同时，与美国天然食品零售商 Sprouts 的长期供货协议，在 2018 年亚马逊并购全食超市后不出所料地终止了，Sprouts 公司转而与生鲜杂货公司英速卡（Instacart）合作。

目前，这些合作伙伴关系对亚马逊来说至关重要，因为尽管亚马逊进行了许多创新，但它仍未被人们当作一个靠得住的食品采购目的地。如果没有丰富的商品，光有基础设施又能有什么好？这些供货协议，以及我们稍后将谈到的对全食超市的收购，让亚马逊在竞争激烈的食品杂货行业中立即斩获了品牌认知度和可信度。最重要的是，亚马逊对于如何才能在网上生意兴隆有了更多收获。

但这引出了一个重要的问题。如果亚马逊打算像其在非食品领域所做的那样，通过产品优选和便利性，在食品杂货领域里也能独树一帜，那它就需要担当行业主心骨的角色。它需要成为通向其他零售商和品牌的门户：亚马逊就是市场平台，亚马逊就是基础设施。在非食品类领域，我们眼看着越来越多的零售商屈就于亚马逊的平台，就因为亚马逊具有毋庸置疑的影响力。在做了多年的抵制之后，耐克等品牌也已经屈从于亚马逊。理论上，亚马逊也可以在食品杂货领域如法炮制，但后来它收购了全食超市。在某些时候，它必须决定自己想成为超市还是市场平台。

第7章

并购全食超市：
勇敢的新时代

> 我不希望人们四散离去，以为这里什么都不会改变。事物总是会
> 改变的，这是毫无疑问的。
> ——全食超市首席执行官和共同创始人约翰·麦基，2017 年 [1]

意识到线上和线下不再是相互排斥的之后，零售商现在又开始为达到两者间的均衡而你追我赶。但最大的问题是，谁将率先拔得头筹？在线上原生品牌搞清楚如何运营实体店之前，传统的实体连锁店能成功地攻下电子商务吗？时钟当然在嘀嗒作响。

> 我们有能力赢得零售业的未来，我绝不会跟任何人交换位置。
> ——沃尔玛首席执行官董明伦，2017 年 [2]

线上和线下零售业聚合的最好例子，就是 2017 年 6 月 16 日两家零售巨头宣布的并购计划：其一，是沃尔玛在不到一年的时间里宣布将第四次并购电商企业，这次是男装品牌 Bonobos；其

二，或许更为重要，是亚马逊在同一天宣布将收购实体连锁商店全食超市。

那一天永远地改变了零售业。在初涉实体零售业之后，这桩重磅交易巩固了亚马逊倾力于实体零售业的意志。业内随后的反应不一。一方面，亚马逊进军超市领域将是一种颠覆，这要求传统的杂货商大幅提升其经营水平，同时自然也会让一些输家暴露。另一方面，这笔收购最大限度地证实了，实体零售一定会有前途，而且可能是非常光明的前途。

投资者似乎对此表示赞同。在宣布收购计划后，亚马逊的市值增加了 156 亿美元，比收购这家连锁超市的价格还高了约 20 亿美元。亚马逊基本上没花一分钱就收购了全食超市，而其他超市则损失了 370 亿美元的市值。[3] 这对于食品杂货行业来说是一个历史性的转折时刻。

在这一章中，我们将探讨并购全食超市背后的基本原理，亚马逊将如何为 21 世纪的购物者重新定义超市，以及这一并购对于更广泛的零售领域的影响。

颠覆超市行业

根据到目前为止我们在书中所阐述的内容，收购一家杂货店运营商应该不会令人感到意外。就在宣布收购之前，娜塔莉在 2017 年 5 月这样写道："亚马逊当然是在尝试进军实体和线上这双重领域，如果不积极收购另一家零售商，那么至少在未来 5 年内，它都不太可能对食品杂货行业产生重大影响。"几周后，全食超市就宣布了这项交易。

图 7-1　纯做在线已然不够：亚马逊在 2017 年收购全食超市

图 7-2　2018 年，亚马逊向公众开放了第一家免现场结账

商店——亚马逊无人超市

在收购之前，有三件事是非常清楚的：第一，亚马逊对实体店的胃口越来越大；第二，如果没有实体店，亚马逊在食品杂货方面就难以立足；第三，亚马逊有潜力彻底颠覆客户体验。

当时，这家零售商一直在其西雅图的根据地悄悄尝试两种新的食品杂货业态：亚马逊无人超市和亚马逊生鲜提货（AmazonFresh Pickup）。我们将在接下来的章节中详细介绍亚马逊无人超市，但现在有必要指出，这种无人值守便利店的概念缺少非常基本的东西——结账功能。

与此同时，亚马逊生鲜提货服务允许金牌会员开车到一个独立于超市的指定地点，由店员将他们所购的食品杂货送到车上。从全球范围来看，这并不具有彻底的革命性，因为法国杂货商多年来就一直在运作这种"驱车购物"概念（我们将在第13章中详细讨论）。但在美国，它还是个新概念，沃尔玛是在同一时期内美国唯一积极测试此类服务的零售商。

至于实体店的概念，尽管亚马逊无人超市可能吸引了更多人的目光，但亚马逊生鲜提货站才是这家零售巨头进军实体店零售领域最符合逻辑的延伸。亚马逊将其快速的配货交付能力发挥到了极致，通过其已建立的支付流程对这一概念进行了自己的诠释，甚至利用车牌识别技术缩短了顾客等待时间——顾客在下单后15分钟内就可以取到货。

尽管亚马逊一直都在努力地向实体店扩张，但它永远不会把自己的标识烙印到普普通通的连锁超市上。亚马逊顾客至上的理念和对创新的渴望，意味着超市行业将受到颠覆性的重创。你完全可以指望亚马逊来挑战现状，大幅提升客户体验，无论是把食品杂货送到你的车里，还是彻底消除排队现象。这一切还仅仅是开始。

为什么选择全食超市？

我们认为，亚马逊竞逐食品杂货业的终极目标如下：

（1）让网上杂货店民主化，这样顾客就可以随心所欲地购物，就像他们早已习惯于在一般百货商店里购物那样，这一点也是最重要的。

（2）利用技术别除购买食品杂货过程中的乏味辛劳。亚马逊地位独特，完全有能力让规律性使用的日常必需品自动补货成为现实，也有动力在这一领域里开发自有品牌系列。

（3）店内体验将利用技术来最大限度地减少购物过程中寻货定位和结算支付方面的麻烦，同时也实现实时及高度个性化的商品推荐和优惠奖励。用全食超市首席执行官约翰·麦基的话来说，作为亚马逊大家庭中的一员，全食超市一定会从一个"班级倒数生"一变而为"毕业典礼上的致辞代表"。[4]

（4）不少商品所属类别将整体性地从实体店中被移除，以腾出空间留给：①更具个性化的品类，如生鲜和预制食品；②从烹饪课堂一直到合作空间的融合体验；③"网购店取"或退货柜台；④满足当日送达需求的网购食杂品配送。

（5）如前所述，金牌会员制将从根本上巩固亚马逊的食品杂货业战略。毕竟，亚马逊进军杂货市场的主要动机是每周都能接触消费者，将他们锁定在更广阔的亚马逊生态系统中。

只要你对这些心里有数，尤其是食品保鲜和利用实体店作为小型配送货中心这两点，那你就会开始理解为什么全食超市对亚马逊能有那么大的吸引力。对占该连锁超市销售额 2/3 以上的易腐商品的高度重视，对商品的特色陈列，以及包括令人垂涎的生鲜食品在内的知名自有品牌，都将弥补亚马逊的相对弱势。此前有传言称，亚马逊将收购塔吉特或"BJ 批发俱乐部"（BJ's Wholesale Club）等大众零售商。但是，在我们看来，亚马逊需要有一块美食业务，这不仅是为了在生鲜易腐食品方面树立信誉，也是因为全食超市不售非食品，所以这样就最大限度地降低了各类商品重复的可能性。

　　很自然，目标客户群在这里发生了明显重合，两家零售商都在富裕、受过教育又没有很多时间的消费者中拥有强大的影响力。事实上，全食超市在这方面可能做得太好了。亚马逊首先推出的举措之一，就是要通过加大投入打造更低的价格，来解决全食超市的所谓"全薪花光"的名声问题。此举将适用于该超市的方方面面，但特别强调要给金牌会员以更大的甜头，正如第 3 章所讨论的。事实上，马克·马哈尼认为，亚马逊完全可以通过向金牌会员提供资费方面的优惠，在 5~10 年内让全食超市的客户人数翻一番。[5]

　　全食超市也非常适合亚马逊，因为它遍布美国各地，却没有门店过剩之虞，而亚马逊也只是想要几百家门店，而非几千家。这一点很重要，不仅因为亚马逊想要扩大食品杂货的电商销售，从而缩小对实体空间的需求，还因为对亚马逊来说，全食超市的确就是一间巨大的测试实验室。在对定价、销售规划和整体布局进行实验的过程中，亚马逊不断地重复和更新这一概念，直到最终形成一种有伸缩余地的格局，而这一点有助于建立更专注、更精简的商店组合。

尤为关键的是，全食超市在城区也有一定数量的分布。这意味着，对于亚马逊"最后一英里"的基础设施来说，全食超市不仅仅是一种补充，还是具有互补性质的资源，它为亚马逊提供了另一个可在数小时内送货上门的配送平台。正如我们在上一章所讨论的，金牌现时是亚马逊在食品杂货领域的独特竞争优势之一，因此，在 2018 年的大部分时间里，亚马逊都在全美国的全食超市推广这项服务也就不足为奇了。当亚马逊并购全食超市时，它纳入囊中的绝不仅仅是 460 家门店，它收购的还是 460 个小型仓库。

但是，这里要强调一点，与全球同行相比，亚马逊在这方面仍落后于其他公司。在中国，承诺在 3 千米半径内为顾客提供 30 分钟送达服务，是阿里巴巴旗下的盒马鲜生和京东旗下的 7fresh 等品牌 O2O 杂货概念的一个关键点。与亚马逊不同的是，这些亚洲巨头正在有机地进入实体零售领域，从无到有地建设超市，以满足现代消费者的需求。

给超市敲响警钟

> 亚马逊收购全食超市，不过是向整个杂货 / 零售行业发出了信号：亚马逊要来了。
>
> ——英速卡首席执行官阿普尔瓦·梅塔，2017 年[6]

在本书撰写之时，这场并购完成已有一年。与并入亚马逊之前相比，全食超市的面貌并无惊人的不同。正如前文讨论过的，的确出现了一些明显且快速的成功，譬如自助取货柜和 Echo 智能音箱在实体店内占据了一定空间，以及全食超市在亚马逊网站实时上线。定价更加精准了，金牌会员制的福利也慢慢地在实体店里开始适用。但是，总的来说，并没有什么突破性的进展。

亚马逊的创新步伐也许坚定而无情，它似乎每周都在攻陷一个新的行业。要论执行力，那亚马逊可是出了名地有章法。整个零售业现在都在屏息观望，就想看这个行业巨人能否做好零售经营中最基本的事情——开商店。在应对食品杂货业的陡峭学习曲线的同时，亚马逊将会从容不迫地悄悄试验和完善各种实体店的概念。或许要经过好几年，我们才能在实体店这片天地里看到巨大变化。

并购之后，全食超市或许没有发生太大的变化，但其他超市肯定发生了变化。这项并购所带来的影响，在很大程度上是心理上的。这给现有超市敲响了警钟，它们不仅要提高自己的电子商务能力，还要在线上增强自己的门店基础。要做到这一点，大多数零售商就不得不从外部着眼。

奥凯多所期待的动力

在全食超市被并购两周后，奥凯多首席执行官蒂姆·施泰纳满面春风地出现在于伦敦举行的半年业绩会议上。对奥凯多而言，最大的威胁也是最大的机遇。当被问及对全食超市被并购的看法时，施泰纳指出，这一定会刺激对网上食品杂货业的需求，并最终帮助它扩大业务。"杂货零售正在发生变化，我们所处的位置非常理想，可为其他零售商实现其网上志向助一臂之力。"[7]施泰纳的观点与英速卡首席执行官阿普尔瓦·梅塔的看法不谋而合，梅塔在同一年称亚马逊收购全食超市是"因祸得福"。[8]

多年来，奥凯多一直向投资者承诺，一定要为其杂货配送技术"奥凯多智能平台"找到一个国际合作伙伴。在错过了其自行设定的 2015 年公告的截止日期后，随着时间流逝，投资者开始失去耐心。难道是奥凯多从零售商向全球技术供应商转型的雄心太过膨胀了？

在亚马逊收购全食超市不到半年时，奥凯多终于在 2017 年与法国卡西诺集团签署了人们期待已久的首笔交易。根据协议，该集团将拥有在法国使用奥凯多机器人、在线技术和交付软件的独家权利。此后，奥凯多宣布与全球零售商达成一系列交易，其中包括加拿大的索贝斯超市（Sobeys）、瑞典的伊卡集团（ICA），以及迄今最引人注目的美国克罗格公司。公平地说，全食超市是这些老牌巨头对亚马逊采取行动的原动力。

案例分析：应对亚马逊的挑战

——布里顿·拉德[9]

亚马逊于 2017 年 6 月 16 日宣布收购全食超市，就对于杂货行业所造成的影响而言，这完全可以被称作"偷袭珍珠港"式的时刻。食品杂货业的高管们曾确信亚马逊会专注于推行在线杂货战略，但他们震惊地发现，亚马逊迟早会成为与他们正面交锋的竞争对手。

为了竞争，许多高管选择与食品杂货递送和订单配货的专业公司英速卡联手。签订这样的协议解决了一个短期的难题，即满足了向客户提供在线杂货订购、配发货及"最后一英里"送达能力的需要。然而，与英速卡的协议也带来了一种威胁，那就是，一旦使用英速卡，食品杂货零售商们就不得不让这家供应商接触它们的数据、实体店和客户群。作为最早提出警告的人之一，我认为，零售商实际上是在教授英速卡它们自己的生意经，并向英速卡提供识别其优势与劣势的数据。如果英速卡将其商业模式扩展到开设自己的零售店，抑或是被沃尔玛等竞争对手收购，英速卡就能够利用这些数据为自己创造优势。

2018 年，美国第二大零售商也是最大的杂货零售商克罗格公司延续了我在该公司的服务，以为它提供一系列有助于更好地与亚马逊竞争的策略。

运用我对亚马逊以及全球杂货行业的知识，我完成了针对克罗格运营的端到端评估，确定克罗格的最佳行动方案就是收购奥凯多。克罗格曾运营 42 个传统配送中心来为近 2 800 家门店补货，却缺少能够满足电子商务需求的供应链。通过收购奥凯多，克罗格将获得业内一流的杂货交易完成软件，这种软件有能力改变克罗格的经营模式，也将为它带来竞争优势。经过与奥凯多的交流探讨，克罗格确信，利用奥凯多的客户交易完成中心技术就能够使自己的供应链得到转型。然而，鉴于开价接近 20 亿美元，克罗格选择只以 2.47 亿美元收购奥凯多 5% 的股份，而不是完全收购该公司。

克罗格于 2018 年 5 月 15 日正式宣布与奥凯多的合作意向。根据新闻发布稿，奥凯多将为克罗格提供各类系统，帮助该公司管理仓库运营，引入自动化，并为克罗格提供先进的物流和配送路线规划解决方案。奥凯多的工作重点将是帮助克罗格更高效地完成在线杂货订单交易，以及为克罗格的"车上点单、车边收货"服务的订单配货交货。自 2018 年开始的三年时间里，克罗格将按计划建造20个客户交易完成中心。

一些分析师和食品行业高管认为，奥凯多的模式不适合美国市场，其原因是大部分美国人散居于城镇和郊区，每个地方的人口都比较少，而英国的人口非常密集，这对于网上购物和"最后一英里"送达服务是极为理想的条件。许多分析师认为，就城市以外的地区而言，更有意义的做法是要努力让消费者在商店内购买食品杂货，而不是建造高科技的自动化仓库。

我向克罗格的管理层表达了类似的担忧，即奥凯多纵然在英国十分高效，但在美国将面临一系列现实难题。我还向奥凯多和克罗格推荐了一个解决方案，这个方案如果能被它们采用，将能彻底消除奥凯多所面临的障碍。该方案还将改变奥凯多的经营模式，允许该公司将业务扩展到一条它目前尚无服务的渠道。与克罗格借助奥凯多的仓库来完成在线杂货订单相反，我向克罗格和奥凯多推荐了如下策略。

（1）引入货件拣选技术和机器人，建立专为克罗格的商店货架而设计的产品托盘。运用该技术为克罗格门店所有商品补货。如若实施，该策略可使克罗格关闭其42个传统分销中心中的绝大部分。奥凯多的高管对此给予认可和支持。

（2）在库房内分模块来完成在线杂货订单及"车上点单、车边收货"的订单。

在每个客户交易完成中心创建用于补货和履行订单的双重功能，将大大减少克罗格的物流总成本，提高盈利能力，并增加克罗格的竞争优势。克罗格与奥凯多达成协议的另一个好处是，克罗格将能够进入它目前尚未提供服务的美国的许多州，主要集中在东海岸。克罗格可以在纽约、费城、匹兹堡和迈阿密等人口密集的大城市及其周边地区开设客户交易完成中心。

由于奥凯多与克罗格签署了排他性协议，所以在美国经营的其他杂货店将无法使用奥凯多的技术。我相信食品零售商将别无选择，只能效仿克罗格，否则就有被甩在后面的风险。常识机器人公司（CommonSense Robotics）专门建造自动食品杂货配送设施，其运作方式类似于奥凯多的客户交易完成中心，它很可能是克罗格与奥凯多协议的主要受益者。

布里顿·拉德是战略和供应链管理方面的专家。他曾是亚马逊的高管，也是最早认识到亚马逊有必要扩展其经营模式以纳入实体零售业的人之一。2013 年，在一篇题为"拯救伍尔沃斯超市的绝妙之路"（"A Beautiful way to Save Woolworths"）的研究论文中，拉德提出亚马逊应该收购零售商全食超市或得克萨斯州的地区性杂货零售商 HEB 超市。2015—2017 年，拉德在亚马逊工作，领导亚马逊生鲜、食品和杂货的全球扩张。

亚马逊在食品杂货领域的一番猛攻，无疑造就了一些莫名的同床异梦者。尽管花钱收买盟友在欧洲并非闻所未闻，但眼见全球最大的两家食品零售商特易购和家乐福在 2018 年宣布达成这样的协议，还是非常令人震惊的。同样，尽管我们都预测英国食品杂货行业将进一步整合，但没有多少人会料到，为了抵御未来亚马逊的冲击，艾斯达和森宝利竟然也会合并。

科技合作如今很流行，谷歌和微软还领导着反亚马逊联盟。零售业内的并购也很成熟，其初衷要么是为了追上亚马逊，要么

是为了甩开亚马逊，譬如塔吉特 /Shipt 超市、沃尔玛 / 弗利普卡特
（Flipkart，印度）和克罗格 / 居家大厨（Home Chef）等。在亚马
逊出击之前，每个人都在选择盟友。

> 我认同这个观点，即对于许多零售商来说，虽然它们也曾全力相
> 搏，但抢断线上空间的绝好途径，最终可能还是与亚马逊这样的
> 公司进行合作。
>
> ——玛莎百货前高管马库斯·伊斯特，2018 年 [10]

　　有些人甚至选择投奔亚马逊阵营。正如我们在本书中始终提到
的，越来越多的零售商开始了为规模和专业技能而转向亚马逊，并
甘愿冒着与之合作所带来的"特洛伊木马"式的风险，来换取自己
线上服务产品的快速升级。与此同时，也有其他人坚称，与亚马逊
合作根本不在他们的计划之内。2018 年，英国连锁超市在冰岛的公
司总经理塔森·达里瓦尔就说："我们讨厌亚马逊，它会欺负我们、
吓唬我们。它会利用我们，我们不想和它有任何关系。" [11]

表 7-1　合作竞争：越来越多的零售品牌依赖亚马逊

亚马逊服务产品	零售合作方	前零售合作方
亚马逊网站 *	耐克、安德玛（Under Armour）、"少儿馆"（The Children's Place）、"奇科法斯"（Chico's FAS）、阿迪达斯、卡尔文·克莱恩（Calvin Klein）	
亚马逊自取柜	来德爱（Rite Aid）药房、7-Eleven 便利店、喜互惠（Safeway）、格里斯蒂德（Gristedes）超市、雷普索尔（Repsol）、德国 DM 线上超市、艾德卡（Edeka）、阿尔迪、莫里森超市、Co-op 便利店	无线电屋公司（Radioshack）、史泰博（Staples）

亚马逊服务产品	零售合作方	前零售合作方
金牌现时	莫里森超市、布斯超市、迪亚超市、Monoprix 超市、Bio c'Bon 超市、馥颂店、劳诗曼超市、芬尼伯格超市	Sprouts 农货市场
Alexa 集成服务	豆荚、奥凯多、莫里森超市、多米诺（Dominos）、古斯托（Gousto）、JD 运动（JD Sports）、AO.com、B&H 图片（B&H Photo）、Woot 团购网	
亚马逊"快闪店"	科尔士百货	
亚马逊设备专柜**	百思买、Shoppers Stop	
亚马逊退货	科尔士百货	
亚马逊动力店	Tuft & Needle、卡尔文·克莱恩	
独家产品／服务合作	百思买（包括智能电视链）、西尔斯百货（凡是在亚马逊上购买的轮胎都可以在西尔斯维修中心安装）	
亚马逊云计算	布克兄弟、Eataly、"杰尔特"（Gilt）、梅德（Made）	

注：样本（所列并非详尽）。

　　* 这些品牌的商品在亚马逊官网在售。

　　** 与"快闪店"不同，亚马逊设备专柜无亚马逊员工做店员。

资料来源：作者研究，截至 2018 年年中。

案例分析：懂得适时认输

　　特易购于 2018 年关闭了特易购直销市场。这是明显地向亚马逊认输，毕竟，设立特易购直销的目的，就是想通过复制亚马逊的市场模式来与这个庞然大物正面竞争，并将特易购的产品经营范围扩大，不再受特易购超市和特易购网站的限制。但是，如果说当今的零售业有一条规则的话，那就是：你不可能以亚马逊之道胜亚马逊之身。

除了在大额购物时能获得积分，几乎没有别的理由让顾客放着亚马逊不选，而去选特易购直销。相比之下，特易购的网站令人无所适从，毫不顺手。其定价前后矛盾，缺少产品推荐和评价，产品的种类范围不够广泛，也不够吸引人，这一切都使特易购无法成为日常普通商品的首选目的地。大家别忘了，今天的许多购物者最初开始在网上搜索产品，用的并不是谷歌，而是亚马逊。

特易购直销总是亏损，它对利润增长贡献甚微，这为我们提供了一个从亚马逊身上就能学到的警示：承认失败，然后继续快速前行。就算特易购能在网站上提供94种跑步机，也无助于它保住英国最大食品零售商的头衔。当亚马逊已经来到你家门口，你就根本没有时间再去搞那些代价高昂的旁门副业了。对特易购而言，若像一些竞争对手数年前所做的那样，将食品杂货和非食品业务整合到一个平台上，然后专注于合乎逻辑的品类扩展，从而反映出购物者在其店内购物时的种种预期，这样的结果会好得多。

特易购直销加入了特易购旗下已消亡品牌的队伍，这支队伍还在不断扩大。一度被认为对经营至关重要的多元化，如今却被视为代价高昂的分心之举。特易购直销不会是最后一个被特易购管理层剔除的产品，它还会继续剥离非核心资产，以进一步聚焦食品销售。说到底，这世界只容得下一家"万有商店"。

再见，全食超市！你好，金牌生鲜？

2017 年，全食超市被并购几天后，娜塔莉发表了以下预测：

> 一旦亚马逊在其生鲜食品销售中建立信任和美誉度，全食超市的品牌效应就（必）将显著降低，甚至完全消失。这当然不会在一夜之间发生，当前亚马逊需要全食超市的原因还有很多，包括其在经营生鲜食品方面的优势、品牌价值、与亚马逊客户群的重叠，更不用说那些实体店了。但亚马逊目前的食品杂货业态——亚马逊生鲜、金牌食橱、"预订省钱"，还有金牌现时，简直复杂得让人摸不着头脑。进行整合的时机已经成熟。未来，如果亚马逊真的想在食品杂货领域确立王者之尊，就必须向外界传递出信息，即无论在网上还是在实体店，经营都完全一致。这就必须以金牌会员制为中心，因为它已成为通向亚马逊最受欢迎服务的门户。[12]

从当初的预测到现在已经一年多了，本书作者仍然坚持这一主张。有些人可能对此观点持不同意见，毕竟亚马逊就是冲着全食超市这块牌子才收购了它！但我们相信，到 2025 年，亚马逊将彻底征服食品杂货市场。到 2025 年，亚马逊的食品杂货将通过线上和线下渠道无缝连接。到 2025 年，亚马逊将拥有一个可扩展的超市概念，并将其输出到全世界，从而改变全球消费者购买食品的方式。

我们还相信，正如我们最初所预测的，亚马逊的杂货战略将得到金牌会员制的支持。我们能看到全食超市在未来被重新命名为金牌生鲜吗？那亚马逊生鲜和金牌食橱会过时吗？我们认为会的。有一件事是肯定的，亚马逊将不断完善其食品杂货业策略，直至找到合适的增长模式。

那么，自我们2017年的预测以来，发生了什么变化呢？在收购全食超市后的几个月内，亚马逊在9个州缩减了亚马逊生鲜服务。正如前面所讨论的，亚马逊将关注重心转向了金牌现时，一直在全食超市门店大力推广金牌现时，这一做法是正确的。我们相信，全食超市的实体基础设施，再加上金牌现时的配送物流，就可以让两小时送达成为可能，这将使亚马逊真正打破现状。

在幕后，紧随着收购全食超市，亚马逊生鲜和金牌现时两个部门也进行了合并。但是从客户的角度来看，仍然有很多困惑之处。彭博新闻社记者希拉·奥维德在其于2018年发表的文章《亚马逊仍在梳理其杂货战略》中，以购买黄油这样简单的商品为例，阐明了这种复杂性。

> 如果达拉斯的一个亚马逊金牌会员想要订购一磅全食超市品牌的黄油，他可以在全食超市下单，亚马逊的快递员就会把黄油送到他的家门口。但在科罗拉多州的博尔德，亚马逊没有自己的送货服务可选，只能让买家在英速卡开设一个账户。[13]

与此同时，在费城，购物者可以从全食超市或亚马逊生鲜购买同样的商品；在纽约，购物者可以从金牌现时购买几十种不同的黄油（但不是全食超市的品牌）。

显然，亚马逊的管理层有他们的工作要做。短期内的复杂性是可以原谅的，因为他们要整合全食超市，还要弄清楚如何做好实体店，但从长期来看，亚马逊需要有更加统一的食品杂货业策略。

第8章

自有品牌巨头：
面临挤压

　　在进军食品杂货和时尚等新领域之际，亚马逊一直在悄悄地打造自己的品牌组合。然而，许多消费者甚至没有意识到，这些商品都是这家零售商独有的。在亚马逊100多个自有品牌中[1]，只有很小部分冠以"亚马逊"或"金牌"的名头，例如亚马逊智能音箱 Echo 和亚马逊平板电脑 Fire 等设备，但这些都是它的自有品牌。

> 你的利润就是我的机会。
>
> ——杰夫·贝佐斯[2]

　　那么，为什么要大举开发自有品牌呢？这将帮助亚马逊逐步达到持续盈利的水平。凭借自有品牌，亚马逊可以在不提高价格的情况下扩大边际利润率。这能让它对供应商产生更大的影响，且能够为金牌会员提供更加优惠的购物条件，因为亚马逊许多自有品牌产品都是专门卖给会员的。由于亚马逊拥有海量的客户数据，所以没有人能够比它还理解客户需求，并根据这些需求为客户开发专门的产品系列。

亚马逊是一个颠覆者，连自有品牌也不例外。太阳信托银行（SunTrust）预测，到 2022 年，亚马逊自有品牌的销售额有可能达到 250 亿美元。[3] 在深入研究亚马逊的战略之前，有必要了解一下自有品牌在美国的发展背景，以及为什么它们现在才刚刚奋起直追。

后 "大萧条" 心态

国民品牌历来对美国人有很强的亲和力。美国最大的零售商沃尔玛经常称自己为 "品牌之家"，而如今许多美国家用产品仍直接使用品牌名称来指代，如特百惠塑料杯（Tupperware）、邦迪创可贴（Band-Aids）等。

然而，早在半个多世纪以前，像维克多·勒博这样的零售分析师就曾警告零售商，产品千篇一律会非常危险。1955 年，他在发表于《零售杂志》上的一篇文章中写道：

> 相当多的研究表明，很大一部分购物者并不能分清自己刚刚离开的连锁店或超市是几家竞品中的哪一家。但是，一模一样的商品摆在看起来一模一样的商店里，这种状况就为那些看起来与众不同、有个性的商店带来了大好机会。[4]

勒博遥遥领先于他的时代，他的建议经过半个多世纪才站稳脚跟。从历史上看，美国食品杂货业的自有品牌发展缓慢，一方面是由于市场细分化，另一方面是市场一直缺少食品杂货折扣店。你只需要看看大西洋对岸，当市场高度集中，阿尔迪超市和利德超市连锁门店云集时，就是自有品牌发展的大好机会。例如，在英国和瑞士，自有品牌占据了全部杂货销售的半壁江山。然而，在美国，自有品牌产品历来与国民品牌关系较差，往往屈居于货架底层——便宜，但不赏心悦目。因此，自有品牌产品的增长以前仅限于经济不景气时期。一旦经济出现好转迹象，消费者就会迅速放弃自有品牌，转而继续购买国民品牌。

但在2009年大衰退结束时，发生了一些有趣的情况。这一次，许多购物者并没有恢复过去的购物方式，而是似乎永久地改变了习惯。节俭从耻辱变成了荣耀，智能购物的理念开始流行。那么，这次与以往的经济衰退相比有什么不同呢？那就是技术的应用。

智能手机时代由此开端，这是一项将会无所不能涉及的技术发展，而且对许多人来说，它也是须臾不可或缺的。到那场经济大衰退结束时，消费者已经可以直接通过指尖获取信息，价格透明度前所未有，随之而来的还有消费者的赋权。

同时，媒体碎片化、超市的整合导致国民品牌的显赫之势发生转移，这使这些品牌更难与顾客建立联系。这是促进自有品牌发展的沃土。许多超市将此视为深化客户关系的机会，通过提高自己系列产品背后的质量和信息传递，将它们从普通仿冒品转变为真正的自主品牌。与此同时，尽管千禧一代的品牌忠诚度不高是出了名的，但他们正好在"大萧条"时期长大成人，这为零售商创造了更多的机遇，可以将业务扩展到新兴的、利润率更高的品类，比如有机食品和餐包。

亚马逊发展自有品牌的雄心

> 我们发展自有品牌的方式，与我们在亚马逊做任何事情的方式完全一样：一切始于顾客，然后反向工作。
>
> ——亚马逊，2018 年 [5]

亚马逊也意识到了这种消费行为上的变化，并于 2009 年推出了亚马逊倍思（AmazonBasics）系列。当时，亚马逊已经开始涉足自有品牌，推出了品宗（Pinzon）厨房小用具、Strathwood 户外家具、派克街（Pike Street）洗浴和家居产品，以及 Denali 工具等少数几款产品。但这是亚马逊首次将自己的品牌与某一种产品（五金除外）挂钩，从而由低风险、商品化的产品类别入手，补充其核心产品系列——电子配件。这样做是有道理的。

亚马逊倍思的产品线定价比主要品牌低 30% 左右，最初仅限于电缆、充电器和电池等配件。但在短短几年内，该品牌就占了亚马逊电池销量的近 1/3，超过了劲量（Energizer）和金霸王（Duracell）等国民品牌的销量。[6] 亚马逊倍思被推出后不到 10 年，就已扩展到数十个品类，包括家居、家具、宠物用品、箱包、运动用品等。根据一键零售公司的数据，到 2017 年，亚马逊倍思是整个亚马逊网排名第三的畅销品牌。

这一点不应令人感到惊讶。正如本书始终提到的，亚马逊作为许多产品搜索的起始点，其优势地位令人艳羡不已。从这些产品搜索乃至实际发生的购物交易本身，亚马逊可以收集数量惊人的信息，从而深入了解消费者到底需要哪些商品，然后据此对有需求的特定品类进行识别和优先投资。

爱尔兰电商分析公司 Profitero 的战略与洞见高级副总裁基思·安德森解释道：

> 零售商网站本身的搜索与谷歌或传统搜索引擎上的搜索相比，在目的性上存在极大的不同。我们经常发现，零售商网站上的这些搜索，其上下文要详细得多。这种搜索倾向于聚焦产品的优点或特色，而亚马逊也具备分析人们正在搜索什么、发现什么或者没找到什么的潜力。[7]

（另一个）不公平的竞技场

亚马逊在理解自有品牌的要求方面已经领先一步，除此之外，它还有一个巨大的竞争优势——可见性。

在实体场景下，大品牌都会出资购买货架空间，以确保其产品能直接面对顾客。于是，超市倾向于将自己的品牌定位为某一特定品类中可与顶尖品牌平起平坐的"国民品牌同等品"。该零售商的目标，就是要给利润更高的自有商品提供尽可能好的位置，以便获得最高的品牌转化率。

同样的原则也适用于虚拟货架。对于今天的许多品牌来说，没有什么比在世界上最强大的零售平台上架更重要的了。问题是亚马逊的购物者并不倾向于按品牌搜索，在该网站所有的关键词搜索中，约有 70% 是按商品属性进行搜索的［比如搜索剃须膏，而不是吉列（Gillette）］。[8] 而正是因为有这些不按品牌或仅以商品属性为导向的搜索，亚马逊才变得越来越热衷于引导消费者购买其自有品牌的商品。

当然，品牌仍然可以通过付费的方式在亚马逊平台上占有一席之地，并展示其包装和商标，这正在成为一项大业务。据《纽约时报》报道，一些大品牌每月在亚马逊平台上打广告的支出高达 6 位数。[9] 毫不奇怪，2018 年撰写本书时，广告业务正是亚马逊增长最快的部分。据华尔街分析师预测，到 2022 年，亚马逊广告业务的规模，将从目前估计的 20 亿~40 亿美元[10] 迅速增长至 260 亿美元。[11] 这是亚马逊飞轮上的又一根辐条。

> 我想说，无论从产品的角度还是从财务的角度来看，广告都仍是一个亮点。
>
> ——亚马逊首席财务官布莱恩·奥尔萨夫斯基，2018 年[12]

现在，如果你在亚马逊的网页上搜索咖啡，你会在页面顶部首先看到由福爵咖啡（Folgers）出资的横条广告。但是你只要向下移动一点儿，就可以在搜索结果的第一页上看到亚马逊"本品牌精选极品"的自有品牌咖啡的横条广告，甚至还有亚马逊生鲜和自有品牌 Solimo 系列的咖啡。亚马逊自有品牌的产品通常还会带有一个特殊的标牌，标明该产品为畅销品、赞助产品或"亚马逊精选"（这意味着该产品属金牌会员专享、库存充足、至少 4.0 的评级，也达到了其他标准）。

亚马逊简直拿了一手好牌。它不仅从数字广告中大获裨益，同时还在优化自有品牌产品的布局，以最大限度地将消费者拉到其自有品牌上来。这就好比某品牌在超市花了大笔进场费才把自己的货上架，却蓦然发现旁边竟都是与之相当的自有品牌。但亚马逊有一点是与众不同的，那就是客户评价。想象一下，有个顾客正站在货架前纠结，不知是该买亨氏（Heinz）或可口可乐等值得信赖的国民品牌呢，还是该买知名度较低的自有品牌。消费者可以看到购买自有品牌有价格优势，但它的质量如何？味道有国民品牌好吗？孩子们会对此嗤之以鼻吗？

在这个节骨眼上，亚马逊能帮助购物者下决心主要得益于亚马逊的在线客户评语。如果这个购物者能看到自有品牌商品产生了数千条 4.5 星的评语，那他或许就会更有信心去尝试一下。因此，为了建立对自有品牌产品的信任和认知度，亚马逊一直在积极利用其"亚马逊网评计划"收集客户对这些新产品的评论。在这个仅受邀者才能参加的计划里，亚马逊最活跃的评论者会发布关于新产品和预发布产品的评论，以换取免费的产品。数据分析工具 ReviewMeta 对亚马逊网站上 1 600 多种自有品牌产品进行了分析，结果显示，约有一半的产品得到了"亚马逊网评计划"的评语。[13]

2018 年，太阳信托银行分析师约瑟夫·斯卡利表示："自有品牌是亚马逊内部被严重忽视的趋势之一。其实在我们看来，随着时间的推移，自有品牌应该会给该公司带来强大的'不公平'竞争优势。"说它"不公平"是因为一旦这家公司挤进来了，就很难再把它赶出去；说它公平则是因为一切都是打拼得来的，而非他人赏赐的。[14]

有时，亚马逊会采取更激进的手段来推动自有品牌的转化率，比如在其他品牌的产品详情页面上投放自有品牌广告。根据高德纳 L2 咨询公司 2018 年的一份报告，在纸质产品（厕纸）品类中，多达 80% 的产品页面都有亚马逊清洁类自有品牌 Presto 系列产品的广告。[15] 2016 年，亚马逊前高管梅丽莎·伯迪克在领英（LinkedIn）的一篇帖子中表示："有些东西亚马逊可以搞，但有些就不行，譬如用于发布内容的特殊模板和各种植入式商品广告。"[16] 为此，伯迪克举了一个实例，在"亚马逊元素"（Amazon Elements）系列的婴儿湿巾介绍页面上，查看亚马逊畅销排行榜中其他商品的"热门链接"功能被禁用，这使得购物者更难找到其他畅销的同类商品。

另外，随着语音声控购物的普及，供应商的日子只会更加艰难。Alexa只会提供两个搜索结果。亚马逊前高管、现任雀巢电子商务主管的塞巴斯蒂安·什切潘尼亚克表示："说到语音搜索，你要么能争到第一，要么就回家歇着吧，因为除了第一、第二，谁都没有未来。"[17]

在后面几章中，我们将讨论Alexa是如何对搜索结果进行优先级排序的，但你首先要明白的是，若在未知客户购物史的情况下，Alexa所推荐的一定是"亚马逊精选"（Amazon's Choice）中的产品。在2017年的一项研究中，贝恩公司发现，对于首次在亚马逊购物却没有指定品牌的用户，Alexa的首个推荐中有一半以上都是"亚马逊精选"产品（高于搜索结果）。对于那些拥有自有品牌产品的品类，Alexa有17%的时候推荐自有品牌产品，尽管此类产品仅占总销量的2%。[18]

这里也有一些对品牌来说的好消息。当消费者十分清楚自己想要什么时，语音声控的效果是最好的，而如果这种品牌的忠诚度已经存在，那么Alexa就会直接缩短购买路径。此外，最重要的是，它还会在消费者下次光顾时记住其偏好。

亚马逊必须在推动自有品牌销售和满足消费者实际需求之间保持微妙的平衡。但对于供应商来说，情况的确不容乐观。亚马逊的影响力毋庸置疑，为此，许多供应商都委曲求全地在亚马逊平台上销售。但随着自有品牌越来越成为关注焦点，亚马逊的影响力也在不断增强。

时尚界的巨擘？

也许令人惊讶的是，亚马逊的自有品牌努力主要集中在时尚方面。它已经悄悄地建立了一系列目标明确的子品牌。根据高德纳 L2 咨询公司 2018 年的一份报告，服装、鞋子和珠宝占了亚马逊自有品牌的 86%。

亚马逊的影响力如此巨大，但亚马逊能让消费者相信它是一个可信赖的时尚选购目的地吗？亚马逊关于便利性和选品的独家销售理念真的有助于它转向时尚这个产品本身就是一切的行当吗？和食品杂货业一样，时装业也是出了名地变幻无常。我们不怀疑亚马逊有能力改变一船的服装（记住，到本书出版时，它很可能已是美国最大的服装零售商了 [19]），但是，卖袜子和 T 恤跟推销时尚完全是两码事。

> 亚马逊模式就是，你可以买到任何东西，既便宜又方便。但这仅仅是买卖而已。对时尚来说，这并不是最佳主张。
> ——扎兰朵联席首席执行官鲁宾·里特，2017 年 [20]

销售自有品牌服装有助于优化亚马逊的整体利润率组合，但由于亚马逊已经变得以关注食品杂货为重心，所以自有品牌业务将受到更大压力。至关重要的是，当某些时尚品牌不愿在亚马逊上销售时，自有品牌还得填补商品空白。"很长一段时间以来，"亚马逊时尚部前主管伊莱恩·权说，"人们一直认为亚马逊就是个买卫生纸或猫粮的地方。2014 年，许多品牌甚至不愿意公众知道它们愿意与亚马逊合作。"

但力量的均衡正在发生变化。在线时尚业方兴未艾，大型购物中心里的实体百货店的销售状况却在不断恶化。亚马逊如今无处不在，俨然已成为不可能被忽视的销售渠道。但通过亚马逊进行销售，并不仅仅是创造更大的销量，还会让品牌对自家产品的定价和展示有更大的控制权，因为许多产品早就通过第三方在亚马逊上销售了。

> 不能忽视这样一个事实，大多数平台都运行第三方市场，所以，不管你喜欢与否，它们都会为你的品牌提供第三方市场。无论如何，你的品牌都很有可能出现在那个网站上。
>
> ——李维斯首席执行官奇普·伯格，2017 年[21]

耐克上架亚马逊的主要动机，就是要打击这种第三方销售。2017 年，耐克宣布这一决定时引起了人们的注意。摩根士丹利称，耐克已经成为亚马逊上的头号服装公司，虽然它并没有直接在亚马逊网站上销售。作为双方协议的一部分，亚马逊同意监控其网站的仿冒行为，也不再允许第三方供货商销售耐克的产品。

根据摩根士丹利 2017 年的一份报告，亚马逊其他表现最佳的服装品牌包括阿迪达斯、恒适（Hanes）、安德玛和卡尔文·克莱恩。亚马逊旗下的亚马逊必需品品牌是表现最好的自有品牌线，在整体购买最多的服装品牌中排名第 12 位。2017 年，李维斯的伯格表示："现在最大的挑战是亚马逊正在推出自己的自有品牌服装业务，而且随着时间的推移，它将在服装领域大行其道。"[22] 大品牌要担心的不再仅仅是第三方供应商，它们还得提防亚马逊本身。

这不会在一夜之间发生。打造一个品牌需要很长时间，许多人质疑亚马逊的功利主义形象会阻止它被视为时尚巨擘。亚马逊既需要大品牌带来信誉度，也需要自有品牌带来利润，但它还必须在时尚界找到自己的独家销售理念。近乎无限的分类不仅强大，而且所向披靡，单是搜索"黑色礼服"就能产生 4 万多条结果。

亚马逊也许还不是用户上网浏览的首选网站，但正如之前讨论过的，它正在通过创新来弥补自己的不足，比如推出金牌衣橱和智能摄像头 Echo Look，以及收购"人体实验室"。亚马逊还获得了一家按需自动制衣厂的专利，该工厂的设计目的就是在下订单后快速制衣。这一举措不仅会推动亚马逊自有品牌业务发展，还能够重塑整条供应链，并在这一过程中撼动整个服装行业。当然，我们暂时还没把"亚马逊时尚"（Amazon Fashion）全写进来。

品牌难题：亚马逊的杂货品牌大杂烩

2014 年，亚马逊推出了其为快消品领域打造的第一主要自有品牌——亚马逊元素。许多快消品行业人士担心，亚马逊高端系列的纸尿裤和湿巾，开启了其期待已久的自有品牌的入侵。但不到两个月，这些纸尿裤就停产了。

人们对这一系列产品反应冷淡，亚马逊称有必要"改进设计"。首次推出自有品牌的快消产品就选择了这样一个品类，其实风险是很大的。质量有时带有主观性，纸尿裤要么很好用，要么很不好用，而且在婴儿护理之类的产品中，品牌也没有太多第二次机会。尽管如此，亚马逊依然坚持着亚马逊元素这个品牌，虽然先是仅限于湿巾纸产品使用，但最终亚马逊还是会将其范围拓展至维生素和保健补充品。这就有点儿古怪了。但请记住，亚马逊将失败视为产品迭代和改进的机遇，所以几年之后重新见到自有品牌纸尿裤，也就不足为奇了，只不过这次是在"熊妈妈"（Mama Bear）的品牌之下。

该产品线还包括有机婴儿食品，那是 2016 年亚马逊在尚未收购全食超市时新推出的几个快消品系列之一。其他系列则包括 Happy Belly（有什锦果仁、坚果、调味料、鸡蛋和咖啡）、Pestro（有纸巾、卫生纸、洗衣粉），以及 Wickedly Prime（包括薯片、爆米花、汤和茶在内的美味小食）。继"亚马逊元素"的惨败之后，亚马逊曾谨慎行事，小心翼翼地彻底避开了易腐品这一大类别。

但随着收购全食超市，情况发生了变化。当时，亚马逊继承了全食超市广受好评的"365 日每日特惠"系列（以下简称"365"系列）以及其名下的自有品牌食品。一夜之间，亚马逊凭借一系列引人注目的自有品牌商品，摇身一变成为一家可信赖的食品杂货运营商。根据一键零售公司的数据，不到 4 个月，"365"系列就获得了 1 000 万美元的销售额，成为亚马逊第二大自有品牌。

除了本章前面列出的所有好处，鉴于该品类的高频 / 习惯性质，自有品牌对食品杂货商来说尤其重要。别忘了，亚马逊的目标是通过自动补给日常用品来免去顾客重复购买日常用品的烦劳。这一做法本身已经非常强大，若零售商补给的都是自家的商品，那就更强大了。截至 2018 年，亚马逊已经为亚马逊倍思、"亚马逊元素"和 Happy Belly 等少数几个自有品牌推出了"一键下单"，我们预计，一旦全食超市完全整合，亚马逊还将迎来进一步扩张。

自收购全食超市以来，除了非处方药品牌"基础护理"（Basic Care）和个人护理品牌 Mountain Falls 等独家品牌，亚马逊还悄然推出了其他产品线，包括自家的亚马逊生鲜系列下的品牌（撰写本文时仅限于咖啡）Wag 和 Solimo。亚马逊处于试验摸索中是可以原谅的，但在某种程度上，它需要在自己的全部自有品牌组合中创建更加统一和更加一致的信息。

这就引出了一个事关品牌弹性的重要问题。亚马逊是多元化之王，但进军新领域和新服务可能会稀释其品牌，甚至更糟的是，可能还会引起消费者的反弹。消费者既想要买亚马逊品牌的食品杂货，同时又享用亚马逊品牌的智能音箱 Echo、Kindle、影视和音乐流媒体，未来没准还想要有亚马逊的银行账户和医疗服务。在食品杂货领域，我们认为亚马逊注定就是自有品牌的大杂烩，但这丝毫不会减少它造成的威胁。竞争对手应优先考虑投资自家的自有品牌，而供应商则应确保自己手中有捍卫市场份额的明确战略。更深入的客户参与将至关重要，在适当的情况下，商家还应考虑开展自有品牌的生产。

表 8-1　亚马逊快消品自有品牌系列

推出年	品牌	品 类						
		母婴护理	美妆	食品饮料	保健护理	家庭用品	宠物护理	维生素及补品
2014	亚马逊元素	√						√
2016	Happy Belly			√				
2016	熊妈妈	√						
2016	Presto					√		
2016	Wickedly Prime			√				
2017	亚马逊生鲜			√				
2017	全食超市*		√	√	√	√		
2017	"365" 系列*	√	√	√	√	√		√
2017	引擎 2 健康植物*			√				

（续表）

推出年	品牌	品　类						
		母婴护理	美妆	食品饮料	保健护理	家庭用品	宠物护理	维生素及补品
2018	基础护理 **				√			
2018	Wag						√	
2018	Solimo		√	√	√	√		√
2018	Mountain Falls**	√	√		√			

注：* 收购的全食超市品牌。

　　** 仅对亚马逊，但非亚马逊所有。

　　　　　　　　　　　　　　　　　　　　　亚马逊效应

第9章

用技术驱动
无摩擦零售

> 即使客户尚不清楚，但他们总是想要买到更好的东西，所以取悦
> 消费者的愿望就会驱使你为了他们而创新。
>
> ——杰夫·贝佐斯[1]

在第 4 章中，我们开始探讨所谓的"按自己的方式"购物的
人。我们开始讨论技术对零售业的影响，以及它正在以怎样的形
式彻底改变着人们以往的购物方式——转为"按自己的方式"。

对于普通消费者来说，理解这一概念对于每日生活的意义之
关键，就在于首先要了解购物者如何为其购物之旅预设"自己的
方式"。简而言之，技术的快速发展为消费者提供了按自己方式购
物的工具。现代生活的数字化使我们有非常智能化的顾客体验，
从而使每周重复地购买生活必需品变得"有趣"，我们也更加痴迷
于此。此外，越来越多的消费者对便捷性、即时性、透明度和相
关性的期望值都已大幅提升，所谓的"技术消费化"对此不啻火
上浇油。

尽管说"零售业或许会有灭顶之灾"有些言过其实，但人们对该行业未来的担忧，却是基于这样一个事实，即许多熟悉的居家零售连锁店都已倒闭。但我们认为，它们的消亡绝非不可避免。它们败就败在未能适应今天有数字授权，并"按自己的方式"购物的消费者，这就是为什么任何将亚马逊视为罪魁祸首的说法都是没有根据的。但是，既然零售业所受到的诸多重创，皆因未能利用技术进行数字化转型以应对由"按自己的方式"购物者所带来的全行业挑战，那么对亚马逊在竞争和客户需求两方面保持领先做更深一步的探究，就显得非常值得了。

在接下来的两章中，我们将探讨亚马逊如何继续运用人工智能（AI）和语音这两个特别强的核心领域里的技术进步，同时兼顾这些技术进步所应对的那些变化的深层诱因，以及当今"按自己的方式"消费者的进一步期望和对无摩擦零售体验的需求，而技术进步正好有助于使之得到满足。通过这种探索，我们很容易了解到，亚马逊的生意和支撑其执行力的技术优势，将如何继续剔除那些自负的行业参与者，并推动整个零售行业朝着创立客户体验的方向发展，进而使顾客在实体店购物也能像网购一样轻松，把功能性购物变得有趣。

顾客至上

有些零售商不理解"按自己的方式购物"，也不会调整自己的经营理念以应对这种变化。这些零售商的自满意味着，它们跟不上应对变化的技术驱动因素的影响，也认识不到互联网、移动方式及随之而来的由技术支撑的服务创新（如"网购店取"、购物辅助媒体等）正在永远改变零售业的整个格局。

在深入研究这项技术本身是如何发展而来的之前，让我们先来看一下其对范围更广泛的整个行业格局的总体影响，以及它在增强"按自己的方式"购物者能力方面的作用。我们即将迎来一个重要的转折点，届时全世界一半以上的人都会上网。广泛采用与零售有关的技术，使顾客牢牢地掌控购买过程中的各种方式，这便是我们不可能忽视"亚马逊幽灵"的地方。我们可以看到，市场力量均势由零售商向消费者方面转移，这不仅与技术发展密切相关，也与亚马逊利用这种转移来支持其增长和演进密切相关。了解这一转变，对于理解任何成功的企业（譬如亚马逊）如何利用技术进步为自己和客户带来优势至关重要。但在这方面，用贝佐斯的话说，正是由于亚马逊有让顾客开心满意的愿望，它才会利用好自己的技术优势。这也是一种重要的经验，那就是要把客户的需求放在创新的核心位置，企业就能从中获益匪浅。

贝佐斯在《2010年亚马逊年度报告》中写道：

查阅当前任何一本有关软件架构的教科书，就会发现，其中很少有我们尚未在亚马逊上应用的模式。我们使用高效能交易系统、复杂的展示和物件快取、工作流和队列系统、业务智能和数据分析、机器学习和模式识别、神经网络和概率决策，以及其他各种各样的技术。虽然我们的许多系统是基于计算机科学领域里的最新研究，但这还不够，我们的建筑师和工程师必须把研究推进到学术界尚未涉足的方向上。我们面临的种种问题，在任何教科书上都找不到解决方案，故此，我们很乐于发明新的方法……

那么，在消费者技术被应用之后，亚马逊的成功为何能与数字零售的兴起如此密切相关呢？我们坚定地认为，这是因为亚马逊首先是一家科技公司，其次才是一家零售商。为了贯彻其经营策略，亚马逊始终努力将其服务的客户置于技术创新的核心。例如，在亚马逊的14条领导原则中，头一条就是"顾客至上"。正如在第2章中所提到的，这种以客户为中心的精神使亚马逊一路顺利，因为消费者已经开始接受由数字支持或增强的技术购物工具了。然而，不可低估的是，亚马逊的核心业务建立在技术创新的基础之上，这对亚马逊有着莫大的帮助。在审视技术创新之前，让我们先后退一步，因为情况有些不同。

回顾2002年，随着需求成为所有发明的基础，对充足的数字处理能力及标准化、自动化的计算基础设施的需求，首先使亚马逊云计算能力应运而生，进而在此计算基础设施上运行其零售市场。亚马逊有效地利用网络、存储、计算能力和虚拟化方面的进步，在2006年开始将其云计算能力作为服务进行转售。

然而，2014—2015年，亚马逊的股价下跌了20%。在那段时间里，就算股东们怀疑亚马逊是否还会盈利，也是情有可原的，而其股价的不断缩水正好反映了这一点。相比而言，亚马逊的体量要比沃尔玛小。就连2014年秋季上市的阿里巴巴，也让亚马逊同年的市值相形见绌。不过，与此同时，亚马逊一直在悄悄地巩固其市场份额，以期满足快速增长的云计算服务需求。

之后的2015年对亚马逊来说是至关重要的一年，亚马逊第一次展示出云计算极其强大的盈利能力，其利润率直逼星巴克，投资者眼见着他们的亚马逊股价开始攀升。如今，亚马逊云计算服务的客户包括网飞[2]、美国宇航局（NASA）[3]，以及诺德斯特龙、奥凯多和安德玛⁴等零售商。但即使是在当时那个性命攸关的年份，云计算服务也贡献了亚马逊2/3的利润。到2017年，这一利润比例已升至100%。别忘了，这就是我们说亚马逊不是普通零售商的原因——它首先是一家科技公司。

执念的力量

想一想那些令亚马逊成为亚马逊的价值观，但凡涉及技术创新，亚马逊的第3条领导力原则，即"创新与简化"，就是最为重要的。

尽管云计算实现了将亚马逊打造成今天这样一头企业巨兽的潜力，但亚马逊从不畏惧寻求"创新与简化"自身运营的途径。之后，亚马逊将这些努力的成果重新包装并转售给企业和消费者。正因如此，从致命的股票大跳水后的2015年以来，按照其2018年的市值，亚马逊的实际市场价值已经增加了5倍。亚马逊也为其零售业务提供了庞大的资产负债表和强大的计算能力，这些都是建立基于人工智能的复杂系统所必需的，而这些复杂系统又是亚马逊运作其遍布全球的电子商务、供应链和交易实现操作，以及零售业的下一个数字前沿——自动化和声控技术的必备利器。

正如我们在第2章中所讨论的，亚马逊自身表明，根据其第3条领导原则，它可以承受"长时间被误解"。如果云计算是如何修成正果的故事还不足以清楚地说明这一事实，那么就让我们再深入地审视一下"金牌会员日"吧，这应当是另一个有价值的证明点。

亚马逊在2015年设立了第一个"金牌会员日"，适逢该公司成立20周年。在此之前，亚马逊的金牌会员制运作已经有10年的历史了。尽管有关首个"金牌会员日"的某些报道凸显了该打折日缺少有分量的购买交易，但在线零售市场的 IT 供应商渠道顾问公司 ChannelAdvisor 却发现，这一天使亚马逊在美国的销售额增长了 93%，在欧洲的销售额增长了 53%。

第二年"金牌会员日"，亚马逊在 24 个小时内的订单总量相比第一年增长了 60%，这对各地的实体零售竞争对手都是沉重打击，这使得它们现在难以同亚马逊的这个一年一度的打折日进行势均力敌的较量。到 2017 年，"金牌会员日"已经扩展到 12 个国家，并向使用语音助手 Alexa 的亚马逊客户提供特别优惠。我们有必要了解为何 Alexa 最近会扮演如此重要的角色，稍后将对此进行深入探讨。在此，我们得先提一下，2017 年的亚马逊"金牌会员日"创造了 24 亿美元的收入。尽管殊为可观，但若把这一数字放到更广大的世界范围来看，在同年的"双 11"购物节期间，亚马逊的中国竞争对手阿里巴巴共赚了 250 亿美元。[5]

尽管在中国版的"大促日"面前，亚马逊"金牌会员日"不过是小菜一碟，但它确实是亚马逊惊人增长的一个极好例证。在此语境下，我们有必要再次回顾 2015 年，这不仅是因为这一年的云计算服务利润和首个"金牌会员日"，还因为当年的销售总额首次突破 1 000 亿美元。实现销售增长是贝佐斯"三大支柱"中的最后一根支柱，另外还有云计算为亚马逊提供了成本基础，而金牌会员制则继续推动其客户获取和保留战略。亚马逊说，销售格局被打破，正好一半对一半地分化为两大阵营，即负责为亚马逊第一方批发商品发运的部门和付费使用其市场作为店面的数百万家独立商户，这些商户还可以付费使用亚马逊的供应链和物流服务套餐——电子商务和"亚马逊物流"。

创新的力量

2015 年对亚马逊来说是至为关键的一年，其领导原则由此开始结出硕果，而贝佐斯的"三大支柱"也站稳了脚跟，足以让其飞轮生态系统经久不衰。这种方法使亚马逊能够为那些"按自己的方式"购物的人提供更多他们想要的东西。

亚马逊充分利用的第一个技术趋势，就是通过移动设备访问互联网的人数急剧增加。根据移动运营商的数据，到 2025 年，纯移动用户数量将达到 59 亿，相当于世界人口的 71%。[6] 互联网和移动应用在其他方面的发展，也已经改变了我们的购物方式，包括通过在线银行和移动钱包实现的支付。借贷方式，也就是所谓的"无卡支付"和贝宝，可以节省时间，并为输入支付信息增加额外的安全性，由此将消费者引上了网上购物之路。这种方式与非接触式信用卡和借记卡为在实体店内推广移动支付铺平道路如出一辙。

无摩擦体验

此类创新中有一个共同的特征，即消费者对身临其境和便捷体验有更高的需求。由此导引出在顾客体验中消除摩擦的目标，因为这事关整个购物过程的速度、便利性、透明度和相关性。例如，顾客在网上浏览、使用某个应用或逛商店时，发现想要的商品已经脱销，或者不得不去排长队结账。要消除这种摩擦，就需要零售商有能力保证客户可以在线订购其所需的产品并送货到家。或者，客户在找到商品后，可以很方便地即刻查看相关评价或各种优惠，以便找到最划算的方案，直至最终利用移动终端进行快速结账，并享受快速配送货服务。相比之下，任何给客户体验带来麻烦的东西，比如排队、送货问题或糟糕的销售服务，都不符合当今"按自己的方式"购物者的要求。为了让顾客尽可能地得到他们想要的东西，无摩擦零售通过使用数字技术来改善顾客体验，而技术手段则切实保障了这种体验。这正是亚马逊的高科技业务给它带来的前所未有的优势，也是传统零售商和在线零售商都不该直接与亚马逊短兵相接的原因。它们不过是传统的零售商，亚马逊则是一家高科技零售公司。

技术驱动因素

科技不仅改变了消费者与零售商之间的交互方式，也模糊了实体和数字之间的界限。要了解亚马逊如何成功地利用其技术优势，以提供一种数字化加持的、无摩擦的购物体验，就有必要首先分析一下，在"按自己的方式"购物者的无摩擦目标背后，到底有哪些基础的技术驱动因素。其中包括：

（1）无处不在的网络连通性

（2）随处可达的客户界面

（3）自主计算

我们可以看到第一个驱动因素的效果，即移动设备在家庭内外的影响，以及在实体店内和其他公共场所的影响。随着第五代（5G）移动网络的发展，加之 Wi-Fi 的全覆盖、无线充电及任何让我们无论何时都能够以更快速度联结上网的设备或手段的实现，网络联通性越是真的无处不在，我们就越是迫不及待地想要有更多的选择、更直观的搜索，能瞬时响应，并且无须考虑订货交付的次数。

为了了解第二个技术驱动因素的背景，我们需要回溯互联网出现之前的早期计算时代，那时手持指向设备和"鼠标"的概念还相对新颖。例如，1984年，记者格雷格·威廉姆斯报道了第一台苹果麦金塔（Macintosh）电脑的问世，"它让我们离理想的计算机设备又近了一步"。

> Lisa 电脑很重要，因为它是第一个使用鼠标—窗口—桌面环境的商业产品。麦金塔电脑同样重要，因为它让人们负担得起同样的环境。
>
> ——格雷格·威廉姆斯，1984年 [7]

仅仅30年后，我们已经习惯使用触控板、触控球、指针、笔和图形输入板，更不用说耳机和麦克风等其他个人电脑周边设备，甚至智能眼镜、智能手表和其他"可穿戴设备"了。将这些技术进步联系起来的共同主题，就是要寻找一种与电脑设备无缝或无摩擦互联界面的方法。从这个意义上说，电脑界面的使用变得如此直观，以至于技术本身其实已完全隐身于幕后，而将实用功能推到幕前，以满足用户的各种具体需求。也许，当前随处可达的客户界面最常见的例子就是触摸屏，在苹果手机推出后出生的孩子想要打开任何电子设备，更可能去触摸它的屏幕，而不是去找一个按钮。

自主计算

到目前为止，网络联结和客户界面都是基于硬件的，而第三个全球性的技术驱动因素则是基于越来越"智能"的软件发展，这些软件几乎可以自主思考，而且无须在必要信息基础上编程，就能自行给出问题的答案。相反，自主计算系统可以交叉引用和关联完全不同的数据源，增强系统自身的算法，并回答各种各样复杂的"设若"类问题。因此，如果没有自主计算开发这个全球性技术驱动因素，那么，包括机器学习和深度学习技术在内的人工智能就不可能存在。事实上，人工智能的发展推动了过去15年间出现的许多功能计算上的进步，从搜索算法、垃圾电邮过滤和防欺诈系统，一直到汽车自动驾驶和个人智能助理等。

在亚马逊崛起的整个过程中，我们都可以追溯到这些驱动因素的影响，亚马逊充分利用了基于这些驱动因素的技术开发，从而发展出更强大的数字化能力，为客户提供更多无摩擦购物体验。

先见的力量

就每一项技术驱动因素而言，亚马逊都试图充分利用其核心能力（云计算和零售）之外的开发成果，并且取得了不同程度的成功。即使是亚马逊有时也会犯错，明白这一点也许是件好事，就好像亚马逊拿纸尿布为推广自有品牌做实验一样。但是，正如贝佐斯一贯鼓励员工多想好点子，让顾客在不知不觉中得到更好的东西一样，亚马逊肯定不会畏惧在这一探索中失败。此外，如果亚马逊下的注足够大，那么最终到了见分晓之际，它所获得的巨大成功，也足以弥补所有失败。

在此背景下，让我们先看看亚马逊所做的开发，这些都是受到网络连通性和客户的界面的追求驱动的。也许有人还记得亚马逊进军智能手机制造业的背运尝试，这是我们在第2章中首先提到的一个关键例子。2014年6月，亚马逊手机推出之后，即收获了一大波负面评论，人们认定该设备不仅"过眼即忘"，[8]而且"极其普通"。[9]事实上，有个宣称这台设备"过眼即忘"的记者甚至建议消费者等着亚马逊推出进阶版手机。

亚马逊效应

然而，由于亚马逊手机发生的自燃情况如此严重，进阶版是没什么希望了。推出仅一个月后，亚马逊就将该设备［32GB（吉字节）版本］的售价从 199 美元下调至 99 美分。似乎这还不足以展示这款手机失败之惨烈，该公司又在 2015 年透露，其在此设备的研发、制造及大张旗鼓的发布活动上，总共损失了 1.7 亿美元。然而，正如我们在本章前面提到的，亚马逊在同一年还公布了云计算耀人的数据，一时间抢尽了风头，而这或许又是亚马逊的幸运之处。

　　我们写的是一本旨在解构亚马逊成功秘诀的书，所以我们有必要花点儿时间来剖析亚马逊手机为什么会失败。更有意义的是，从那时起，亚马逊似乎已经从错误中吸取了教训。人们普遍认为，亚马逊试图在苹果手机最受追捧的时候推出一款智能手机，可惜当时只有以三星为首的少数几款基于安卓操作系统的设备能够与之竞争，故亚马逊手机注定要失败。在一个由两大移动操作系统厂商主导的市场上，亚马逊需要在价格和质量上体现其产品与众不同，但它并没有这样做。不过，与此同时，我们也承认，亚马逊很快意识到了这一点，并采取了改进措施。

　　亚马逊这款手机确实彰显了亚马逊的勃勃雄心，即在 2007 年推出首款 Kindle 之后，攻入电脑硬件领域开疆拓土。正如 2015 年马库斯·沃尔森为"有线"网站（Wired.com）所写的那样，"（亚马逊手机）项目从一开始就注定要失败，因为唯一真正需要一款亚马逊手机的人就是亚马逊自己"。[10] 亚马逊可能觉得，有了这部手机，它就可以拉近与其顾客的距离，并为亚马逊飞轮又添加一根辐条，进而将其客户锁定于亚马逊的生态系统。与 Fire 手机一同配送发货的是一款名为"萤火虫"（Firefly）的应用，其初衷就是打算做到这一点。"萤火虫"是一个文本、声音和物体识别工具,目的是让购物者能识别超过 1 亿种不同的产品,接下来,他们自然便是在亚马逊网上无摩擦购物。但是,即便经过一系列降价,这款移动设备终于还是在 2015 年年中停产了。

从错误中吸取的教训

亚马逊从手机的失败中吸取了教训,这一失误当然没有挫伤其利用科技进步的雄心,科技的进步可以实现更强的无处不在的连接和无处不达的接口界面。毕竟,亚马逊在平板电脑 Fire(2011 年 11 月推出)上取得了成功,挽回了自己在硬件开发方面的声誉。亚马逊手机发布时,这款平板电脑已经是第四代了,其得益于亚马逊的电子书销售和 Kindle 的成功,并向用户提供从其主屏幕直接访问亚马逊电商网站的通道。但除了与亚马逊商店连接的功能,这款平板电脑并没有提供其他连接功能,早期版本也没有使用最新的触摸界面技术,尽管早在 4 年前,苹果公司推出智能手机时就已经将触摸屏商品化了。不过,在利用前两项全球技术驱动因素方面,亚马逊做得更成功的领域就是其核心零售业务——无处不在的连接和无处不达的界面概念被引入,从而取得了更大的成功。

从一键下单到无须点击

如果将前两个全球技术驱动因素放到亚马逊发展的时间轴上,我们就能认识到,其应用对于促进消除亚马逊在线购物体验中的摩擦有多么重要。它的"一键下单"专利就是一个突出的例子,尽管该专利已于 2017 年到期。许多行业观察人士质疑,该公司这个先行注册账单、付款和发货信息细节，再将产品添加到购物篮，然后付款时"一键下单"就能完成购买的功能，也许根本就不应该获得专利。他们认为，这样扼杀了电商之间的竞争，因为亚马逊取得了不公平的垄断地位，而造成垄断的前提也不过就是使用了后来迅速成为电商标配技术的高效手段而已。但是，若时光倒流至 1999 年，你或许就比较容易理解，当时这可是被当作一项最前沿的创新，并且这项创新首次昭示亚马逊将在改变现状的同时，与购物摩擦决战到底。因此，在获得专利后，著名的诉讼案就发生了，亚马逊对美国图书销售商巴诺书店（Barnes & Noble）提起了诉讼，告其实施了一种类似于自己的专利中描述的允许客户重复购买的方法。（两家公司在 2002 年就此案达成了一项未被披露的和解协议。）

与此同时，这项专利，以及亚马逊对其进行的严格保护，让该公司在近 20 年的时间里，拥有了碾压竞争对手的显著优势。在此情况下，竞争对手要么选择在结账过程中完成多次点击，要么向亚马逊支付专利使用费，以便提供"一键下单"结账功能。对于亚马逊来说，这项功能竟如此强大，究其原因，就在于它所减少的摩擦能够有效地帮助消除放弃购物的现象。

就像早期的电子商务公司一样，亚马逊可以看到顾客浏览并将商品添加到他们的购物车中。但是网上零售购物车的放弃率（放弃购物车中商品的数量与发起和完成交易的数量之比）一直都很高。对 2017 年 37 个电子商务网站的分析发现，购物车平均被放弃率为 69.2%。[11] 毫不奇怪，亚马逊不会公布放弃率，但通过亚马逊市场平台销售商品的商家（它们希望匿名，这是可以理解的）报告称，亚马逊一直努力将放弃率保持在平均水平之下。另一项已发表的评估认为，这项技术使亚马逊的销售额相对温和地增长了5%，使此专利的年化价值达到 24 亿美元。[12]

为特权买单

亚马逊凭借其"一键下单"专利所获得的优势表明，无论是在线还是离线，零售领域的结账过程都可能产生非常大的摩擦。我们只需想一想，有多少次一看到实体店收银台前排起的长队，我们就再没心情购物了，而很多人"直接就走了"（我们稍后将探讨这种现象）。但在这方面，亚马逊再次证明自己有能力在竞争中领先一步，即它不仅很好地利用了其"一键下单"专业技术，还为通过其市场销售的商家开发了方便结账支付和货品交付的功能。2013 年，亚马逊向第三方推出了"用亚马逊支付"（Pay with Amazon）服务。这一特色服务允许电子商务网站给顾客多一种选择，即可使用他们在亚马逊上绑定的信用卡及送货信息（类似谷歌和脸书那样的单点登录式极速注册网站），从而将购买过程简化到只需按照亚马逊交易方式点击几次，当然电商网站得为此付出保持竞争力所需的合作代价和成本。[13]

最后，或许也是最重要的一个例子，还是亚马逊的金牌会员制服务，这一服务展示了亚马逊如何定义无摩擦购物的发展，以及如何实现其"创新与简化"领导力原则。我们已经探讨过，结账过程中的转换障碍究竟能有多大，而运输成本是一个更大的障碍。贝马德研究所（Baymard Institute）于 2017 年在美国消费者（不包含那些浏览但无意购物的人）中开展的一项研究发现，与航运、税收和费用相关的额外高成本，是人们放弃购物车内商品的首要原因。

亚马逊凭借其金牌会员制服务，解决了在线购物中的两个主要的摩擦源。每月或每年收取统一的加急运费，既消除了结账前发货的隐性成本，也改变了人们认为在网上购物比在零售商店购物收货慢的看法。金牌现时承诺在城市地区提供一小时的送货服务，而且将这一服务发挥到了极致，如此的即时性和即刻满足感，只有亲自到实体店购物才能将其打败。联想到此服务还提供流媒体——音乐、电视节目、电影的点播，就很容易理解，为什么今天亚马逊金牌会员的规模（全球有1亿多人）令其他一些最受欢迎的在线订购服务相形见绌，其中包括声田（Spotify，7100万个用户）、视频网站Hulu（1700万个用户）和"火种"（Tinder，300万个用户）。[14] 同时，此服务显然已被证明是亚马逊整个服务飞轮生态系统中如此核心和强大的顶梁柱。

金牌会员制模式的透明度以及减少摩擦的效果，正是亚马逊最引人注目的开创性数字购物成就的特点。在所谓的"最后一英里"配送方面，金牌会员制也帮助亚马逊击败了其他许多电子商务竞争对手。再加上近期已经失效的"一键下单"专利的简捷和优雅，这些发展也可以说为亚马逊的"单键按钮"服务及使用Alexa的语音购物奠定了基础，并将顾客进一步拉进亚马逊的飞轮生态系统。

便捷的自动补货

前文提到，亚马逊的"单键按钮"计划是在2015年发布的。除了为网上购物从"一键下单"变为"无须点击"奠定了基础，"单键按钮"还首次将亚马逊及其品牌合作伙伴的实体品牌店面扩展到了消费者家中。由于是在愚人节前一天推出的，这导致某些分析师以为这是一个恶作剧，嘲笑这一技术含量相对较低的理念，即依赖互联网的无线连接实现复购命令——具体就是通过按"单键按钮"来接通亚马逊移动应用。顾客还需在应用内确认复购，以避免任何意外差错。但这一切都是基于金牌会员制交易实现计划非常成功的订阅做法，并能进一步加强这个计划的实施。

到目前为止，亚马逊共有超过 300 种产品可适用"单键按钮"。2017 年，亚马逊表示，使用"单键按钮"下单平均每分钟超过 4 次，而前一年每分钟仅下单一次。尽管这仅占亚马逊总销售额的一小部分，但零售数据公司占比情报（Slice Intelligence）发现，这一数字意味着"单键按钮"的订单比第一年增长了 650%。[15] 随后，该公司在"单键按钮"取得成功的基础上，又推出了"单键魔棒"，这是一款使用电池驱动的设备，配有扬声器、麦克风和条形码扫描器，它将以更复杂的语音功能更新其静态的旧款。

除此之外，亚马逊如今已是逾半数美国消费者搜索产品的首选，由此可见，亚马逊一路发展到今天已经占据了网络零售的主导地位。事实上，在千禧一代中，亚马逊是他们在移动设备上无法割舍的头号应用。[16] 但亚马逊并没有仅仅满足于创新和开发基于无处不在的连接和无处不达的界面的商业策略，尽管这一策略已经彻底改变了我们的生活方式、工作方式和购物方式，如今亚马逊又将目标锁定在如何依靠自主计算的能力实现更加快速、更加直观的购物过程上。

第10章

新零售前沿：
人工智能与语音

预计到 2020 年，所有平台上 30% 的搜索查询将没有屏幕显示，用户将更加依赖语音助手找到它所认为的最好结果。

——希瑟·彭伯顿·列维（2016）[1]

我们已经探讨过，包括亚马逊在内的零售行业在迄今为止的财富积累过程中，科技发挥了至关重要的作用。我们看到，全球性技术驱动因素有力地助推了亚马逊的增长，而且若不是亚马逊首先是一家技术公司，它也不可能利用这些驱动因素。亚马逊有赖于这个基本事实，即"按自己的方式购物"的消费者已经接受了互联网、触摸屏和移动应用等技术创新。我们还讨论了亚马逊如何运用种种技术功能来充分发挥其显著的实力，从而在购物的功能性与娱乐性的分界点上进行创新。这些创新包括：云计算服务，金牌会员制，金牌现时和"金牌会员日"，亚马逊市场平台和商户服务，"一键下单"专利，亚马逊支付，以及"单键按钮"和"单键魔棒"。

亚马逊利用的技术驱动因素帮助其开发了电商购物之旅，引入了新的购物体验，包括一小时送货和自动补货。但我们有意将其最具革命性的创新留到最后，这就是语音技术。在概述了前两种全球性技术驱动因素（无处不在的互联网连接和无处不达的客户界面）对零售业的影响，以及亚马逊在零售业中的主导地位之后，就在这里，第三种技术驱动因素——自主计算将与语音技术携手登台。为了理解这个因素对于亚马逊财富的重要性，就有必要先了解两类技术系统之间的区别，一类是经过编程而对先前手动密集和容易出错的操作实施自动化和数字化，另一类则自带程序且能够在没有隐式方向的情况下（即自主地）解决问题。后一类系统也被描述为"学习的机器"，它催生了人工智能的另一条分支——"机器学习"的发展。

如果没有大规模的网络系统，例如互联网，再加上一些访问存储信息的手段（例如桌面客户端个人电脑、智能手机和平板电脑），自主计算的发展，即从简单的自动化过渡到消除人工干预的需要，是绝无可能的。类似云计算这样的技术，也是为了实现无处不在的连接和存储访问而发展起来的，它也是自主计算系统的一个重要组成部分。大数据的产生是客户界面日益普及的结果，这些界面鼓励用户将更多的生活内容数字化，从音乐、信息到记忆，而大数据则为这些系统提供了各种各样的、潜在的非结构化数据，以便从无数的"如果……那么……"型场景中获得洞见。

自主计算系统发展得越来越完善，其最重要的表现就是人工智能。由此，人工智能让免结账商店、机器人、无人驾驶汽车、无人机和语音助手成为现实，而我们才刚刚开始发掘其潜力。事实上，据技术市场研究机构"洞见合伙人"（Insight Partners）预测，到 2025 年，人工智能在零售领域的支出将超过 272 亿美元，相对于 2016 年预估 7.126 亿美元的支出，其年复合增长率（CAGR）已达到 49.9%。[2] 因此，亚马逊已拥有的与客户相关的大量数据，以及以创新的名义对简化的不懈追求，都助力该公司在迅速崛起的人工智能及其语音应用领域中占据主导地位，这一切并非偶然。

商品推荐的算法逻辑

既然已经将人工智能确定为成就当今技术创新（源于对更多自主计算系统的需求）的主要驱动因素之首，那么，在直接切入作为当前科技神话的语音技术之前，我们有必要对亚马逊如何在其所有业务领域——而非仅仅在其客户家中——充分利用人工智能系统的发展做一番探究，就像我们之前对无处不在的互联网连接和无处不达的客户界面这两个驱动因素所做的那样。对这两个驱动因素的考察，使我们对亚马逊如何实现消除一般购物过程中的摩擦这一目标，建立了一种良性循环，进而创造出更多销售、更多增长有了更加深入的理解。

事实上，正是人工智能支撑着谷歌搜索和推荐引擎。20 世纪 90 年代，亚马逊是最早极其依赖产品推荐的电子商务公司之一，这也有助于亚马逊在图书之外交叉销售新的品类。贝佐斯将这类技术开发描述为“机器学习的实际应用”。亚马逊的搜索和推荐的机器学习能力也巩固了其复杂供应链的运作熟练度，以及其最新的购物语音助手功能。在这些应用中，亚马逊都可以使用云计算部门的大规模计算能力来处理数十亿个数据点，以支持测试各种选项和结果，从而快速地确定哪些可以或不能有成本效益地满足客户要求。据麦肯锡估计，由产品推荐推动的亚马逊采购占比为 35%。[3] 2016 年，该公司将其人工智能框架 DSSTNE 免费，以帮助拓展深度学习的方式，由对话、语言理解和对象识别扩展到搜索和推荐等领域。做出将 DSSTNE 源代码公开的决定也表明，亚马逊已经意识到，有必要进行合作，利用人工智能的巨大潜力来获得收益。

在亚马逊网站上，根据客户以往搜索或浏览过的类别和范围，这些产品推荐可以非常个性化，能提高产品购买的转化率。同样，亚马逊的推荐引擎还可以显示与客户搜索或浏览过的产品类似的产品，以期将客户转向竞争品牌或产品。还有一些推荐是基于"与你所看过的内容相关的"任何物品。又或者，推荐产品取决于是否"经常一起购买"，或"购买此商品的顾客还购买了……"，目的就在于提高平均订单价值。在这些情况下，"若彼即此"式人工智能驱动的决策引擎在后台工作，将其他互补产品与客户购物车中的商品进行匹配。例如，浏览某个小装置可能会促发亚马逊推荐尺寸合适的保护套，或者与之兼容的外围配件。

这些复杂的营销行为都是由基于人工智能的机器学习算法驱动的，这些算法可以动态地将使用网站的用户与他们所看到的内容匹配。但这可能取决于无数的变量，比如客户的购买历史和偏好，以及库存量和需要快速替换哪些库存等，在此情形下，只有基于人工智能的系统足够先进，才能做到实时推荐。

中国的阿里集团使用人工智能驱动的产品推荐，为没有过往交易数据的购物者提供服务。阿里客户服务事业部数据技术总监魏虎表示，其引擎可以考量来自其他浏览的数据点以及购物的数据点，以便将相关商品与新购物者进行匹配。该集团的天猫和淘宝平台不仅会根据用户过去的交易记录，还会根据其浏览历史、产品反馈、书签、地理位置和其他与在线活动相关的数据，向再次光顾的客户推荐产品。在 2016 年"双 11"购物节期间，阿里表示，借助其人工智能推荐引擎，它共生成了 67 亿个基于商家的目标客户数据的个性化购物页面。阿里表示，这种大规模的个性化使得"双 11"购物节期间的转化率提高了 20%。[4]

除了产品推荐和个性化，亚马逊还仰赖人工智能系统来精心运作其庞大的经营业务以及面向客户的业务，具体的形式也是多种多样的。但是，当我们在探讨该公司所建立的最佳零售实践中的重要内容时，我们不可能只讨论亚马逊和人工智能，而不触及其供应链和亚马逊无人超市的推出。

机器优化供应链效率

再说一次，为了理解亚马逊的人工智能优势在其供应链中的真正意义，有必要首先掌握整个行业面临的挑战是什么。美国研究机构 IHL 集团在 2015 年进行的一项全球研究发现，为了应对不可预测的需求高峰，零售企业在其供应链中因过度库存所产生的成本约为 4 719 亿美元，而因库存不足造成的成本约为 6 300 亿美元。[5] 相比之下，亚马逊的人工智能算法使其能够预测所销售的数亿种产品的需求量——通常都是提前 18 个月就预测了。尽管如此，亚马逊负责机器学习的主管拉尔夫·赫布里希表示，服装是最难预测需求的商品之一。[6] 该公司必须根据附近买家的身材和偏好，来决定在哪个仓库储存哪些尺码和哪些颜色的服装。此外，买家的需求还会受到不断变化的流行趋势和天气的影响。

因此，很容易理解为何亚马逊始终能在这一领域里突飞猛进。然而，当初的预测分析却指出了早期进入人工智能领域的种种局限性。该公司在 2014 年申请的"预期送货"专利在业内引发了轩然大波，因为这表明，该公司有意使用人工智能，以便在客户尚未意识到自己将要购买某款产品之前，公司就将该产品备货于离该客户最近的地方，从而使供应链的效率更高。毕竟，亚马逊的损失可能比竞争对手更大，因为自 2005 年推出金牌会员计划以来，它一直通过金牌会员计划提供免费的两日送达服务，而不断增长的需求可能会威胁它的供应链和交付能力。亚马逊表示，根据这项"预期送货"专利，在综合考虑以前的订单和其他因素的基础上，亚马逊会挑选、包装和发运预期某个特定地区的客户会想要的产品。这些包裹可以先存在配送中心或卡车上，直到收到订单。即使在 2014 年，普拉文·科帕尔教授也看到了如此复杂的分析潜力。她说："如果实施得当，这一策略将有可能把预测分析提升到新的水平，使对数据游刃有余的公司能够极大地扩展其忠实客户的基础。"[7] 后来，在 2014 年年末，当亚马逊在电商交货的"最后一英里"比拼中不惜血本，在城市地区推出一小时金牌现时快递服务之时，人们很快就明白了其为何要在此领域内如此全力以赴。

几乎可以肯定的是，其金牌会员福利承诺的快速增多是亚马逊发展的催化剂。多年来，亚马逊就是因此借助其云计算服务无处不在的连接性，来发展日益自主和指令控制的配送货的实操能力的。通过这种方式，该公司还将自主功能赋予仓库机器人和送货无人机，以支持业务增长。如前所述，2012 年，亚马逊收购了 Kiva 公司，该公司一直在为亚马逊提供仓库机器人，从而实现订单执行过程的自动化。它现在已成为亚马逊机器人部门的中流砥

亚马逊效应

柱。2015 年,《麻省理工科技评论》指出,在参观新泽西州亚马逊配送和物流中心的过程中,约有 2 000 台橙色的 Kiva 机器人在帮助工人补齐货架上的库存。[8] 如今,据普遍估计,亚马逊的机器人总数已超过 10 万。这意味着,亚马逊的机器人队伍至少占该公司劳动力的 20%,并以不同程度的人工智能自主性执行任务。2016 年,亚马逊开始在英国测试送货无人机,并首次使用半自动无人机投递包裹。对此,亚马逊雄心勃勃,"总有一天,人们见到'金牌航递'(Prime Air)的无人机,就像见到路上的邮车一样稀松平常"。[9](我们将在第 14 章更详细地探讨金牌航递的影响。)

拿了就走

当然,我们在其他章节中也探讨了亚马逊的免结账便利店——亚马逊无人超市的意义,但我们还是有必要在此重提,因为它是亚马逊科技雄心的最好证明,而此勃勃雄心不仅植入我们的居家生活、移动设备,贯穿亚马逊自己的供应链和配送货操作,而且现在将目标锁定在征服实体零售空间上。如果零售商对电商无情侵蚀其实体店市场份额有陷入重围之感,那么亚马逊无人超市就是实打实地对其核心实体店业务及其相关员工构成生存威胁。

亚马逊的"拿了就走"(Just Walk Out)技术系统可以检测出顾客从货架上取走或放回了哪些商品,并全程跟踪虚拟购物车中的这些商品,于是当顾客在带着选好的商品离店时就会被自动扣费。除了与亚马逊为追求更多无摩擦零售体验而使用人工智能密切相关,这一系统还很好地展示了亚马逊如何利用带来变革的技术驱动因素来实现这种体验,并彻底消除结账流程。

亚马逊无人超市利用带来变革的技术驱动因素为"按自己的

方式"购物的顾客提供如下服务。

（1）无处不在的互联网连接：观察客户活动，并将其在购物过程中的每个环节上所涉及的花费归总，无论是在线上还是在线下。

　①若事先未在亚马逊上注册个人账户，或未填写支付的详细信息，顾客就无法进入亚马逊无人超市。

　②顾客必须使用自己移动设备上的亚马逊无人超市应用来表明身份，这样才能进入亚马逊无人超市，这有助于无人超市一路跟踪顾客在商店中的活动。

（2）无处不达的客户界面：消除了所有购物障碍，例如那些由于使用"即扫即买"的自助式服务系统而可能出现的技术问题，因为这些系统依赖于客户使用他们自己的手机或零售商以资本支出打造的专用手持设备。

　①当顾客进入亚马逊无人超市时，使用移动设备上的应用是确保体验顺畅的最无摩擦的方式。

　②任何基于实体商店的购物过程，都有一个充满摩擦的环节——结账，而去除其中的人机交互接口，就能为顾客提供前所未有的快速和简捷。

（3）自主计算：基于人工智能的计算机图像、传感器融合和深度学习技术为亚马逊无人超市的"拿了就走"技术提供了动力。

　①"拿了就走"技术的操作无须人工干预，从而消除了对结账人员或相关硬件的需求。

　②此技术还消除了作为传统实体零售商的主要损失来源

的损耗。顾客拿任何商品出门，都会被扣付相应的费用，就算他们想办法避开商店里遍布的计算机图像摄录系统也无济于事。

未经开发的语音潜力

走到这一步，亚马逊花了很长的时间。但现在，在亚马逊利用变革的技术驱动因素的情况下，我们可以清楚地看到亚马逊在声音技术上下的注有多大，尤其是考虑到行业的一致预测，即到2020年，美国语音设备的采用率将为40%，而国际上的采用率为30%。事实上，亚马逊数字设备高级副总裁大卫·利普在2017年就曾预测，"家居语音控制将无处不在。如今的孩子一天天长大，他们无法想象人们曾有不能和自己房子说话的时候"。[10]

早在2015年，亚马逊就推出了首款支持语音的硬件设备智能音箱Echo，并以人工智能的语音助手Alexa为其特色，此举实在令人感到惊奇。与做亚马逊云计算、一键下单、金牌会员制、自家移动应用、亚马逊支付、"单键按钮"、无人机送货、机器人和亚马逊无人超市一样，亚马逊现在试图定义一个普遍应用的计算机界面模式。该模式使用复杂的人工智能系统，并能完全发挥出亚马逊的优势，进一步丰满其现有的生态系统，并使之更深地嵌入日常的居家功能。据欧析战略咨询公司（OC&C Strategy Consultants）预测，通过谷歌"家居"（Home）和亚马逊智能音箱等设备达到的购买总值，将从2018年的20亿美元跃升至2022年的400亿美元。[11]亚马逊语音助手Alexa的目标，不仅是要提高亚马逊网站的销售本身，还要加深亚马逊已经服务得很好的那些"按自己的方式"购物的消费者对其生态系统的依赖，进一步吸牢他们。这就是有些人说"亚马逊赢在输了智能手机大战"的原因。[12]

他们的论点是，如果亚马逊手机 Fire 在 2014 年上市时获得成功，那么亚马逊一定已经在更新移动设备硬件和手机操作系统的复杂性上陷入困境了。亚马逊管理层或许早就意识到，他们永远无法在与苹果和谷歌的智能手机大战中获胜，因为这两家公司的核心业务都建立在移动软硬件开发，而非零售业基础之上。不管怎样，智能音箱 Echo 的首次推出，以及随之而来的经过修改和扩展的系列设备在 2017 年年底的公布，都充分展示出亚马逊及其如日中天的飞轮策略真正的与众不同之处。亚马逊的飞轮策略基于三大支柱，而这三大支柱又是基于三个全球性技术发展的驱动因素，并有助于促进越来越多的无摩擦零售体验的。

先发优势

虽然语音助手设备市场仍处于初级发展阶段，但亚马逊已经巩固了自己的先发优势，使其用户只用语音发指令就能够观看网络视频（通过亚马逊电视）、打开厨房定时器、听音乐、查天气，当然还有在亚马逊上购物。该公司还将其高端智能音箱设备的成本从 180 美元降至 2017 年年底的 100 美元，一切都是为了将其语音设备定位为不可或缺的产品，使其更牢固地扎根于客户家中。值得一提的是，"黑色星期五"和"金牌会员日"确实帮助亚马逊售出了更多的智能音箱设备。亚马逊还利用这些人为的促销活动，向借助语音助手 Alexa 下单的顾客提供独享折扣，以便让消费者对语音购物的理念感到舒心。

回想亚马逊手机 Fire 的失误，彭博新闻社的希拉·奥维德当时就正确地指出："亚马逊正在打造的未来不受智能手机的束缚，但它却拥有这玩意儿所有的软件智能，而且一切都以亚马逊为中心。亚马逊可以拥抱未来，因为它失去了最近的过去。"[13] 每销售一台语音助手 Alexa 植入设备，亚马逊都能将该顾客进一步引入亚马逊的飞轮生态系统，因为只要使用该设备就很难不与亚马逊发生互动。就像谷歌和苹果那样，将顾客网罗到各自的生态系统中，并通过消除摩擦最大化地锁定顾客，以确保其不同的专有产品之间的无缝交互操作性。奥维德补充说："通过亚马逊设备购买东西的默认选项就是亚马逊。"

亚马逊生态系统的运作是其语音开发的核心，因此，购物并不是 Alexa 在大多数家庭中的主要用途，或许在意料之中。事实上，正如电商监测咨询公司 Clavis Insight 所发现的，购物其实是 Alexa 所有用途中被用得最少的一项。该公司每天仅从亚马逊美国（Amazon US）就能收集 1 万多个搜索词，并跟踪使用 Alexa 搜索的客户的增长指标，以及人们要求 Alexa 完成的其他类型的任务。

Alexa 前三大指令

- 任务和音乐
- 家庭自动化
- 技能和购物

由 Clavis Insight 编制，2016—2018 年。

这些发现得到了亚马逊电商分析公司和 Clavis Insight 的合作

伙伴、电商分析公司"一键零售"在 2017 年年末开展的一项联合研究的支持。该研究发现，能够连接 Alexa 的家居自动化设备在亚马逊上的销量同比增长 71%。然而，就在那段时间，对希望通过 Alexa 来连接并控制家中照明、安全和供暖系统等设施的那些消费者而言，经亚马逊网站售出的最畅销设备却是其竞争对手谷歌的 Nest 供暖恒温控制器。随后，亚马逊于 2018 年 3 月从其网站上撤下了在售的 Nest 设备，这清楚地表明，亚马逊无惧扼杀竞争对手，且毫不留情。

语音是下一个前沿

经常挂在所有零售商和品牌所有者嘴边的最主要的问题就是，语音是否会增加或蚕食其他渠道的销售。"一键零售"发现，只有 32% 的 Alexa 主人曾使用其语音助手购买过一次产品，复购的人就更少了。事实上，该机构发现，使用 Alexa 购物的数量在第一次购买后就急剧下降，也就是说顾客并不用它来进行复购。但是，如果每笔交易，无论购买什么，都经过亚马逊网站实现，那么亚马逊就不会像个人品牌所有者和零售商那样担心了。

事实上，阿尔派人工智能网（Alpine.AI）携手市场研究公司 InfoScout 进行的一项研究显示，虽然普通亚马逊用户一年中大约进行 19 次购买，但智能音箱用户购买商品的次数却接近 27 次，这表明该设备会刺激消费者做出额外的冲动购买。对于使用 Alexa 进行复购的顾客而言，最有可能让他们乐于使用语音采购的品类就是那些品牌云集的品类，包括必须频繁换新的宠物口粮和零食，烘焙及烹饪用品，剃须和美容用品，以及口腔卫生用品等。最常购买的产品是健康和美容类产品，在 12 个月的周期内，此类产品的购买频率增加了53%。[14]

另一个让零售商和品牌对语音手段感到忧心忡忡的问题是，当花费了数十亿美元的营销和广告无法将效应投射到语音平台上时，语音将会给其产品的被捕捉率带来多大影响。用 Alexa 搜索查询只会得到两个结果，而使用手机或桌面亚马逊进行搜索则可以得到多达若干页面的结果（连同广告、产品推荐和其他各种营销工具，还包含购物体验）。基于迄今为止的研究共识，判定上述两个结果中哪个才是通过语音回馈的，取决于许多因素（资料来源："一键零售"）。

（1）购买历史。Alexa 将主动为购买过的完全相同的物品重新排序。

（2）如果没有先前购买的历史可供 Alexa 回溯，那么 Alexa 将主动提供一个"亚马逊精选"建议，即分配给特定物品的动态标签。这基于在介绍亚马逊推出第一台智能音箱 Echo 时提到的诸多因素，其中包括该产品只能通过金牌会员计划获得，因此将由"亚马逊物流"服务（来自亚马逊本身或亚马逊卖家）进行配送，且该产品必须有库存并可及时补货，还必须达到 4.0 分或更高的评分等级。

（3）若没有过往购买记录或"亚马逊精选"建议，Alexa 将回到亚马逊搜索通过移动设备或台式电脑得到的那两个排在最前面的有机搜索结果。

这意味着，要用 Alexa 来顺利购物，搜索的基本要素——关键词、标题和产品功能要点与描述仍然适用。换句话说，正是用来描述一款产品的相同内容和属性，从传统搜索结果和语音搜索结果中导出了更高的点击率和购买转化率，进而决定该产品在搜索排名中占据多高的位置。

各家公司都纷纷开发所谓的 Alexa 技能，以便 Alexa 和自家的产品整合，这与消费者最初接受智能手机之际，大家一拥而上开发适合苹果手机的移动应用和创办安卓应用商店没有什么不同。其实，在线零售商奥凯多和豆荚是最早将 Alexa 整合进其全球业务的企业，但它们却都忽视了这样一个事实，即亚马逊生鲜正越发威胁它们的生意。语音是食品杂货电商必然会走的下一步。例如，2017 年，豆荚为 Alexa 开发了一款名为"问豆荚"的技能，允许消费者使用语音预订货品，再将其添加到消费者每周的杂货购物车中。[15] 如前所述，豆荚绝不是第一家探索 Alexa 语音预订功能的公司。举个例子，那些啤酒迷通过 Alexa 订购美乐淡啤（Miller Lite），只需要说"Alexa，开启美乐时光吧"。但豆荚认为自己对开发 Alexa 技能的投资是值得的，因为这能让消费者将商品立即添加到他们的购物清单中，这使这家网上食品杂货商或其母公司皇家阿霍德德尔海兹集团（Ahold Delhaize）处于最有利的位置来完成订单。否则，购物者很有可能稍后就决定在别家商店购买了，或者彻底忘了将该商品加入购物车。

与此相似，谷歌在 2018 年推出了一个针锋相对的项目，名为"购物行动"（Shopping Actions），它提供了一款可在移动设备、个人电脑或语音设备上购物的通用购物车。包括沃尔玛、塔吉特、"超美"（Ulta Beauty）、好市多和家得宝在内的主要零售商已签约，该计划将在"谷歌搜索"、"谷歌快递"购物服务、智能手机应用"谷歌助手"，以及"谷歌家居"等智能音箱上列出自家产品。[16]

豆荚表示，由于千禧一代和其他消费者越来越习惯于通过网络购买杂货，因此该公司的"问豆荚"功能是一种很好的方式，这可以吸引顾客把这项技术作为他们订购许多杂货的首选方式。亚马逊在食杂业领域大展拳脚，最突出的就是收购了全食超市以及诸如英速卡（本书撰写时，该公司仍是全食超市的杂货递送伙伴，尽管对手亚马逊已将全食超市收购）这样的竞争对手，而豆荚之类的迅速扩张的运营商则可能在巨大的竞争压力之下，无论客户使用语音订购的频率高低，它们都难以承受不参与消费者使用不同的方式为他们的冰箱和橱柜补货所带来的结果。奥凯多是英国第一家接受这一理念的杂货商，它展示出语音推动"合作竞争"的力量，以及尽快利用语音为纯在线杂货商服务的重要性。作为最新的以技术为基础的竞争工具，Alexa 进一步丰润了亚马逊的飞轮生态系统，迫使豆荚等同行对手立足于此技术来满足与竞争方保持势均力敌的需求，而这个竞争对手正在推动零售业领域前所未有的以技术为动力的大变局。

豆荚首席营销官凯莉·比恩科夫斯基在该公司"问豆荚"功能推出前夕接受采访时说："在这个行业里，如果没有一点儿偏执和警惕，你是无法生存的。十年前，你只要把杂货送到地方就行，就这么简单。但现在我们心里非常明白的一件事就是，我们必须不断地自我进化，而不仅仅是做杂货搬运工。"

虽然豆荚可以凭借拥抱竞合策略并开发适用于 Alexa 的技能而得到赞赏，但其一番努力的结果很可能是，消费者并没有成为真正的赢家，反倒便宜了亚马逊。正如 Clavis Insight 首席营销官丹尼·西尔弗曼（Danny Silverman）所指出的，"现实情况是，在目前可用的约 3 万个功能中，真正被使用的只有很小一部分，而被使用一次以上的就更少了"。[17] 这就解释了亚马逊为什么在努力促进线上购物之外，还要投资打造 Alexa 硬件、添加呼叫设施，甚至还添加了屏幕（这似乎与越来越多的普适计算界面"隐藏"于幕后的理念背道而驰）。2018 年，亚马逊的"居家技能"应用程序界面又有了新拓展，它可控制更多的智能设备，从烤箱到电视，从而丰富了当前拥有 800 多个功能并且在家就能控制 1 000 多种设备的 Alexa。

因此，"一键零售"公司的管理合伙人斯宾塞·米勒伯格认为，决定为 Alexa 语音搜索投入多大投资，就是一件关乎重要性排序的事。"如果你是一家音乐公司的首席执行官，那么这绝对是你首要的（战略发展）重点之一。如果你是某消费品牌的首席执行官，那这个重要性（优先需求）最终就要打点儿折扣了，毕竟购物不是 Alexa 被使用得最多的用途。然而，如果你身处家庭自动化产业，那这也许就是你不得不进入的中间地带。那些基本要素才是我们必须关注的主要事情。"[18]

西尔弗曼补充道："归根结底，基本要素，即驱动语音搜索的那些东西与驱动桌面和移动搜索的东西完全一样。如果你有足够的数据和洞察力来理解哪些东西有用，哪些没用（一如亚马逊网站上的搜索排名），并且对桌面和移动设备的搜索排名进行了优化，那么你同时也能在语音搜索中获胜。"

因此，若抛开亚马逊，我们就很难描绘出无摩擦零售与使之成为可能的技术发展驱动因素之间的演变过程，也无法想象这种演变本应日益增长的影响力正在减弱。

零售技术智慧

这段通往真正无摩擦零售体验的创新之旅，会让零售业的其余方面发生什么变化呢？事实上，由于零售市场受到新一轮盈利预警和行业管理的影响，许多零售商将寻求数字技术差异化，以度过具有挑战性的时期，并为自己的业务提供未来保障。时尚精品通信公司 Blue Yonder 的首席执行官乌韦·韦斯认为，当零售商都在为保住市场份额和客户忠诚度而奋力打拼之时，技术的消费化和"按自己的方式"购物者所引发的零售市场的持续颠覆和演变，将增强"亚马逊效应"的影响力。例如，就其对品牌的影响而言，看语音是否会对品牌忠诚度和营销策略产生切实的影响，尤其是语音系统如果保持无广告状态的话，会有什么影响，业界正拭目以待。复杂内容和以属性为导向的管理对顶级搜索排名的需求，可能会造成某些公司进行激进的重组。[19]

韦斯指出，由于亚马逊已经在使用人工智能来提供个性化的购物建议，并优化其供应链，传统零售商若想要保住市场份额，就必须更加积极地采用新技术。他表示，"随着更多传统零售商面临倒闭，我们有必要比以往任何时候都更加关注创新"。他强调，人工智能领域正以惊人的速度迅猛发展。亚马逊的产品推荐系统运行在完全基于机器学习的架构之上，因此，它给出的关于买什么或下一步观看或阅读什么的建议都"智能得难以置信"，而谷歌的"深思"（DeepMind）部门也正在赋予其人工智能算法以"想象力"，从而使其能够预测某些状况的演进，并做出相应决定。韦斯补充道："这将带来更多的商品转化和追加销售，也让亚马逊对如何为客户核定自家产品的价格及应该保有多大的库存量更加胸有成竹。"

确实如此，尽管韦斯也告诫说，不要为了技术而使用技术，尤其是在亚马逊首先作为一家技术公司的优势不可逾越的领域里。虽然人工智能提高零售业生产率、效率和个性化水平的潜力很明显，也大有可为，但他还是劝零售商要现实地看待人们对人工智能和机器学习的预期。"零售业的人工智能尚无法预测未来，至少现在还不能！"他强调说，"人工智能通过分析海量的错综复杂的行为和环境数据来确定模式和趋势。这些趋势使零售商能够做出明智的决定，从而带来更加精准的库存水平，以及更适合产品生命周期的定价。"

韦斯正逢其时地指出，传统零售商，尤其是食品杂货行业的零售商，若想要生存下来并与亚马逊等网络巨头展开竞争，就需要从根本上调整自己对待技术和数据的方式。他总结道："零售商要重视数据，将数据视为自己最重要的资产之一。数据是能够使它们与客户建立更好关系，优化供应链和定价，进而与网络对手展开竞争的关键。"例如，研究表明，超过一半的亚马逊智能音箱都位于厨房，这意味着，对于那些拥有相关业务和品牌的运营商来说，一开始就有更多的机会：它们可以围绕食谱准备和专门为家用品和食品杂货搭建"采购篮"等方式提供更广泛的特定品类。语音技术扩展了"当下"的购物趋势，甚至从零售额的角度看，语音技术还可能成为购物者的看门人，尤其是对于杂货零售商和快消品品牌而言。

那些仍不愿与亚马逊为伍的零售商，已经就其语音助手问题与谷歌结成了"反亚马逊联盟"，而这家互联网巨头自然也是乐在其中，这或许并不令人感到意外。不出所料，沃尔玛、特易购和家乐福都已签署协议，共同为其客户开发可通过"谷歌助手"在线订购商品，再使用"谷歌快递"服务的功能。例如，家乐福就在 2018 年宣布，正与谷歌合作开发一款名为 Lea 的在线语音助手，这是这家法国零售商历时 5 年耗资 35 亿美元的数字转型计划的一部分。这家法国零售巨头当时表示："设计 Lea 的初衷是让我们客户的日常生活更便利，他们可以用它来管理他们的购物清单……完全就用他们自己的语音。"

竞争格局

谷歌是目前唯一可替代亚马逊 Alexa 的语音购物平台。即便如此，谷歌仍远远落后于亚马逊。在智能音箱领域，Echo 占据了 2017 年逾 70% 的销售份额。"谷歌助手"本身却声称具有更高的使用渗透力。谷歌曾表示，"谷歌助手"可以接通 4 亿多台设备，包括韩国 LG 集团的家用电器、博士耳机和来自 15 家不同的公司的系列音响设备，以及所有运行谷歌安卓操作系统的设备。但与亚马逊的"网上卖场"、亚马逊物流、金牌现时服务相比，谷歌的"谷歌快递"支撑性购物平台，无论是在规模、覆盖范围，还是交付速度上都相对处于弱势。

其他玩家也加入了这场角逐。2018 年，星巴克与韩国新世界集团（Shinsegae Group）展开一项新的合作，将语音识别购物技术与三星的语音助手 Bixby 整合，而 Bixby 在特定的三星"银河"系列设备上都有配备。这些功能是星巴克移动"预订先付"技术的延伸。苹果的智能音箱 Home Pod 设备于 2018 年年初推出，配有语音助手 Siri，但反响平平。尽管它提供可被语音激活的智能家居、视听控制和设备集成，以及访问新闻、天气、日历和地图的功能，但你不妨问它"附近最好的素食是什么？"试试——苹果还没有建立消费者用此设备购物所必需的合作伙伴关系和生态系统。

　　然而，消费者愿不愿意委托 Alexa 或其他类似系统代行购物的任务，则完全是另一回事，因为它们操作的性质意味着，有些被设计成始终待机倾听，而另一些则先要与设备做独立的物理交互联系，然后才能够听语音提示——想一想苹果以及在 iOS 操作系统设备上长按主页按钮来激活 Siri。相反，许多报告都反映，Alexa 有可能误听谈话中甚至电视上的某些词语，就认为那是要它立即行动的指令。由于有这样的意外激活，所以有报道称，Alexa 发出过随机的令人毛骨悚然的笑声，它甚至认为它一直收到提示去录下一个男人和他妻子之间的交谈，再把录音寄给他的某位雇主。[20]

　　另有一种未知的情况是，语音的使用如何在商店中发挥作用，对此我们将在下一章做更加深入的探讨。与此同时，亚马逊与宝马公司也达成协议，自 2018 年年中开始将 Alexa 配置在宝马汽车中，而且之前它已经与丰田有一项类似的合作了。甚至连卫星导航设备制造商都积极行动起来了，例如佳明（Garmin）公司，其生产的行车记录仪"言语增强版"是一个 1.5 英寸[①]的仪表盘摄像头，它也是和 Alexa 集成的。用户可以使用语音命令来获取方向、播放音乐、打电话、操控联网汽车上的智能设备，以及订购产品和服务，比如叫外卖或收快递。但在这方面，亚马逊必须和汽车制造商自己的语音提示系统竞争，同时也必须与苹果那魅力无敌的 CarPlay 系统竞争——该系统将苹果的 iOS 设备与汽车连接，实现导航、音乐和基于语音提示的整合。

　　亚马逊为追求更畅通无阻的零售体验而在人工智能和语音的

_____

① 　1 英寸为 2.54 厘米。——编者注

发展中发挥了关键性作用，如果说我们通过研究这一点而有什么收获的话，那就是人工智能有能力在实体店和线上两个方面都提高投资回报率，途径就是简化购物过程，提高库存的精准性，优化供应链，从而支持经济增长。这就是带来变革的技术驱动因素发展的高潮，它与使用数字购物工具所产生的数据密切相关，而使这些工具成为可能的便是技术创新和发展。人工智能之所以能够以这种方式变得如此重要，是因为像亚马逊这样的公司正在用它为当今"按自己的方式"购物的人提供更方便、更即时、更透明和更体贴的服务，而这些购物者原本就希望能将必需的购物变得随性，还能享受其中的乐趣。显而易见，零售商应该把技术，尤其是人工智能、数字工具和数据，视为在迎合当今数字化时代消费者期望的竞争中，能够帮助其与线上行业颠覆者齐头并进的关键。与此同时，我们现在应该很容易理解，为什么说到目前为止是亚马逊为它们指明了方向。

表 10–1　亚马逊推出的技术硬件汇总，2011—2018 年

亚马逊设备	推出时间	首发价格	功　能
平板电脑 Kindle Fire	2011 年 11 月	199 美元	平板电脑
电视 Fire TV	2014 年 4 月	70 美元	智能电视流媒体设备（机顶盒）
手机 Fire Phone	2014 年 7 月	199 美元	智能手机
单键按钮	2015 年 3 月	4.99 英镑（首次购买可返现）	一键式、自动续货设备
智能音箱 Echo	2015 年 6 月	100 美元	智能音箱和语音助手

亚马逊设备	推出时间	首发价格	功　能
"回声豆" Echo Dot	2016 年 3 月	50 美元	迷你版的智能音箱和语音助手
"亚马逊塔" Amazon Tap	2016 年 6 月	80 美元	电池驱动的智能音箱和语音助手
Echo Look	2017 年 4 月	120 美元	智能音箱、语音助手和免手持照相机
"回声秀" Echo Show	2017 年 6 月	230 美元	智能音箱和屏幕，语音助手和视频会议系统
"单键魔棒"	2017 年 6 月	20 美元	电池驱动的可使用语音助手的杂货扫描仪
云相机 Cloud Cam	2017 年 9 月	120 美元	家庭安全摄像头
"眨眼" Blink	2017 年 9 月	100 美元	智能家居安全摄像头和门铃
"回声 +" Echo Plus	2017 年 9 月	150 美元	智能音箱、语音助手和设备连接中心
"回声钟" Echo Spot	2017 年 12 月	130 美元	智能音箱、语音助手和数字闹钟
"回声连接" Echo Connect	2017 年 12 月	35 美元	智能音箱系列设备的电话转接头
"回声按钮" Echo Buttons	2017 年 12 月	20 美元	智能音箱系列设备的游戏分控制器
亚马逊 "火立方" Fire Cube	2018 年 6 月	119 美元	支持语音助手的 4K 分辨率电视流媒体机顶盒

第11章

未来商店：
数字自动化如何丰富购买体验

我们已经看到，随着电商服务和诸多功能的开发，亚马逊的技术创新和先行者优势已经使其站到了网络最前沿。它在居家领域里也同样是一马当先，推出了各种硬件设备和 Alexa 语音助手。在这方面，亚马逊采用基于人工智能的功能化数字购物工具消除网上购物中的摩擦，并通过量身定制的产品推荐创造个性化的体验。这些功能使得亚马逊能够助你轻松实现在线购物，并于次日免费为你送货上门，或通过金牌现时服务在两小时之内将货送到你手中。正是亚马逊的这份潇洒自如，为人们关于亚马逊是实体店倒闭的背后元凶的持续争论火上浇油。而我们的观点是，实体零售远未走上穷途末路，绝大部分的销售仍然是在实体店完成的。

然而，我们一向主张，从亚马逊诞生的第一天开始，这20年间，连锁零售商有太多应该向亚马逊学习的地方，尤其是亚马逊如何将其数字自动化和创新技能带入实体零售的。反过来，亚马逊也同样要向实体零售学习，彻底拿下传统连锁零售主导了40多年的实体零售这块阵地。我们认为，亚马逊仍需学习的零售经验，正是其试图在网上攻克的实体店优势，即可以直接触摸、感觉，甚至试用的可能性；能够买好东西就拿出门的即时满足感；由能干的客户服务专家和知识专家提供的人际交流机会。这些实实在在的优势，恰好说明为什么在那么多的情况下，即使预先在线订购，仍然得通过实体店完成交付，同时也说明了为什么亚马逊不得不采取线下行动，即经营其实体书店，收购全食超市，并开设亚马逊无人超市和亚马逊四星精品店。只要亚马逊想在未来维持目前的发展水平，就必须如此。线上线下融合服务所带来的影响，将是我们在第13章对亚马逊交易完成策略的研究中着重阐述的内容。但是，为了让人们更好地看到未来商店将如何发展，其运营商当然可以从亚马逊及其电子商务同行那里学一两招，把实体店购物体验变得更加吸引人，而不是人挤人、排长队和货架空空如也。

具有讽刺意味的是，亚马逊向实体零售业的进军，还揭示了其迫切需要而实体零售商又十分珍视的那些技能：在有限的空间里，以策划季节活动和促销活动的艺术来营销和推广单个或众多品牌，这与亚马逊网上购物体验中的"无限货架"的搜索结果截然不同；采购、规划和预测都要最大限度地实现产品随买随有和员工随叫随到，同时又尽量减少库存风险和客户流通时间；为顾客提供通过店内的全面体验而获得惊喜和愉悦的能力。这些固有的实体店优势如果运作得当，则正是零售商需要充分打通和进一步发展而与亚马逊竞争的法宝，而且这些优势都可以通过数字自动化加以整合、提高或增强。

当我们将关注点转移到实体商店，就会发现，亚马逊正在率先通过数字自动化和创新来对付那些常见的零售摩擦点，例如挑选商品和结账，而其竞争对手也在利用自身的实体店条件，通过技术部署来丰富客户体验，以制衡"亚马逊效应"。在这种背景下，我们将仔细探讨亚马逊究竟是如何影响了典型购物之旅的搜索、浏览和探索等各个环节的，与此同时，其他零售商又是如何在实体店里利用类似的混合数字工具，学习和利用亚马逊电子商务经验及其风头正劲的影响的。

网看，店购

我们需要退一步来理解，为什么纯粹以交易为中心的传统商店会受到威胁。在电子商务发展的第一波浪潮中，许多消费者发现了互联网并通过个人电脑进行网上购物，于是电子商务的销量快速增长，并侵蚀了传统商店及其客流量。2017 年美国的一项调查发现[2]，消费者分为三类：喜欢在网上购物的人（32.5%），喜欢在实体店购物的人（29.7%），两者兼而有之的人（37.8%）。超过一半（52%）的人表示，他们在网上购物的主要原因是图方便和可以比较价格，当然挑选商品的余地也大得多，可以享受免费送货和退货服务，还能获得更详细的产品信息和客户评价。但他们不喜欢的地方是，在网上，你和商品之间无法直接互动，你也就无法了解商品的实际大小和适合度，抑或是质量和新鲜度。另外，他们还得等待送货，这就可能出现货物丢失或送不到的情况。

然而现在，在世界各地，消费者要想了解电子商务首先就要通过移动设备，有了移动设备，你就可以随时随地在网上购物，完全没有任何物理障碍。当你将社交媒体、移动支付和应用加入其中时，为了保持竞争力，零售商便不得不开发线上业务，或如有些人所说，转型到数字化业态。它们肯定会通过推出自己的电子商务渠道利用好互联网。一些公司甚至已经开始加入线上线下一体服务的行列，比如"网购店取"服务。但这就是移动应用和其他移动方式所支持的数字自动化领域也能在未来商店中发挥核心作用的原因，因为它们能够将顾客手中的在线购物之旅的速度、便利性、透明度和相关性直接带入商店。

在移动领域，亚马逊再次领先了。美国一家媒体分析公司于2017年进行的一项调查显示，近一半的千禧一代都会将亚马逊应用程序放在其电子设备的主屏幕上。[3]2017年，调研进一步在美国、英国、法国和德国的消费者中展开，结果发现：

- 72% 的人在购买商品前使用亚马逊应用搜索产品信息。
- 26% 的人在有意去实体店买东西之前，会查看亚马逊上的商品价格和相关信息。[4]

凡在亚马逊参与经营的市场，它都具有压倒性优势，因此，无论购物者在哪里进行搜索，亚马逊都可以在这一阶段对其购物行为产生重大影响，甚至有可能从实体竞争对手那里把这笔买卖悄然劫走。然而，考虑到 2/3 的购物者都喜欢只在实体店购物或者既在实体店也在网上购物，因此，"网看店购"也被一些人戏称为"线上看货"（webrooming）。这种方式的流行对实体零售商更加有利。在 2018 年到实体店内购物的消费者中，有近一半（45%）的人表示，他们事先在网上研究过该产品。美国用户点评及社交商务平台供应商 Bazaarvoice 开展的同一项调查显示，受"网看店购"方式影响最大的品类分别是家电（59%），健康、美容和健身（58%），玩具和游戏（53%）。紧随其后的是电子产品（41%）和婴儿用品（36%）。[5] 因此，或许可以这么说，零售商在顾客搜货阶段输给了亚马逊的线上买卖，这也许与它因为"网看店购"趋势而在实体店内赢回的买卖一样多。

"线上看货" 名词，非正式
定义：消费者在网上研究商品时，可以各方面查找和比较，再前往实体店购买，这种"网看店购"的实践方式使该名词为大众所熟悉。通常情况下，在最后出手购买之前，如果消费者想看到一件商品在现实生活中的准确模样，就会采用这种方法。

　　由于"网看店购"方式的出现，零售商必须在购物过程的搜货阶段就胜出，在价格、产品范围、信息和位置上击败亚马逊。可惜，就这一点而言，若考虑到这家网上零售巨头所占的主导地位，那就是说起来容易做起来难了。亚马逊为顺应"网看店购"趋势，在 2010 年推出了名为"查价器"（Price Checker）的价格条形码扫描应用程序，从而确立了早期优势。为了鼓励消费者使用该应用，亚马逊甚至推出了一项优惠，即于 2011 年年底前，凡用该应用下单买满三件物品，其中一件即可享受 5% 的折扣（最高不超过 5 美元），同日最多优惠 15 美元。亚马逊还要求客户向其反馈广告上的实体店内价格和位置信息，以确保提供最具竞争力的交易。

亚马逊很早就认识到，客户评级和点评对提高产品的可用信息影响极大，它在这方面的先行优势也是该公司进军线下的最好助推。根据 Bazaarvoice 的研究，45% 的实体店购物者在购买产品前会上网查阅客户点评，这一比例到 2018 年同比增长了 15%。作为强势使用客户产品点评和卖家市场评价来决定某产品搜索排名的先行者，亚马逊相对于那些电商特质发展不够好的同等零售商具有明显的优势。但零售商仍然可以利用线上的点评为自己谋利。一家电商系统提供商表示，每款产品获得 50 条或更多点评，线上转化率就会提高 4.6%，而客户阅读一条点评后发生购物倾向转变的可能性则会提高 58%。[6] 因此，我们不难理解，亚马逊为什么会于 2015 年在其创立的城市西雅图首次推出亚马逊实体书店，并将客户的评分和点评放在其首次进军实体零售的核心和关键位置。正如我们在第 5 章中所提到的，每种书都带有一个标签，或者按书商的说法，那是一本"健谈的书"，上面有亚马逊网站的顾客点评和该书所获的星级，此外还有条形码。书架边缘不设价码牌，这就迫使顾客使用亚马逊的应用程序扫码，以获取书价及其他信息，或者由配备了手持设备的店员帮你扫描。

然而，在亚马逊被指扼杀传统书店之后，一些业内人士很快指出，虽然亚马逊闯入了他们的领地，但这也暴露了亚马逊缺乏实体零售的经验。有人批评说，亚马逊书店的书架间隔太近，图书摆放也不合理，而且完全无心于按书名的字母顺序排列；处于竞争位置的书商也质疑，亚马逊本来的书店面积够大，却用最浪费空间的方式陈列了区区五六千种图书，而且竟然是书的封面而非书脊朝外。[7] 此外，第一家书店并不能接受亚马逊线上订单，直到 2016 年年底第三家书店开业之前，亚马逊图书都没有为金牌会员提供优惠价格。一些人将首家亚马逊书店描述为一家"没有围墙的商店",因为顾客在店里就可以上网浏览无限的线上货架,并在线下单及预约送货上门。也有人说这是"花钱搞营销"[8],与苹果将其专卖店的角色定位于展示硬件如出一辙。亚马逊书店还销售 Kindle 和智能音箱 Echo 系列产品及亚马逊的其他设备,但与苹果空旷宽敞、四周围着玻璃墙的"城市广场"专卖店相比,那些发表评论的人也特意强调,亚马逊图书的第一家门店的外观和给人的感觉要更实用。

2017 年年底前,亚马逊图书首次公布了实体店销售数据,其规模相对较小的实体店面几乎没有产生任何收益,这进一步支持了关于亚马逊书店的看法,即对于亚马逊而言,实体书店作为其营销橱窗更有价值,而非仅仅作为一家书店。[9]在更广泛的营销语境下,很容易看出亚马逊图书的目标并不全是赚钱,而是要测试如何才能把最好的在线体验转移到线下,从而开始在亚马逊飞轮上打造实体零售的辐条。在这里,我们看到,移动的作用是多么关键,它不仅能为店内里的顾客打开更加广泛的亚马逊产品系列,还能让亚马逊应用的注册用户和金牌会员将他们的线上偏好和购买历史与其逛实体店相匹配,同时也使亚马逊看到顾客在店购物的整个过程,进而精准地评估其属性,从线上一直到实体店。

这种对实体店顾客的观察得益于移动方式,我们把它理解为亚马逊以客户为中心主张的主要推动途径。实际上,这才是亚马逊图书真正与众不同之处,而不是图书或亚马逊的那些小玩意儿。亚马逊可以用购买历史和对亚马逊提供的优惠及产品推荐的偏好,来匹配任何被识别的到店购物的客户。正因如此,亚马逊根据客户在店购物的习惯,以及能为每个到店的顾客提供怎样的定价、产品信息和促销活动，便可以不断完善其实体店的优惠福利。亚马逊的目标一直是要创造一种实体零售环境，在这种环境中，顾客很容易就能辨识他们自己，而亚马逊也因此可以反复使用他们共享的数据来个性化和定制他们的体验，从而在顾客所处的购物过程的任何阶段都能进行补充。通过将价格和其他相关信息推送到客户个人设备上的应用，不管客户是在亚马逊还是在竞争对手的商店里，亚马逊都可以实时个性化地针对每位顾客的每一项优惠、推荐和价格，提高购物转化率，并优化每一笔交易。

地理位置与购买决策

尽管评分和点评一直是纯电子商务在用户购物做选择的阶段提供信息的特别手段，但我们也看到，亚马逊已经通过移动手段将之移植到亚马逊书店的实体环境中，从而使个性化的客户体验得到增强。不过，亚马逊也利用客户线上购物活动产生的数据，为实体店的方方面面提供必要信息，从品类布局、销售规划到定价和促销，再把线下结果返回线上执行，反之亦然，由此形成持续完善的良性循环。

请记住，在数字化的影响下，营销人员现在把购物过程的研究阶段视为"零关键时刻"（简称 ZMOT，这是谷歌在 2011 年创造的一个术语）。[10] 由于购物者事实上可以匿名上网查找商品，就像他们在实体书店那样，所以看到亚马逊输出这样的特色功能也就不足为奇了。这些功能可以促进线下销售的转化，进而对"零关键时刻"产生积极的影响。说到利用实体商店在"零关键时刻"上的实体优势，例如潜在地帮助"网看店购"式销售，基于地理位置或"就近"搜索就是实体零售商手中的强大工具，它们可充分利用实体店能够提供即时满足感（如果欲购商品有库存的话）的实际优势。这是因为，在亚马逊尚未问世之时，地理位置就一直是购物相关性和合理性的有力代表，故而世界上最大的零售商们才会拥有如此广泛的、在某些情况下甚至是密集排布的商店网络。

正如谷歌自身所展现出的，"就近"搜索已不再仅仅关乎地理位置，它关乎的还有如何及时地将人们与事物相连，当然也关乎尽快找到具体的位置。2017 年，这家搜索巨头指出了一个事实：在两年的时间里，包含了"我能买到吗？"或"要买"等变体条件的"就近"搜索增长了 500%。[11] 这是因为购物者经常会借助搜索功能来找到满足一时之需的答案。但就即时性而言，实体商店应该几乎都能胜过网上商店，尤其是如果这家零售商能通过网上下单来确保不断货从而有机会拯救一单因库存暂缺而有可能告吹的买卖的话。这也是为什么顾客期望在实体店看到与网店一致的品类划分，以及获得相同的体验。数字化体验使之成为现实，那为什么实体零售商就不行呢？

这就是实体店的数字化形态绝不能忽视基本的搜索引擎优化（SEO）要求的原因，它必须确保自身及库存现状可以被在线搜索。其他谷歌功能，比如显示在搜索结果右侧的专利知识面板，其设计初衷就是要帮助发现品牌或定位企业。和亚马逊一样，谷歌的付费搜索、购物和快递平台可以让实体或线上业务瞬间被发现，而这一领域正是亚马逊两小时送货范围尚未企及之处。在第 13 章中，我们将探讨谷歌如何在零售的交付过程中进一步利用其在 WACD 方面的优势。

2018 年，谷歌就让购物者见识了其本地商店库存搜索功能的强悍，它发布了一款名为"搜店内"（SWIS）的工具，也由此给亚马逊以及其他线上起家或只做线上的零售商带来了压力。购物者可使用谷歌主搜索栏或谷歌地图搜索某款特定产品，以查明它在哪些本地商店里还有货，或搜索某商店的全部库存。如果选中最近的商店位置，谷歌知识面板就会生成第二个搜索栏，供购物者搜索该商店的库存，目前谷歌是免费提供这个功能的。购物者还可以在谷歌搜索栏中输入特定产品的名称，搜索结果将显示哪些本地商店的库存里有该产品。然而，商店必须付费才能让自己的商品显示在这些"本地库存广告"的搜索结果中。

> 因为人们不知道该去哪里找东西，所以电子商务占了很大的便宜。这是本地商店相对于亚马逊的一个主要劣势。如果你知道走过一个街区就可以买到想要的东西，或者你在就近的商店也能买到，还不用等送货，那你可能就不会选择在网上订购了。
> ——总部位于都柏林的科技公司 Pointy
> （该公司与谷歌合作打造 SWIS 系统）首席执行官马克·康明斯[12]

亚马逊可能尚未建成遍布四方的商店网络，还无法与其全球食杂和日用百货竞争对手的实体店网络相匹敌，不过，尽管谷歌想用"本地库存广告"和"搜店内"这样的功能来努力提升自己在这个领域的竞争水平，但亚马逊在产品搜索方面仍然占据主导地位。如前所述，近一半（49%）的消费者上网搜索产品时会首先求助于亚马逊，而使用其他搜索引擎的人占 36%，求助于零售商的占 15%，排名第三。若问为什么，价格其实并不是突出的原因（如图 11–1 所示），这一现象只是再次表明，与亚马逊在"网看店购"式战争中拼杀的方式还有很多。[13]

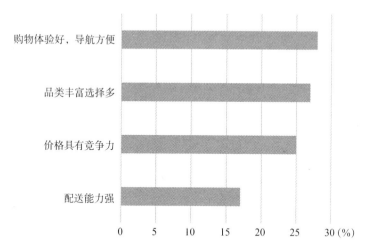

图 11-1　美国消费者开始在亚马逊上搜索产品的首要原因 [14]

　　当论及如何赢得"零关键时刻"时，我们不能只考虑购物过程的研究阶段，而不顾及可视化搜索的出现。例如，技术提供商 Slyce 为美国和英国的许多零售商提供视觉搜索引擎图像识别服务，其中就包括家得宝、梅西百货和汤米·希尔费格（Tommy Hilfiger）。该公司表示，由于打造了分类器和检测器，其图像识别质量优于亚马逊和谷歌等公司，因为后两家公司只在识别的初始水平。该公司运用机器学习来训练软件识别用户生成的不同质量的照片，并声称，只要将这项技术与零售商自己的网站或移动应用搜索整合，零售商们的平均订单价值就可增加 20%，转化率提高 60%。

　　在这方面，亚马逊早在 2009 年就领先一步，当时它利用自己的图像识别和机器学习人工智能等技术，在其应用程序中推出了一个可视化搜索解决方案"亚马逊记忆",其目的是扫描图书的条形码。2014 年,亚马逊将其作为又一个应用内相机搜索功能首发,为其取名为"流"(Flow)。同年晚些时候,该公司将一款名为"萤火虫"的应用程序与手机 Fire 整合,之后又将其引入了 Kindle Fire HD 高清设备,并于 2016 年扩展了亚马逊应用程序的可视化功能,令其可以识别几乎任何商品。[15] 2017 年,得益于亚马逊与三星的携手合作,这款可视化搜索应用功能继续发展,被植入该手机制造商的旗舰智能手机"银河"S8 中。购物者若使用带有智能助手 Bixby 的三星 S8 手机摄像功能,就可以对商品或条形码拍照,以获取亚马逊产品目录中的相关结果。

像可视化搜索这样的功能可以帮助缩小线上与线下之间的差距,无论是远程还是在店内,都可以增强客户的体验,为客户提供根据商品视觉属性浏览同类产品并进行选择的机会。因此,我们毫不奇怪,不仅微软的必应搜索引擎拥有了自己的可视化搜索功能,甚至连拼趣也在 2017 年加入竞争,推出了其 Lens 可视化搜索应用软件。这里要说的重点是,实体店零售商现在必须考虑如何使用这些数字化手段,好让人们在网络世界中找到它们。如此一来,有了它们的地理位置、品类范围和产品可获性,再加上价格,就足以截走亚马逊的潜在生意。

作为展厅的商店

到目前为止,我们探讨过的所有发展都可以发生在商店以外的任何地方,也可以发生在商店内部。采用主流移动应用程序的意义,就在于搜索可以在任何地方进行,但这同时也会对在商店内的购物者的购买决策产生重大影响。"网看店购"的做法涉及购物过程中的搜索和购买这两个阶段，在此期间，浏览完全是一种虚拟体验，而"展厅现象"概念背后的理念，却是将浏览阶段直接置于实体商店中。然而，与"网看店购"正好相反，这回在销售中蒙受损失的是实体店。

"展厅现象" 词组，非正式

定义：顾客去商店查看某商品，但实际上却在网上购买，有时网上的价格会更低。从本质上讲，该商店充当了在线购物者的产品展示厅。

早在 2013 年"展厅现象"流行时，亚马逊对其的使用量是谷歌的两倍，这在一定程度上是因为亚马逊在网络上所占的主导地位。[16] 即便在当时，亚马逊也发现，有 58% 的智能手机用户，或者说美国 1/3 的消费者，会经常采用"展厅现象"的方式，其中56% 的人是在商店货架通道里用手机购买了商品。有趣的是，46%的"展厅现象"者还是亚马逊金牌会员。研究得出的结论是，亚马逊在争取独家最小库存单位和推销方面做得极为巧妙，它主要借助其强大的推荐引擎向客户提供可比较的、有竞争力的商品。你可以想象，这对于功能性产品来说尤其有效，比如书籍或日用品，这些产品更容易与品牌或描述匹配。相比之下，时装或电子产品等品类的外观和触感则更为重要。

亚马逊也意识到了这一局限性，尤其是对其及时的"反展厅现象"专利而言，它在 2017 年亚马逊宣布收购全食超市一个月前被批准。[17] 由于亚马逊充分利用了这一趋势来达成自己的目标，该专利的设计本意就是要阻止顾客在其实体商店里出现"展厅现象"。按照描述，这是一种机制，可用于识别购物者通过连接零售商 Wi-Fi 的浏览器正在访问的内容。如果该内容被识别为来自竞争对手网站的产品或价格信息，亚马逊便可采取各种反制行动，比如将被搜索产品与本店有现货做比对，然后发送两者的价格比较信息或优惠券到客户的浏览器上，或者干脆屏蔽搜索内容。当然，这也意味着，无论技术供应商或零售商未来尝试开发何种类似的系统，亚马逊都必将从中获益，这提醒了人们亚马逊具有敢闯敢干的竞争力。

包括图像识别功能和特性的移动应用程序和设备，往往具有相同的可视化搜索功能，可以被用来在"零关键时刻"赢得销售，而且无论是"网看店购"，还是在实体店内出现"展厅现象"都一样。AR 依赖于类似的图像识别以及机器学习人工智能的功能，而购物者则将这些功能用于图像搜索，同时结合额外的电脑图像和地理位置开发。它之所以被称为 AR，是因为与 VR 耳机和控制器的完全沉浸性相比，AR 将图像、文本、视频、图形和其他媒体覆盖到智能手机摄像头所看到的真实世界的影像上。AR 是迄今为止零售商和品牌初涉足的一个领域，在未来商店中，它将能够在实体商店内外真正加强处于购物过程的浏览阶段的营销和销售规划。

例如，宜家是最早将移动 AR 技术应用于家居领域的公司之一。2013 年，该公司推出了一款 AR 应用，可以在客户家中可视化地展现该公司家具的 3D 模型。2014 年，该公司将这款应用软件与其全球卓越的产品目录合并，允许客户将目录内容放在他们想要叠加该应用视图的地方，并在拟摆放的位置看到实际产品的效果。2017 年，宜家利用苹果刚刚发布的针对其 iOS 移动操作系统的 AR 软件开发工具包（SDK），推出了 Ikea Place 应用软件，将家具模型的视图升级为 2 000 多种产品的 3D 效果图，可以从不同角度观看。顾客还能够在此应用程序中预订想要的家具，并接受其引导到宜家网站购买。Ikea Place 在苹果应用商店推出的头 6 个月里，下载量就超过了 200 万次。目前，这家家居巨头正考虑将其分别用于逛店规划、目录浏览和模拟装修的三个应用程序合而为一。

中国最大的在线杂货店京东 1 号店已经尝试了打造 AR 便利店，允许客户使用其移动应用程序在指定门店进行虚拟购物。乐高在 2010 年首次将 AR 立棚安装在门店，好让客户在屏幕上看到模型完成后的样子。2015 年，该公司又为爱好者们推出了"乐高 X"应用程序，供其爱好者在手机上建立 3D 砌砖墙模型。2012 年，日本服装零售商优衣库与 AR 专业技术公司 Holition 合作，在其部分门店推出了一面"魔镜"，让顾客看到他们穿着刚试好的衣服的实际样子，他们还可以随意变换服装的颜色。2016 年，美妆品牌蜜丝佛陀（Max Factor）与另一家 AR 供应商 Blippar 合作，使其所有的 500 种产品都具有交互性，并使购物者能够使用 Blippar 应用程序观赏每一件量身定制产品的合成效果。

数字化购物体验

即使消费者不使用亚马逊的应用程序产生"展厅现象"，不通过在货架边"扫码"产品来访问 AR 内容，他们对实体店内的数字互动或自助服务水平的预期，也大都受线上购物体验影响而变得越来越复杂。在此，Wi-Fi 是满足这些预期的先决条件。无可否认，Wi-Fi 促进了"展厅现象"的发生，但即使实体店内不提供

Wi-Fi，购物者用自己的移动数据也同样可以做到。不同之处在于，Wi-Fi 是零售店主所需要的基本连接，他们希望从任何面向客户的店内数字接触点获得最大的投资回报。回顾零售商在其商店中采用 Wi-Fi 的原因，曾有人（匿名）评论说，移动数据信号有时无法深入穿透无线局域网，某些不友好的店家网站还故意为之，而如果它们压根不提供 Wi-Fi，那它们也照样会把生意丢给亚马逊，因为客户会离开你的店去别处找信号上网，一样可以对比价格，然后再也不会回来了。

此外，尽管随着新的网络协议和带宽频谱的发展，移动数据的覆盖范围将继续扩大，速度将继续提高，但促使购物者使用店内 Wi-Fi 的一个关键因素是，它提供了更多的数字接触点，这可以增强实体店购物体验，并留住购物者。至少有了 Wi-Fi，零售商就可以确保"零关键时刻"在商店内无处不在，这是零售商可以施加最大影响力的地方。此前，我们已经探讨过，移动设备的内置摄像头功能可以帮助购物者在现实世界中上网找到他们想要的类似产品，但这些设备的地理定位特性意味着映射功能也有了长足的进步。

有关商店及其服务的信息，若能准确、实时，基于方位和移动优化的话，店家就可以说服消费者前往光顾。一旦进入店内，零售商包含了导航功能的移动优化网站和应用程序就可以快速引导消费者来到正确的货架边上，帮助他们找到所寻觅的产品。家乐福已经试用了一项应用内嵌服务，购物者可以通过手机收到商店促销活动通知，而这些促销活动往往与个人喜好有关。该公司在罗马尼亚的 28 家大型超市使用了 600 个蓝牙低能耗（BLE）信标，以接通购物者智能手机或零售商提供的配有三星平板电脑的购物车上的应用程序。在法国里尔，作为改造的重点部分之一，家乐福旗下的欧洲里尔（Euralille）特大超市也安装了 800 只可编程飞利浦 LED（发光二极管）灯，它们不仅节约能源，而且使用飞利浦的可见光通信（VLC）技术编码与产品和促销活动相关的信息光波，并直接发送信息到购物者的智能手机相机上。然后，应用程序便会显示方向导航信息，引导消费者来到欲购产品的正确位置。

智能空间

拥有网络连接能力有个好处，即它可以从其生成的数据中提供智能技术。例如，传统零售商依赖计数系统清点人数，主要根据红外摄像头成像或购物者进出商店时跨过门槛的次数来跟踪客流量。未来商店将使用 Wi-Fi 和映射系统收集的数据，以及其他客流量监测技术，来改进商店的设计和布局，使其符合顾客的购物方式，特别是在定期更新分类和范围的商店。

2017 年，苹果为其移动 iOS 操作系统推出了一款 AR 软件开发工具包（ARKit for iOS），为其映射功能添加了沉浸式虚拟和 3D 特性，以迎头赶上其竞争对手谷歌地图。有了可见光通信和可视化搜索等技术发展的加持，AR 映射也可以用于游戏化购物。Shopkick[①] 是这方面的先驱，从 2012 年开始，它与美国零售商百思买、杰西潘尼、塔吉特和梅西百货合作，使基于位置的奖励和优惠能切实送达顾客手中，只要他们在参与的商店内上网登

---

① Shopkick 是一款基于当前位置购物服务，奖励消费者走进商店真实签到的移动应用。——编者注

录，并扫描特定商品的条形码即可。2016年年底，星巴克和电信设备零售商斯普林特（Sprint）与任天堂（Nintendo）合作，为游戏《精灵宝可梦玩AR》（*Pokémon Go AR*）添加了名为"精灵驿站"（PokéStops）的"魅力之诱"，期望通过吸引玩家到店来增大客流量。

说到数字化店内体验，其实电子货架标签（ESLs）并不是什么新技术，但它确实是Wi-Fi成为未来商店的最基本设施的典型原因，而未来商店在购物过程中的研究对比阶段利用技术将数字触点植入ZMOT的顾客体验中。2018年的一项关于电子货架标签的研究发现，对于80%的消费者来说，价格对货架边的购买决策影响最大。除此之外，对67%的零售商而言，手工管理标签或更改与店内定价和促销相关标注的成本，约占商店月均营业额的1%~4.99%，这在2017年就意味着高达1 040亿美元。[18]

加之，更换货架边纸质价格标签成本高、效率低，其中就包括需要一群店员随时带着预先印好的标签或色带都已经印不出来的标签打印机，因而标价不准的情况就更容易发生。如果商店坐落在欧盟国家的话，老式的定价方法还可能导致违反涉及定价[19]和产品信息[20]准确性的相关法规。人工更改标价所需时间长，这意味着传统商店对竞争对手打折促销做出迅速反应的能力非常有限，如此，它们就会在面对亚马逊人工智能驱动的动态定价算法时处于劣势，而前者一天就可以改变数百万件商品的价格。相比之下，百思买和沃尔玛在整个月内的价格变动总数仅为5万次。[21]

对电子货架标签的研究还发现，准确的标价是购物者希望看到的主要信息类型（82%），只有43%的人总以为原来标价多少在结账时就要付多少，因此电子货架标签可以提高顾客对货架边定价准确性的信心，从而增强顾客的体验。再加上人工智能计算机视觉软件能力的提高，货架上的面部识别功能甚至有助于个性化的体验。在 2018 年的一次行业活动中，英特尔展示了涉及电子货架标签的"真实感应"（RealSense）技术，支持由沃尔玛、好时（Hershey）和百事等公司的 5 家门店试用的 AMW 智能货架及自动库存情报软件。该软件使数字货架标签能够感知有人经过货架，并显示出定价。当周边无人时，它们就会展示促销的图像内容。克罗格也出席了那次活动，展示了它的智能货架解决方案。该公司表示，其数字货架标签系统允许零售商天衣无缝地更改标价，为购物者提供个性化体验。在写作本书时，该项技术已在 17 家商店实时运作，克罗格表示，计划在 2018 年年底前将其推广到 140家门店。

更新数字货架标签所需的双向无线通信能力也可以转向客户，它通过 Wi-Fi、蓝牙或者移动钱包和非接触式信用卡与借记卡所使用的相同的近场通信（NFC）技术与客户自己的移动设备连接。在未来，商家利用这种货架边的互联向客户发布互补的产品推荐、点评及优惠信息，让购物体验清晰明了，这一点将变得更加重要。数字货架标签可以通过提供比传统货架标签所能展示的还要详细的价格、原产地和宜忌等信息，进一步推动消费者的积极参与。一些零售商已经部署了大型的数字货架标签来展示更多信息，并配有二维码，以引导顾客在线获取更多信息。欧洲家装零售商乐华梅兰（Leroy-Merlin）集团也部署了数字货架标签，以应对纸质标签由来已久的在准确性、生产率和定价速度方面面临的挑战。它还利用数字货架标签为顾客提供店内产品的自动实时定位。

数字购物点

Wi-Fi、信标、可见光通信、数字货架标签和 AR 都可以将商店的各种元素转化为数字购物点。英国百货东方福来德（House of Fraser）和泰德贝克（Ted Baker）时尚店已经测试了配有能发出促销信号的信标的人体模型。购物软件公司 OfferMoments 则利用信标来变换数字广告牌的内容，有购物者经过时，它便会将其面容和根据其偏好定制的推荐商品一同投射在大屏幕上。该公司的微定位应用程序允许购物者到附近的商店接受推荐并兑换商品。与此同时，信标也被应用于免下车服务空间。用餐者可以在车内使用语音控制技术下单必胜客，该餐馆则可通过信标接收下单者即将到达的预报。支付通过 VISA 卡完成，而 VISA 卡系统已经集成在汽车仪表盘中。

另一个关键领域是交互式数字标牌。2018 年，三星发布了基于云计算的 Nexshop 数字商店软件平台，使用 IP（知识产权）和移动设备感知实时行为。除了分析功能，该解决方案允许商店员工通过平板电脑或交互式显示器使用基于云的内容与购物者进行交互，以获得更吸引人的客户体验。终点线（Finish Line）和艾罗（Elo）两家公司在同一年发布了 MemoMi 智能镜子技术，该技术可以让顾客拍摄自己穿着新衣服的照片，并将照片叠加在各种背景上。屏幕还可将图片文本发送给客户，方便客户将图片进行社交分享。

总部位于美国的 1-800-Flowers 订花公司近来在其店内创新、电话订购、电子商务、移动和社交媒体中加入了人工智能支持的对话商务。这是第一家推出"脸书信使"采购机器人的零售商，它拥有一个名为"如愿奉礼"的人工智能礼宾前台。它还与亚马逊和谷歌合作，让顾客只用语音就可购物。未来商店中的语音应用时代即将到来，亚马逊及其 Alexa 语音平台将会发挥重大作用。

2017 年，总部位于亚琛的德国独立零售商 HIT Sütterlin 测试了一个基于 Alexa 的商店客户服务系统，用来与其客户进行沟通，根据客户发出的语音要求，结合数字显示，向客户提供商品和优惠的相关信息。Alexa 语音助手的概念是专为国际创新峰会（TechCrunch Disrupt）的 2017 黑客马拉松（Hackathon）而开发的，通过使用 Alexa 支持的硬件、Alexa 技能集和语音服务、兰布达（Lambda）云计算服务平台和一款 iOS 应用程序，让客户能够咨询某件商品的具体位置，并告知客户该去哪条货架通道。此功能的另一用意就是根据顾客发问时的位置跟踪他们在店内的行踪。

未来商店肯定会提供数字授权的帮助。但是，由于强调自助服务，大多数零售商的一线员工将面临怎样的困境？几年前，一位不愿透露姓名的零售 IT 总监在一次公司活动中哀叹："顾客进店时随身带着的移动端信息，比我们店里同事所了解的多得多。"因而，在奢侈品零售中，用于服务高端客户的"黑皮书"系统的数字版本——又称"客户服务"——可以授权商店员工使用数字设备，在医疗和美容、消费电子、汽车和奢侈品等领域内，帮助其实现高价值、高接触、咨询式销售。例如，博姿在 2016 年推出了MyBeauty 应用程序，帮助合作伙伴显示产品信息、评级和点评，在线查询库存，并基于在线分析为客户做出个性化的产品推荐。

人际交流的重要性

因此，员工在未来商店中的作用将是促进更加数字化的咨询服务，而不是交易型服务。他们必须成为正宗的品牌大使。与客户服务一样，员工也可以配备那些减少排队的功能，如使用集条形码扫描器、银行卡支付和个人识别码录入机于一体的手持设备，尤其可用于无现金销售的场景下。必须切实考虑包装和安全去除标签的过程。特别是在食品杂货业态中，使用更加广泛的是自助扫描结账系统。尽管这些系统加快了顾客在结账时的速度，也加大了流通量，但也将购物过程的整个负担转嫁到客户身上，更有甚者，在顾客离开商店之前，还要让顾客在付款过程中刷计分卡！事实上，那种经常出现的"装袋区出现不明物体"事件已经在互联网上被闹得沸沸扬扬，这反映出消费者对自助结账系统的深恶痛绝，而零售商又不得不接受使用该系统就会增加被盗概率的风险。由于使用率极低，沃尔玛已经于 2018 年弃用其"刷完就走"手机应用程序，不过也有传言称，取消的原因有可能是商品被窃较多。然而，山姆会员商店（Sam's Club）和好市多仍然提供类似的店内手机扫描结账应用程序，星巴克支持使用其移动应用程序的储值卡功能进行支付，顾客也可以提前下单，以便更快地取货。

因此，购物过程的最后一步集中在结账和支付上，下一阶段的开发是从无人结账到无人商店，以及"无结账"或"免结账"购物。在这方面，中国走在了前面。位于中国广州的"F5 未来商店"使用移动支付和机器人交货。顾客可以在一个特殊的终端或通过智能手机无线订购产品并付款。货物的检索和柜台清洁完全由连接到设备上的机器手臂完成。其他无人原型包括"欧尚一分钟"和缤果盒子（BingoBox）商店，以及瑞典公司 Wheelys 推出的自驾车便利车店 MobyMart。这类商店依靠顾客使用移动应用程序进入商店，离店时通过扫描二维码或已借记顾客账户的电脑图像支付货款。韩国也有"7-Eleven 签名店"的概念。

亚马逊的这些竞争对手正在设定标准，但我们不太可能看到未来的商店都由无人值守且由机器人经营的盒子便利店主宰。受相关技术高成本的限制，这些盒子商店只有空间占用小、格局简洁的特点，而在需要进行更多咨询销售的业态中，人际交互接触总是最受欢迎的。不过，沃尔玛和葡萄牙索纳埃（Sonae）超市也都为行动不便的购物者试制了自动购物车。

至于机器人在商店中的角色，举例来说，类似加州科技公司 Simbe 的"塔立"（Tally）这样的机器人现在在塔吉特门店测试，将来有可能取代人工从事重复而费力的货架理货任务，以识别断货、缺货和货品放错位置，以及标价错误。其他机器人，例如美国家装零售商劳氏试用的"劳伯特"，则只能与客户做一些有限的互动。"劳伯特"可以听懂多种语言，并使用 3D 扫描仪监测商店里的人。购物者可以通过与机器人对话或在其胸前的触摸屏上输入商品名称，来求助机器人搜索任何产品。机器人会使用智能激光传感器引导顾客来到所要产品的位置。软银（Softbank）集团的"胡椒"机器人已被部署在多种面向客户的场合，包括在亚洲接受必胜客的订单。电子产品零售商 MediaMarktSaturn 也已部署了一个名为"保罗"的机器人来迎接和引导客户。这家德国零售商还在世界各地测试由星舰开发的自动机器人送货车。星舰是即时通信软件 Skype 创始人阿迪·赫恩拉和简纳斯·弗里斯所拥有的初创企业。即便如此，机器人也不会在短时间内完全取代人类。

从自助结账到无须结账

我们来看看 2018 年在西雅图首次开业的亚马逊无人超市。这家配备了电脑视图设备并由人工智能支撑的商店采用亚马逊的"拿了就走"专利技术，让顾客根本无须经过任何结账流程就可拿着商品走出店面。顾客必须扫描他们的亚马逊无人超市应用程序才能进入店内，并在注册时选定一种支付形式，每次离店之际，超市根据计算机视图系统检测到的顾客从货架上取下的东西来收取费用。此店的绝妙之处在于，亚马逊确切地知道都是谁在其商店里，也清楚他们在店里的一举一动，这项技术消除了人们的畏首畏尾。根据亚马逊无人超市副总裁吉安娜·普埃里尼所说[22]，这一无结账模式的成功，尤其是在吸引回头客方面的成功，意味着亚马逊无人超市预计将在旧金山、芝加哥和伦敦开设更多门店。但无结账商店并非完全无人值守，因为需要有人随时待命为货架补货和准备新鲜的物品，而亚马逊无人超市也极为倚重在人口稠密、交通繁忙的地段设店，以期用利润更高的便利形式来抵消其高科技成本。

　　尽管如此，亚马逊无人超市还是为对手零售商们带来了商机。2017 年，皇家阿霍德德尔海兹集团宣布，它正在试验一种无结账的概念，即通过用非接触式卡在数字货架标签上碰一下来验证交易并完成购物。同时，森宝利也已经测试了帮客户跳过收银台环节，并用手机付账的能力。英国的竞争对手特易购正在试用"刷完就走"技术，以便让顾客在其位于韦林加登城（Welwyn Garden City）总部的快捷便利店内，能够通过该公司的"刷完就走"智能手机应用为所购食品杂货付款。科技巨头微软正在开发一种免结账商店的概念，将摄像头安装在购物车上，以便在顾客经过货架通道时跟踪他们的购买行为。2017 年，京东击败了其美国对手，与欧尚合作开设了第一家自动化的无人值守商店"缤果盒子"（虽然也可以提供远程客户服务，而且该店每天都人工补充库存）。同年，第一家无人值守、无须结账的数字超市便利店在京东总部开业。这家所谓的智能商店配备了基于英特尔的响应技术套件，包括智能货架、智能摄像头、网关和传感器、免结账购物的智能柜台和智能数字标牌。京东的这一解决方案提供了低成本批发或增量定制的灵活性，允许传统零售店主以"低触点"和成本效益的方式升级他们的业务。这极大地支持了京东创始人兼首席执行官刘强东的雄心壮志，即在未来 4 年内为中国每个村庄都开设一家现代化便利店。[23]

京东和阿里巴巴的线下举措可以说都应当得到比亚马逊更多的赞誉，因为它们提供了更易于实现的数字化体验。在专注于生鲜、便利和食品服务的同时，京东的生鲜超市 7fresh 概念店和阿里巴巴的盒马鲜生超市也将实体店的精华与二维码、基于移动应用的包括数字货架标签在内的数字触点及支付方式融合。同样，移动支付将在未来商店中发挥关键作用，如果零售商认真考虑将购物过程中这一充满摩擦的最终环节自动化，他们还可以将顾客的身份与最终交易和购物篮联系起来。VISA 卡和万事达卡近来都展示了生物识别支付技术，这使顾客可以避开收银台前的长队。近日，肯德基中国与阿里巴巴旗下的蚂蚁金服合作，推出了中国首个"微笑支付"系统。支付宝用户可以通过面部扫描和输入手机号码来认证其支付，这意味着他们不再需要掏钱包，甚至不再需要智能手机。首尔的"7-Eleven 签名店"使用的是"掌心付"，这是一种扫描手掌静脉模式的生物识别验证系统。

尽管许多老牌的实体店零售商正面临销售放缓和空间过大的现实，但其他以数字为先的零售商已经认识到拥有一方实体店面的极端重要性。实体店通过在订单收集、退货、服务和展示品牌的实体环境方面提供额外的灵活性，有助于支撑所谓全方位渠道的主张。因此，零售商应该带来普遍的技术界面、无处不在的连接，以及数字和移动的自主计算，这样实体商店便可以支持购物过程的每一个阶段，无论是在线上还是在线下，从浏览和搜索到发现和支付，并且与线上的速度、可访问性和可用性匹配。

运用数字技术的商店所扮演的角色，与单纯销售产品的传统商店所扮演的主要角色完全不同。我们认为，这些拥有强大技术能力和功能的参与者，将真正把未来数字化和自动化商店的愿景向前推进，从而在更广泛的顾客生态系统中，强化此类商店作为强大而切实的接触点的作用。

第12章

未来商店：
由交易转向体验

我们正处在一段转型期。我们都必须思考如何重新创造，如何做出反应，如何赢得胜利。我们必须在世界各地建立庞大的战略关系……我们将以所能达到的最快速度前进。看看我们的朋友亚马逊吧，如果它都能走得那么快，那像我们这样的公司为什么不能？

——哈得孙湾公司执行董事长理查德·贝克，2017 年[1]

本书前几章旨在阐明如何利用技术使店内体验变得更加顺畅和高度个性化。解决产品位置定位和收银台排队等顾客难题，将使零售商把实体店带入 21 世纪，实现传统上只有电子商务公司才能做到的高度便利和轻松。

随着越来越多的商品类别转向线上，零售商重塑实体空间的紧迫性将越来越强。如今，购物者几乎可以在网上买到任何东西，而且得益于金牌会员制，商品在第二天就能被快递上门。亚马逊把所有的精力都放在了发展购物上。在未来，这一切将会更进一步，因为某些家用产品正朝着简化和自动补货的方向发展。随着我们的家庭环境变得更智能，购物者的生活将变得更轻松自如。目前，平均每个成年人每天要做多达 3.5 万个决定[2]，未来，我们时刻联网的家将自己完成所有低层次的日常家用品的复购，而为我们腾出更多的时间，让我们能专注于更有趣的事情。当洗衣液或卫生纸用完时，购物者将不再需要在超市的过道里走来走去。顾客花在买必需品上的时间将越来越少，我们相信，这对实体店造成的影响将是巨大的。如今的零售商应该重新考虑商店的布局、顾客逛店的驱动力，以及商店更广泛的目的。

在未来，我们将看到功能性购物和乐趣型购物之间更大的分歧。没有人能把功能性做到像亚马逊那样，所以竞争对手必须将关注点聚焦于增添购物乐趣。要想在如今的零售业中取胜，就意味着必须超越亚马逊所不能超越的，因此要少关注产品，多关注体验、服务和专业知识。

WACD 已经成为零售业公认的缩略语，因为在这个"亚马逊时代"，所有的竞争对手都在拼命寻求生存之道，甚至连零售商和商店这样的专业术语也必须重新推敲：苹果希望它的门店被称为"城市广场"；自行车连锁品牌 Rapha 则称其网点为"俱乐部会所"。同样，许多大型购物中心（Mall）实际上是要放弃这个以 M 开头的词，而青睐"村""镇中心""店铺"之类的词语。[3] 其他公司则把体验式零售的概念发挥到了极致：英国百货零售商约翰·刘易斯让顾客在一家店内过夜；美国家具零售商西榆（West Elm）公司则超出本行，经营起了酒店。

并不是所有的零售商都有办法或动机走这样的极端，但有一点是明确的，那就是商店必须重新定位为真正的到访目的地。商店再也不能只和买卖产品有关，相反，零售商必须打入社区和休闲领域，把店内体验打造得引人入胜，足以让顾客放弃看屏幕。2017 年，苹果零售业务高级副总裁安吉拉·阿伦茨注意到，"尽管人们比以往任何时候都更加数字化地联结在一起，但许多人却感到更加孤单、更加寂寥"。实体店所扮演的角色很好，它可以满足当今数字时代的消费者日益增长的对于社会生活网联化的愿望。

我们已经广泛地探讨过，随着线上和线下的不断融合，零售体验出现了多重混合的发展趋势。其实，从零售空间将不再单纯做零售这个意义上来说，实体零售经营也将变得更加多元融合。未来，尤其是对购物中心和诸如百货商场之类的大型零售业态来说，将会是多用途开发并举，为零售业与各种非传统合作伙伴的合作打开大门。这些并不是全新的概念，比如"娱乐零售"（或零售剧院）将零售定位为休闲活动，一直是过去百年中零售商们始终企求的销售特色。哈里·戈登·塞尔福里奇先生就曾亲口说过，"商店应该是一个社交中心，而不应该仅仅是个购物的地方"。[4]

对于现在的零售商来说，此建议极好。尽管在亚马逊购物有那么多福利，但那仍然只是一种非常实用的体验。这就为竞争对手提供了机会，使其可通过在各自的商店中注入一些特色和灵魂来独辟蹊径，同时这也将进一步模糊零售业、酒店业和生活方式之间的界限。

我们相信，未来商店将不仅是一个买东西的地方，还会是一个可以用餐、玩乐、发现，甚至工作的地方。它将是一个可以租借和学习的地方，但它最根本的还将是零售商通过店内取货和退换货，以及当日送达服务来取悦"按自己的方式"购物者的地方。在一个日益数字化的世界里，实体店的角色将别无选择，只能从交易型转变为体验型。

从商店到生活方式中心

对于那些愿意拥抱变革的人来说，这是一个令人兴奋不已的零售新时代。更加以体验和服务为主导的零售商可以为自己的品牌增加一个维度——社交，使其能够瞬时发掘消费者在消费支出上的变化，并以此与线上竞争对手区分开来。

然而，这样的多样化应当与零售商的自有品牌保持一致，这一点至关重要。这说起来似乎再明白不过，但你只需回想一下，2012 年，特易购开始往其门店里塞满手工咖啡馆、餐厅、高档面包店、瑜伽馆，甚至健身房，到 2016 年，它却卖了几年前才开始投资的所有公司。

公司战略做全面调整的原因有很多，譬如新任首席执行官的优先考量点与其前任大相径庭；需要对非核心资产进行合理调整，以扭转核心食品杂货业务的方向。另外，这些特许经营店在很大程度上都是亏损的。我们认为，这种战略带有根本性的缺陷，因为合作品牌的勃勃雄心与特易购自身作为一家低价、受大众欢迎的杂货商的价值观不相符。购物者在买了一小杯刚研制的焦糖玛奇朵之后，一般就会转身走向那一长串红黄相间的招牌，上面赫然写着"买二送一"之类的字样。

特易购当时也许未能彻底改变超市的概念，但它肯定已从变革实验中学到了很多。如今，它把多出来的空间又成功地填满了，这主要得益于与其他零售商的合作。当然，产品类别会有一些重叠，例如与之合作的桃乐丝派金斯（Dorothy Perkins）特许经营店往往就与特易购自有品牌 F+F 系列同处一地——特许经营店为特易购创造了一个差异化的点，而前者则得益于超市的常规客流量。

十年前，特易购绝不会想到与竞争对手合作，但如今，它们的共同敌人是亚马逊。合作竞争使它们能够更好地为客户服务，并共同抵御这头西雅图巨兽。尽管之前的品牌定位有误，但特易购要将其门店打造成集购物、休闲和餐饮服务于一体的购物目的地的意图，其实也并没有从根本上偏离其初衷。或许，它推出如此激进的再创造计划，也只不过比时代早了几年而已。

享用美食

美食：时尚客流量的驱动者

> 虽然透过屏幕就能展示产品，但人们最终还是想亲身试穿一下，这样不仅可以感受服装用料，也能体验商店特有的服务。除了美食，再没有什么能更好地吸引人们进店了。
>
> ——香奈儿日本总裁理查德·科拉斯 [5]

如今，零售商们正在为生存而战，争相重新定义零售空间。增设咖啡馆和餐馆可以聚拢人流并增加顾客的逗留时间，这是一种屡试不爽的方法。从沃尔玛超市里的麦当劳到柏林的卡迪威（KaDeWe）百货大厦炫目的美食大厅，餐饮业从来都是零售业的自然延伸。对于百货公司和其他仓储式大卖场来说更是如此，譬如宜家，其瑞典式美食和其"比利"系列书柜一样出名。

"我们一直称肉丸是'最棒的沙发推销员'，"宜家美国公司的餐饮业务负责人格尔德·迪瓦尔德说，"因为我们很难与饥肠辘辘的顾客做生意。你让他们一饱口福，那他们就会待得时间长些，还（有可能）会跟你聊聊想买的物件，甚至本来想走却下决心买了。"[6]

那么，新意何在呢？零售商的名单总是在加长，它们所提供的商品范围同样也在扩大。

在本书前几章里，我们讨论了体验式消费的增长为何对时尚零售商的冲击最大，因为消费者越来越看重的是外出就餐或看一场电影，而不是买一条新牛仔裤。此外，零售商还承受着来自更为灵活的线上时尚连锁店的持续压力。仅阿索斯一家每个星期就能增加 5 000 种新产品。有哪家商业大街的零售商能拼得过这个数字呢？

因此，不必惊讶，许多时尚连锁店现在都转向打造餐饮体验，以此区别于线上竞争对手，多多吸引顾客上门。2015 年，千禧一代最喜欢的城市户外用品店 Urban Outfitters 开启了这一趋势，当时该公司收购了总部位于费城的 Vetri Family 餐馆集团。这一前所未有的举措让人们大为吃惊，但自该收购发生以来，全球越来越多的服装零售商在其门店内增加了就餐选择。在曼哈顿和芝加哥，顾客可以在优衣库的店内买到星巴克咖啡。在英国，奈克斯特（Next）正在其门店中增加比萨和普洛塞克汽酒供应。与此同时，即使是快时尚连锁店也来赶时髦，H&M 旗下的 Flax & Kale à Porter 是巴塞罗那的一家餐厅，它以提供各种有机素食为特色。

> 除非它们能发明出《星际迷航》里那样真正的食品复制器，否则电子商务就不会对餐饮业构成威胁。
>
> ——Vetri Family 联合创始人杰夫·本杰明[7]

奢侈品零售商也来赶这一波潮流，纷纷扩展自己的品牌范围，或者与志趣相投的餐厅结盟，譬如 Nobu 日料餐厅。古琦（Gucci）和阿玛尼（Armani）如今在世界各地都开了咖啡馆和餐厅。2016年，博柏利（Burberry）在伦敦的旗舰店内开设了有史以来第一家咖啡馆——"托马斯咖啡"（Thomas's）。其菜单反映了该奢侈品牌典型的英伦品味，从奶油茶点到龙虾和炸薯条。同样，拉夫（Ralph）在拉夫劳伦马球店（Polo Ralph Lauren）开设的咖啡酒吧也是如此，从牡蛎一直到俱乐部三明治和奶酪蛋糕，将美国传统发挥得淋漓尽致。

> 我们想创造这样的空间，让我们的客户可以在一种更宜社交的环境中放松自我，充分享受博柏利的世界。
> ——博柏利前首席执行官克里斯托弗·贝利[8]

百货公司也在这一领域大展拳脚。萨克斯第五大道精品百货店（Saks Fifth Avenue）计划在其翻修一新的旗舰店内，设计一个带小餐厅和名人效应的法国精品屋 L'Avenue 的美国版本，其竞争对手尼曼百货（Neiman Marcus）与名厨马修·肯尼合作，于2016年开设了一家素食咖啡馆。萨克斯第五大道精品百货店总裁马克·梅特利克说："以往开发这些餐厅，是为了让顾客在店里多待一会儿，多花一些钱。现在，餐馆已经成了吸引人们走进商店的一种方式。"[9]

美食：时尚之外

放眼当今时尚之外，我们相信，将餐饮体验结合对超市而言，既是一个强大的工具，也是合乎逻辑的延伸。世界各地的杂货零售商应该从 Eataly 美食卖场和全食超市等企业汲取灵感，通过开设食品店、烹饪课程和推出"自己种植"计划，展示自己擅长生鲜的资质。在中国，网络巨头正在重新定义实体超市，为今天的现代购物者提供充满科技含量的商店，强调新鲜感和体验。例如，阿里巴巴的盒马鲜生连锁店允许顾客选择自己的活海鲜，并让驻店大厨为其烹饪，而店内餐食已占京东 7fresh 超市销售额的一半左右。[10]

与此同时，在意大利，Co-op 公司的"未来商店"有一大特色，即开了一家只用自有品牌食材烹饪的餐厅，这既提高了质量，又强化了源头。维特罗斯和大众超市（Publix）等更高端的超市，长期以来充分利用了自己的高端定位和烹饪课程附带店内体验的声誉。与此同时，总部位于德国的麦德龙（Metro）成为欧洲首家实施店堂栽培的零售商，全食超市也在屋顶温室进行了试验。

麦德龙旗下的利尔（Real）公司所推出的"卖场大厅"概念店是一个绝佳的例子，这说明大型综合超市和超级商店完全可以甩开那些线上和专靠打折的竞争对手，只需更加关注生鲜食品和热情服务。这家店旨在营造传统集市大厅的氛围，因此食品和非食品之比已经从 6∶4 变为 7∶3。其内部所设的餐饮区和冬季花园可以容纳近 200 人，顾客可以享用就在他们面前现做的时令美食。有些如意大利面之类的食物是在店堂内制作的，顾客也可以动手参与跟烹饪相关的活动，譬如自制寿司等。此外，卖场还设有充电点，鼓励购物者花更多的时间在店内，无论你是社交、购物，还是工作。

工作场所

零售业并不是唯一一个被科技重新定义的行业。随着互联互通越来越普遍，工作场所正在发生飞速演变，将员工从传统的"朝九晚五"的办公室成规中解放。到 2020 年，预计美国将有超过 2.6 万个共享"办公空间"，可容纳 380 万人。考虑到在不久之前的 2007 年，如此趋势还闻所未闻，那这一数字就太惊人了。[11]

> 在城市中，我们一直特别关注利用空间和时间的新途径，这从根本上改变了消费者的行为。工作、文化和娱乐之间的界限正在变得模糊，这创造出了一种新的生活方式。
> ——卡西诺集团便利店板块首席执行官让·保罗·莫切特，2018 年 [12]

远程办公、共享办公空间、共享办公桌和第三方办公空间的兴起，正在改变着消费者的生活，与此同时也为零售商创造了机遇。正如利尔一样，欧洲主要的食品零售商为了增加顾客在店逗留时间，都变得越来越热情，不仅增加了更多的餐饮服务选项，还提供免费 Wi-Fi 和设备充电点。2017 年，家乐福意大利公司在这方面又向前迈出了一步，在米兰引入了一种全新的概念门店——"家乐福城市生活"，首次展示出共享办公空间的特色。家乐福称，这家店设有一间会议室，还有休息室，提供 200 多种意大利及国际品牌啤酒，这为忙碌的城市居民提供了一个创新的解决方案。"人们比以往任何时候都更希望将娱乐、工作和社交结合。"[13]

未来，我们相信，像家乐福这样的混搭经营理念将会在全球大都市变成一道普遍的风景。据联合国的预测，到 2050 年，全球 2/3 的人口将生活在城市。[14] 而在当今美国，许多城市的增长速度都快于郊区，因为千禧一代已经放弃了白色尖桩篱笆的美国梦，转而追求一种没有任何附加条件的城市生活方式。

随着城市化越发深入，要适应这一趋势，物理空间就只能变得更小、更方便和多维度。共享办公空间供应商众创空间（WeWork）的首席执行官兼共同创始人亚当·纽曼表示："城市化趋势是我们大家都必须认识和了解的。各行各业的人都在大城市里寻找可以让人们交流的空间。没有理由不让零售空间也成为这一变化趋势的一部分。"[15]

众创空间：百货公司的生命线？

与众创空间这样的共享办公空间供应商合作，将特别有助于将百货公司带入 21 世纪。正如前文所讨论的，如今这些大型商店所面临的最大挑战就是，随着消费向网上转变，实体店该如何利用过剩的空间。为了削减成本，如今大多数百货公司，例如梅西百货、科尔士百货、诺德斯特龙、德本汉姆百货、玛莎百货、东方福来德等，都在寻求合理的商店组合，或者缩减其奥特莱斯直销店的规模。

根据房地产服务公司仲量联行（JLL）的数据，到 2030 年，30% 的企业地产将是灵活的办公场所，而在 2017 年，这一比例还不到 5%。[16] 众创空间目前是伦敦市中心最大的办公场所占用者。在短短 8 年里，该公司的估值达到了 200 亿美元，并在世界各地开设了 200 多家分店。众创空间从早已身陷困境的百货商店的原址中挑选了一些，而事实证明，对于愿意与之进行合作，并缩小自身规模、扩大经营范围的品牌来说，这或许是起死回生之途。

将废弃的百货商店空间改造成共享办公区域，是一件根本无须动脑的事情。这不仅提供了另一种收入来源，还能增加往来人流量和停留时间。如果提供像"网购店取"之类的服务，还极有可能增加店内顾客的额外消费。再者，共享办公空间是大多数百货商店内已有服务，如咖啡馆和免费 Wi-Fi 等的自然延伸。

众创空间已经与英国的德本汉姆百货建立了联系（约翰·刘易斯也在探索共享办公空间的选项），在巴黎，它们已在法国百货零售商老佛爷百货（Galeries Lafayette）的前总部开张。正是由于众创空间以 8.5 亿美元收购了曼哈顿标志性建筑——罗德与泰勒百货大厦，一举消除了所有关于共享办公将是未来零售业一部分的怀疑。这笔于 2017 年发生的收购交易，将使罗德和泰勒百货总面积达 66 万平方英尺第五大道门店的规模缩减 1/4 左右。该大厦最上面几层将作为众创空间的总部及办公空间。

作为双方协议的一部分，众创空间将在罗德与泰勒百货的母公司哈得孙湾旗下的全球百货商店租赁店面，首先从温哥华、多伦多和法兰克福的门店开始。哈得孙湾执行董事长理查德·贝克说："在这三个地方，我们将把最上面的两层楼租给它们，它们将按市场价格租下大家都认为毫无价值的那些楼层……我们要吸引千禧一代走入我们的商店，并在我们门店周围创造让人兴奋和感兴趣的生活。我们一直致力于重新改造我们那些年代悠久且破败不堪的商店，方法之一就是将新用途引入店堂。"[17]

休闲娱乐

哈得孙湾公司也许是在看好共享办公空间，以期为其百货商店注入新的活力，但它也明白，这只不过是一个非常大的车轮上的一个小齿轮。也许是受到了露露柠檬（Lululemon）和 Sweaty Betty 等健身品牌体验式营销策略的启发，百货商店现在也在考虑将健身元素引入店内，以作为增加休闲板块的一种方式。

2017 年，哈得孙湾将萨克斯第五大道精品百货店 1.6 万平方英尺的门店改造成了 Wellery，这是一家高档健身中心，有两个健身房、多间盐房，甚至还有一个素食美甲沙龙。德本汉姆百货也在尝试与专业的健身机构 Sweat 合作打造店内健身房，以提供"可靠的休闲体验"。塞尔福里奇百货公司从未让人失望，它在一家百货商店内推出了全球首家拳击馆。与此同时，那些已不复存在的百货公司也正在起死回生，它们不仅变身为健身中心，还有保龄球馆、疯狂高尔夫中心、电影院，甚至艺术画廊。

如果埃隆·马斯克能如愿以偿，他在美国各地的特斯拉超级充电站将以高档便利店、有外攀岩墙、户外影院和 20 世纪 50 年代风格的驶入式汽车餐厅为特色，那里的服务员穿着旱冰鞋，店内这些特色让顾客在为爱车充电的 30 分钟里有事可做。[18] 这可不是玩什么去火星殖民，但它却实实在在地模糊了零售和娱乐之间的界限。

与此同时，一些零售企业正转向虚拟现实，以创造有趣且身临其境的店内体验。北面（North Face）发起了一项活动，让购物者戴上虚拟头盔，与专业运动员一起游览优胜美地国家公园（Yosemite National Park）和莫阿布沙漠（Moab desert）。2017 年，快速时尚品牌 Topshop 将其商店的橱窗变成了一个互动的泳池场景，让购物者在牛津街周围冲滑虚拟滑水道。

购物中心也在寻求以非传统的方式来填补过剩空间，比如酒店、娱乐（从激光标签到全尺寸的音乐会舞台）和面向儿童的体验馆，如儿童职场体验馆趣志家（KidZania）或绘儿乐（Crayola）的体验。某些商家甚至把自己定位为度假区风格的目的地，购物者可以在那里与家人共度一整天。例如，拉什登湖（Rushden Lakes）是英国第一个与自然保护区相结合的购物中心。2017年开业的北安普敦郡购物中心（Northamptonshire centre）以其首屈一指的湖滨环境为特色，购物者可以划独木舟，或者步行或骑自行车探索附近的自然步道。"我们真诚地相信，我们正在重新定义英国的零售格局。你在别的地方能划船购物吗？"拉什登湖购物中心经理保罗·里奇说。2019年，该中心将增加更多的休闲运动项目，包括高尔夫球、蹦床和室内攀岩。

在大西洋彼岸，迈阿密将成为全美最大的购物中心所在地。"美国梦"综合大楼占地600万平方英尺，它将以水上公园为特色，里面建有一个巨大的室内游泳池，还有攀冰墙、人造滑雪场、名为"潜艇"的游乐设施、2 000间酒店客房和多达1 200家商店。

与此同时，在加拿大，马戏团正在走进购物中心。太阳马戏（Cirque du Soleil）的新概念"创新玩"（CREACTIVE）活动，将允许顾客参与一系列杂技、艺术和其他受太阳马戏启发的娱乐活动，例如蹦极、空中跑酷、钢丝和蹦床、面具设计、杂耍、马戏团跑道活动和舞蹈。第一家店将于2019年年底在大多伦多地区开业。

还将于2019年在拉斯维加斯开业的是"15区"（Area15），这是另一个新的购物中心概念，它被标榜为"21世纪的沉浸式大集市"。这座占地12.6万平方英尺的零售娱乐综合体，预计将提供各种吸引人的设施，如密室逃脱和虚拟现实、艺术装置、节日、主题活动和现场活动（从音乐会到 TED 演讲）。

讨幼小客户的欢心

没有人能比繁华商业街上的玩具零售商更愿意去拥抱那些快乐有趣的元素。但问题是，现如今这样的店家已经越来越少，而且相隔零落。在过去的十年里，我们不仅看到著名的 FAO Schwarz 玩具店在第五大道关门，更是见证了"凯碧玩具"（KB Toys）及标志性品牌玩具反斗城等连锁店的倒闭。与此同时，婴儿用品和玩具零售商"好妈妈"（Mothercare）近年来已经将其门店数量减少了近一半。[19]

将玩具专业零售商的问题怪到别人头上很容易（指责"亚马逊效应"就是一个例子）。几十年来，超市和大型零售商一直在蚕食玩具专业零售商的业务。如今，孩之宝（Hasbro）和美泰（Mattel）各自近 1/3 的销售额均来自沃尔玛和塔吉特。[20] 与此同时，在英国，新合并的艾斯达 – 森宝利 – 阿果思（Asda-Sainsbury-Argos）集团，将打造出一家玩具零售巨擘，帮助自身抵御亚马逊日益增长的威胁。在合并之前，亚马逊一直有望取代阿果思坐上英国最大玩具销售商的交椅。[21]

当然，互联网有利于玩具零售。玩具就如同书籍和 DVD 光盘一样，购物者通常无须亲眼看到商品，就能知道他们要买的是什么。更重要的是，增强现实的使用为在线购物者注入了更大的信心。例如，在购买乐高玩具之前，购物者使用阿果思的应用就能够查看选中玩具的全尺寸版本。因此，玩具已经成为网上零售渗透率最高的品类之一，并且在继续增长，也就不足为奇了。凯度机构预测，到 2021 年，美国 28% 的玩具销售将在网上完成，高于

2016 年的 19%。[22]

若考虑到当日送达服务日益增长的大趋势，实体零售商就连它们硕果仅存的独家销售理念——即时性也将丧失殆尽。在如今的玩具零售业，商家要做到价格便宜、购买方便或体验有趣。线上零售商和大型零售商可能会提供前两种服务，但专业玩具商们仍有很大的空间为服务注入更多的乐趣。

这就是玩具反斗城失败的问题所在。在这一快速发展的玩具行业，玩具反斗城在上述三个方面的表现都落后了，陷入了无人问津的零售无人区。玩具反斗城作为一家专业玩具商，其顾客体验原本极有潜力成为一种拥有店内活动、专属游戏区和产品演示的神奇体验。但现实情况是，一家死气沉沉的商铺，几乎没有任何创新或技术可以吸引购物者进店。私人股本所有权是其背负沉重债务的一大因素，它根本无法适应不断变化的零售环境。既然本书是一本关于亚马逊的书，所以值得一提的是，玩具反斗城把自己给坑了的另一个陷阱就是，在公司初创时期将自己的电商业务外包给了亚马逊，这让最大的竞争对手对其客户购买玩具的习惯了如指掌。合作竞争并不总是对生意有利的。

玩具反斗城的倒闭，应该成为自满的一记鲜明警钟。像美国的杰西潘尼和英国的玛莎百货这样的百货公司，尽管自身的问题不少，但自那以来，它们均开始在各自门店增设了玩具专区，以求从玩具反斗城所损失的市场收益中分得一杯羹。

我们相信，将欢乐和魔力重新带回玩具店，或其他任何面向儿童和家庭的零售领域，其中还是存在不少机会的。这似乎就是零售业的常识。为什么"好妈妈"不给蹒跚学步的孩子提供玩耍空间呢？为什么特易购的大型超市不提供母婴课程？为什么玩具反斗城不推出游戏区，让孩子们与父母将要购买的玩具直接互动？客观地说，它们确实在 2015 年开始过尝试，但遗憾的是，尝试的力度太小，时机也太迟了。

在美国，迪士尼正在重新设计其商店，让购物者感觉自己在度假，而加州迪士尼乐园和佛罗里达州的迪士尼世界的每日花车大巡游，现在都通过店内与电影院同尺寸的大屏幕进行流媒体直播。在巡游期间，顾客可以坐在垫子上，还能买棉花糖以及能发光的米老鼠耳朵头箍，就好像自己真的在主题公园里一样。

在英国，"艺人"（The Entertainer）玩具店定期举办活动，让孩子们与动画电影《魔发精灵》（Trolls）中的波比和布兰奇等著名角色见面，而另一家玩具零售商——爱尔兰的史密斯（Smyths）则会举办麦格弗玩具（Magformers）展示和"芭比化妆日"（Barbie dress-up day）。哈姆雷斯（Hamleys）玩具店在其莫斯科的门店里经营着一座迷你主题公园，而乐高著名的做法是让小客户和成年客户都能在店内玩搭建，为人们提供无法在数字环境中复制的想象和创意空间。

在加拿大，"国家体验"中心（Nations Experience）是一个创新的概念，它被描述为"超市 + 快餐店 + 游乐园"。其多伦多店于 2017 年在原塔吉特的旧址开业，拥有超过 1 万平方英尺的娱乐空间，包括一个 4 000 平方英尺的儿童专用游乐场、135 款街机游戏和 5 间可出租的派对屋。

案例分析：韦斯特菲尔德购物商城的"2028 目的地"

根据韦斯特菲尔德的说法，未来的购物中心将是由社交互动和社区推动的"超互联微型城市"。

2018年，这家先进的购物中心提出了其对未来零售业的愿景，并提出了名为"2028目的地"（Destination 2028）的概念。充满人工智能的步道和空中感应花园的特点就是营造出一种环境，以适应消费者对体验、休闲、健康和社区日益增长的重视。从人工智能到无人机的新技术，将与诸如"课堂式零售"等复归本原的概念无缝融合。任何产品背后的制造商和流程都将登场，从工匠在现场为观众亮出拿手绝活到驻店画家在画廊里现场作画。新舞台区将举办一系列展示互动活动。

科技将使未来在购物中心的体验变得更加顺畅、更具个性化。被韦斯特菲尔德称为"额外体验"（extra-perience）的眼部扫描仪，会在访客进入商城时显示其购买过的商品的信息，并推荐购物中心周围的个性化快速通道。"魔镜"和智能试衣间将让购物者看到自己穿着新衣服的虚拟影像，而其他一些创新技术，如可以检测水合水平以及营养需求的智能马桶等，将增强整体体验。

健康是"2028目的地"的一个重要主题。一个"更好的区域"使顾客能够在一间专注的工作室里进行退想，同时阅览室也将让顾客得以放松自我。宁静的绿色空间，无论在室内还是在户外，都各有特色。新增的社区花园和培植园，让购物者有机会选择自己的作物作为他们的食材。环绕整个购物中心区域的水路网，不仅将提供另一条可供选择的交通途径，还可以开展各种水上运动，这也是众多休闲活动之一。

韦斯特菲尔德"2028目的地"的概念也凸显了共享经济的崛起，预计"租赁零售"将成为后千禧一代租用衣物、健身器材等一切东西的常态。按照韦斯特菲尔德的规划，在未来的零售业中，

"快闪店"、临时零售和共享办公空间也很可能会出现。

学习探索

　　既然零售商的目标是与购物者建立更有意义的联系，它们就不应忽视发现的重要性。让顾客一进店里就有意外惊喜，其中的必要性使得店家再怎么做也不为过，无论是通过传统的方式，比如好市多风格的寻宝活动，还是通过增强现实和虚拟现实等高科技手段，都是如此。

　　有一个品牌摒弃了传统零售业的模式，并拥抱发现的艺术，它就是位于纽约市的"故事"（Story）商店。该店自称是"一家拥有杂志的视角，又像画廊一样不断变幻内容，并且像商店一样出售东西的店铺"。正如其名字所暗示的，重点在于故事而非产品。每隔6~8周，这家面积为2 000平方英尺的门店就会进行一次改版，推出新的设计、精心策划的系列产品，以及新的营销信息。"如果说时间是最终的奢侈品，而人们又想从所投入的时间中得到更高的回报，那你就需要给他们一个身处实体空间的理由。""故事"商店创始人瑞秋·谢赫特曼如是说。[23] 这个概念其实很简单，现代消费者走进一家实体店，并不仅仅是为了买东西，因而要让其感到耳目一新并且与自己息息相关，就成了品牌要重点考虑的关键。2018年，"故事"商店被梅西百货收购。

个人购物和无商品商店
　　有一种日益流行的方式可以运用发现艺术，那就是借助个人造型师。个性化购物曾经只是精英消费者的专利，但它现在已经普遍大众化了，无论在线上还是在线下，都是如此。像 Stitch Fix 和 Trunk Club 这样的在线造型服务的兴起，已经促使亚马逊和阿索斯等大型零售商推出了各自版本的"先试后买"的服装试穿服务。目前，亚马逊和阿索斯的服装迭代缺乏个人风格元素，可以说，它们更多关注的是如何增强人们在网上购买衣服的信心。但对两家零售商来说，关注个人风格都会是一个合乎逻辑的未来举措。

在实体店，从 H&M 到英国高级内衣品牌"大内密探"（Agent Provocateur），几乎所有的零售商都提供个人造型服务。然而，某些零售商却走了极端，它们为了专注于体验和客户服务，竟然将所有实物商品撤掉了。

男士时尚品牌 Bonobos 之前是一家纯粹的在线零售商，它希望在正式推出"指导式购物"概念之前，应允许其线上顾客先尝试一下。此概念的工作原理是：顾客进店做个性化的光顾，店家即为其推荐适宜、合身的服装，并帮其提供个性化的定制。他们可以在店里试穿任何衣服，而 Bonobos 随时备有不同规格、颜色、尺码和面料的服装（每种款式只有一种），但顾客不可以带走任何商品。顾客可以在店内当场订购服装，然后由快递送货到家，当然顾客也可以回家后上网订购。

Bonobos 做得如此成功，故而在 2017 年被沃尔玛收购。同年，诺德斯特龙推出了同样具有革命性的"诺德斯特龙本地"（Nordstrom Local）概念。这些店面仅有 3 000 平方英尺，所以都不设库存，当然你完全可以在几小时内从附近的全规格商店买到商品。"诺德斯特龙本地"商店所缺的是出售实物商品，但它肯定会在个人造型咨询、服装改装、美甲，以及供应啤酒、葡萄酒和鲜榨果汁的酒吧等服务上有所弥补。这些商店还打算成为方便的网购提货和退货中心，这对诺德斯特龙来说至关重要，因为它打算在2022年之前使其线上营收占据其销售总额的一半。

无现货模式听起来很奇怪，但它确实有一些优点。由于没有堆积的货物，这些展厅的实用面积可以小很多，这意味着租金也会低得多。没有货架，就不必疲于补货，店员就可以把更多的精力放在客户身上，一切以拉动销售、降低退货的可能性为最终目的。与此同时，顾客也可以淘到最合身满意的衣服，还不用操心拿衣服回家的问题。

教育、指导和启发

> 我们的专卖店，也就是苹果最大的产品，应该怎样才能为丰富生活做出更多贡献？我们的梦想就是，我们的专卖店要成为不可或缺的重要枢纽，在那里，每个人都可以上网、学习和创造。
>
> ——苹果零售高级副总裁安吉拉·阿伦茨[24]

当我们将零售商视为教育者时，苹果工作室就立刻浮现在我们的脑海中。在体验式零售尚未成为主流时，苹果就已经做得非常好了。然而，即便是它也还在努力提高自己在这方面的水平。还记得苹果公司"城市广场"的概念吗？苹果对零售业未来的规划更加强调体验和教育，其零售负责人安吉拉·阿伦茨认为，未来的购物中心将有80%是体验，20%是购物。苹果专卖店现在为孩子们提供编程课程，举办额外的培训工作坊和活动，比如摄影、音乐、游戏和应用程序开发方面的讲座等。

2018年，约翰·刘易斯在其伦敦的韦斯特菲尔德商店开设了第一间"发现之屋"，顾客可以在这里学习新的技能，也可以就各种各样的话题得到指导，譬如如何选对照相机，如何布置室内光源，如何改造家里的花园，如何获得完美的晚间睡眠等。这家店还设有一间700平方英尺的工作室，顾客可以在此进行一对一或者小组风格的咨询，接受美容和化妆建议，还可以悠闲地享受下午茶。

在巴黎，卡西诺集团于2018年与欧莱雅合作开设了巴黎药妆店，这是一个创新的概念，它的定位是"提供由内而外的美容、实用美食和意外惊喜（意外发现的艺术）的都市商店"。[25] 这家商店的商品种类繁多，从美容保健品到非处方药、针线包、健康零食和美食，应有尽有。考虑到城市消费者的需要，该店还提供一些便利服务，如免费Wi-Fi、手机充电、美发、干洗、包裹提取、光疗、密钥交换和仅限某些商品的Glovo快递一小时送货服务。

与此同时，美妆品零售商岚舒（Lush）通过使用气味和颜色创造了一种完全的感官体验，它没有可以让消费者直接接触产品的外包装。演示是店内体验的核心特色，这要求店员多展示产品的特色效果（并解释一瓶洗发水标价14美元的理由）。

除了著名的"爆炸浴盐"（bath bomb）演示，岚舒的店员还接受能够识别和回应个别客户行为的培训，这能使他们提供卓越的、量身定制的客户体验。如果客户看起来很好奇，店员就会花时间了解他们的需求，向他们解释产品的来龙去脉，并演示产品用途和效果。然而，工作人员也需要识别并有效地为那些想要进来逛一圈就走的人服务。这听起来可能很简单，但是在一个以发现为主导的环境中，区分两种完全不同的客户类型的能力是至关重要的。

岚舒的员工以向前一步做事而闻名。为了更好地与客户沟通，他们被授权可以自己做决定，不管是赠送免费试样品，还是根据天气变化而改变店内商品组合（比如阴雨天就摆出更多色彩艳丽、令人赏心悦目的产品）。结果就形成了让顾客觉得更有意义、更加难忘的体验，当然，那也是超越了交易本身的体验。

商品租赁

最后，也是同样重要的一点是，我们认为，未来的商店将是一个可以租用物品的地方。共享经济已经颠覆了交通和旅游业，但它尚未在零售业留下印记。商店自然希望向顾客出售而不是租赁商品。时代在变化。我们正在进入一个使用权将胜过所有权的时代。这一切的根源在于人口增长、前所未有的互联互通，以及消费者价值观和优先选择的转变。

我们不再被物质财富束缚，相反，我们选择把更少的钱花在物质上，而把更多的钱花在体验上。这一点在千禧一代和年轻一代中尤为明显，他们越来越不看重那种一定要拥有房屋、汽车、自行车、音乐、书籍、DVD、衣服，甚至宠物的想法，尽管他们心里不一定愿意这么做。据世界经济论坛预测，到 2030 年，产品将成为服务，购物的概念将成为遥远的记忆。[26]

> 我们现在是一个所有权的社会，但我们正在向一个使用权的社会迈进。在这个社会里，你不是由你所拥有的东西，而是由你拥有的体验来定义的。
> ——爱彼迎共同创始人兼首席执行官布莱恩·切斯基[27]

这会对零售业产生何种影响？如今，有了像"租跑道"（Rent

亚马逊效应

the Runway）和"借包何用窃"（Bag，Borrow or Steal）这样的租赁网站，购物者不必花高价就能用上奢侈品。在英国，韦斯特菲尔德于 2017 年推出了第一家独立的租赁零售"快闪店"——"新潮先试"（Style Trial）。这家购物中心集团的一项研究显示，在 25~34 岁的人中，近一半的人对租赁时装感兴趣，约 1/5 的人愿意每月花 200 英镑或更多的钱，用于订购无限制服装租赁服务。[28]

在时尚圈之外，电子产品零售商迪克森汽车电话公司（Dixons Carphone）也谈到了一项会员制计划，例如，消费者将为取得一台洗衣机付费，包括安装和维修，但实际上他们并不拥有这台洗衣机的所有权。

在未来，随着重点从产品转向服务，与客户建立更深入的关系将是至关重要的。这就解释了像宜家这样的零售商会在 2018 年收购众包平台跑腿兔（TaskRabbit）的原因。这个在线市场将 6 万名自由职业者与想雇人做家具组装等家务的消费者联系起来。现在，你可以放心地买一个斯多瓦（Stuva）衣橱，而再也不用担心怎么把它组装起来。

同样，沃尔玛也联手 Handy 公司为电视机和家具提供安装和装配服务。零售商要想在"亚马逊时代"生存，唯有消除摩擦，建立超越实体店的有意义的客户关系。（附带说明：亚马逊正在扩张自己的家庭服务部门，自 2015 年以来，该部门一直在美国各地推广，并于 2018 年扩展到英国。）

我们认为，对于特大型超市和超级商店而言，作为客流量稳定的大型商店形式，它们应该考虑图书馆模式的特许经营区，让购物者可以租赁选中的商品。这将非常适合那些完全买下来会十分昂贵且不经常使用或难以保存的产品，例如缝纫机、帐篷、电钻等。

在伦敦东南部，"物品出借馆"（Library of Things）是一家"租借空间"社会企业，它储存着从厨房用具到潜水服等各种物品。人们可免费加入会员制，每周最多可以借 5 件物品，其中大部分物品的租金都不到 4 英镑。[29] 对于那些正苦于填补过剩空间的零售商来说，建一家店内"物品出借馆"或许可以解决一部分问题。这不仅会增加商店的客流量，更重要的是，能让零售商融入当地社区，与顾客建立更深层次的联系。

小结

如今，零售真的无处不在：在商店里，在我们的手机里，在我们的家里，在物品里，甚至在媒体里。

亚马逊等在线零售商或许为购物者提供了无与伦比的便利和近乎即时的满足感，但在这样做的过程中，它们让购物失去了直接触摸的感受体验。实体零售必须进化，以服务于一种超越简单的产品转移的目的来进化。商店需要再次变得特别和充实。商店需要讲述故事，迎合人们在日益数字化的世界中对人际关系日益增长的渴望。商店需要专注于社区，提供一种在网上无法复制的有接触感、身临其境和难忘的体验。这样做的目的就是要让实体空间引人入胜，甚至令购物者连花钱买门票也愿意，就像去游乐园或剧院那样。

随着零售商认识到抱团合作而非单打独斗的重要性，该行业也将变得更加充满协作精神。但并不是每一家商店都要颠覆自我，变成唱唱跳跳的新版本。对于那些能够真正做到物超所值、方便

亚马逊效应

快捷或拥有独特产品分类的零售商来说，它们仍然会有施展的空间。例如，再过十年，阿尔迪超市也不会有太大的不同。

然而，对于大多数零售商来说，要生存就必须进化。零售商必须将其商店看作资产而非负债。它们必须打破谷仓效应，改变考核标准——同店销售额增长和每平方英尺销售额不再是衡量成功与否的有效标准。这些KPI（关键业绩指标）本质上是参照电子商务来品评实体商店的。除了电子商务，零售商也在改变衡量实体店成功与否的标准，它们的KPI包括品牌印象、数字购买意向、实体店完成在线订单的百分比、每平方英尺的创新灵感、摩擦回报率、员工感受到的便利性和客户体验。接下来，让我们继续探索未来的商店是如何演变成交易完成中心的。

第13章

零售的实现：
在"最后一英里"赢得顾客

> 你肯定不想让亚马逊领先 7 年。
>
> ——美国商业巨头沃伦·巴菲特[1]

在第 11~12 章中，我们看到了未来的商店将会如何进化，以便减少摩擦，并增强体验性。数字化对购物过程的影响也越来越多地体现在商店作为在线交易完成中心的作用上。电子商务出现之前，零售商唯一需要担心的是供应链物流，就是如何将产品从供应商处弄到分销及配送中心，再送往各家商店。

"网购店取"服务

在电子商务兴起之初，零售业高管们都接到过门店经理怒气冲冲的电话，他们就想知道，如果必须在店内接受线上退货，那是否会造成他们"偏离目标"。就在当时，那些初涉网上业务的实体零售商却开始意识到，电子商务对其门店会带来何种真正的影响。它们认为，通过经营好购物交付和店内退货这两个环节，就可以将自己没有预见到线上退货对其实体店及线上业务产生影响这一事实，转变为相对于当时只做电商业务的亚马逊之类公司的优势。它们很乐意接受门店的这个新角色，因为这意味着购物者自行取货实际上承担了送货成本，否则这笔钱就该零售商本身来出，尤其是当它们不得不重新安排补送货品时。考虑到时尚等行业的退货率可能高达 40%，而且有一项研究发现，单是交付欺诈就可能导致流失全部收入的 1% 或更多，这对电子商务运营商来说，不啻为一个特别的挑战。[2] 它们当时根本想不到，这些后来被称作"网购店取"的服务会有多么受欢迎。

最先广泛采用"网购店取"服务的是欧洲的许多国家。这是某些因素造成的：高得令人望而却步的电商配送费用；人口的地理密度——人们从来没有远离零售连锁店；很高的互联网带宽和移动接入；消费者相对成熟地接受了现金支付的替代方式，譬如无卡支付和货到付款的交易，这首先促进了电子商务远程购物模式的发展。法国杂货商和其他零售商的"网购店取"业务使 80% 的人口能够利用其周边 4 000 个 10 分钟车程之内的提货点。这种被称为"点击加开车"的购物交付方式，已占法国食品杂货销售的 5%，这一数字预计在未来 10 年将达到 10%。[3] 英国消费者也热衷于"网购店取"：一项研究预测，到 2022 年，"网购店取"的销售额将占英国网上消费总额的 13.9%。[4]

在亚马逊的主场美国，"网购店取"的交付方式对于门店的影响如同其在法国一样，在现今已大规模铺开的基础上，又增加了"免下车提货"功能。塔吉特、沃尔玛和克罗格已经或计划扩大其

"网购店取"业务，即"开车来"，"路边取"，"增加网上购货单"，它们各自将于 2019 年将具有上述业务的网点增加到 1 000 个。沃尔玛为食品杂货订单的交付而推出的"自助提货站"，赋予这一发展最为复杂的形态。为了减少与电商配送相关的额外运营费用，这家美国巨头借鉴了来自其英国子公司艾斯达的经验，而艾斯达就使用了类似的自助货亭的概念。这些规模更大的提货站是专为完成 35 美元以上的杂货订单而设计的，这些杂货订单由商店工作人员负责配货及包装。这些 160 平方英尺的建筑物，一般置于沃尔玛超市的停车场上。

就像所有的"网购店取"服务一样，沃尔玛的自助提货站也通过吸引更多的顾客光顾和潜在的额外客流量，来平衡其电子商务增长。零售商们发现，由于"网购店取"的顾客增加了店内购物转化率和购物量，他们可以抬高店内的客流量和增量消费。2015 年，UPS 的一项欧洲购物者调查发现，47% 的受访者使用过店内取货服务，其中 30% 的人在到店提取网购物品时又购买了更多商品。[5]

相比之下，亚马逊在尚未考虑收购实体杂货连锁店之时，就已经率先通过亚马逊自取柜进军"网购店取"业务。2011 年，第一批亚马逊自取柜出现在亚马逊的起家城市西雅图，以及纽约和伦敦。顾客可以选择任何地点的自取柜作为收货点，并通过电子邮件或短信接收一串取货码来检索他们的订单，然后在指定的自取柜的触摸屏上输入该代码，打开对应的自取柜的门。通过与零售业主合作，亚马逊扩大了自取柜服务的规模，自取柜被放置在大型购物中心、7-Eleven 便利店和 Spar 超市等零售商的门店，以及英国的 Co-op 和莫里森超市。亚马逊的自取柜在加拿大、法国、德国和意大利也有设置，而且该公司并不反对使用不那么传统的自取柜设置地点，包括公共图书馆[6]和城市公寓楼，并提供依托自取柜的亚马逊中心服务[7]。截至 2018 年，亚马逊自取柜分布在 50 多个城市，覆盖 2 000 多个地点。

远程提货之便利

自取柜的美妙之处在于，它消除了"最后一英里"配送中的问题，例如失窃、送错货及需要重新配送，以及相关的额外成本。顾客还可以利用该系统退回不想要的货品。但并非所有第三方亚马逊卖家都能使用自取柜选项，因为有些买家所委托的快递公司使用需要签名确认收货的系统（尽管亚马逊集散中心自取柜接受所有快递公司的包裹）。此外，亚马逊的自取柜也不适合存放生鲜物品。作为更大的线上杂货市场，欧洲率先开发了可以控制温度的"网购店取"自取柜。在这方面，emmasbox 值得关注。这家总部位于德国慕尼黑的初创企业，向德国公共交通管理机构、德国联邦铁路及其他中转地点，如慕尼黑机场、杂货店零售商艾德卡和米格罗斯等提供为网购食品交付而特制的冷藏取货站。2017 年，自利德折扣商店在比利时为网购杂货交付设置了三个提货点后不久，法国零售商欧尚就在圣艾蒂安地区引进了 250 个"网购店取"的温控食杂取货柜。此概念的其他应用典型，包括德国的敦豪快运（DHL）与德国邮政的包裹自取站、法国邮政的城市取件站和英国的便利自取箱都基于设在交通枢纽或其他高交通流量城区的已经成熟的取件点，并可与传统的邮局、FedEx 和 UPS 设在零售店里的外设点相抗衡。例如，就连英国的亚马逊客户也可以从多德尔（Doddle）公司的 200 多个自取点领取包裹。

谈到目标，许多零售商如今在衡量电子商务的影响时，都将订单地点纳入基于商店或地区的销售统计。这就是为什么行业共识仍然认为，全球 80%~90% 的零售销售还是在门店内完成的。消费者可以在线订购产品并支付货款，但他们之后便会选择对自己来说更方便的时间从当地商店或第三方提货点取货，这通常也允许他们免除额外的送货费用。说起送货费用，亚马逊是最早通过免费送货来吸引更多顾客的公司之一，那是在 2002 年。亚马逊推出了"超级省钱"送货优惠，将运费门槛从 100 美元降至 25 美元。除了金牌会员计划，亚马逊现在还提供免费送货服务，只要订购价值 35 美元以上且符合条件的商品即可。

因此，自从互联网接入变得无处不通，界面变得无处不在，以及人们对近乎即时的满足感的需求急剧飙升以来，零售业不得不对"最后一英里"变得越来越痴迷。传统上，"最后一英里"一词最早为电信网络供应商所使用，它指的是实际到达终端用户场所的基础设施，而零售业现在也使用"最后一英里"来指代产品或服务实现过程的最后阶段，即向商店补货，为客户送货上门，抑或是两者兼而有之，例如，为"网购店取"而向商店发货，在第三方场所设立自取柜。实际上，我们在"星球零售 RNG"（PlanetRetail RNG）机构进行的研究显示，目前零售完成过程的排列组合超过 2 500 种（参见图 13-1）。

现如今，除了传统的购物过程，即顾客在商店里挑选、包装和接收他们自己的商品，你可以想象消费者手中的选择有多么多。供应链的能力不得不迅速优化，以超越传统的中心与辐条，以及对接商店网络的配送和交付中心，这使得购物者能够随时随地接触他们想要的产品。正如我们在本书中提到的，"按自己的方式"购物者的"方式"是由订单决定的（参见图 13-2）。

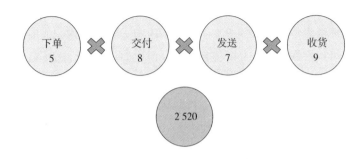

图 13-1　新的交付选项加剧了零售供应链的复杂性

随着消费者掌控能力的提升，传统供应链的形态变化正在加速倍增。这些变化加剧了零售和制造业供应链的复杂性。但从历史上看，供应链一直被认为是许多组织的成本中心。考虑到所谓的"亚马逊效应"，现在供应链模型决定着订单"最后一英里"将在哪里备货、包装和交付，以支持新的购买路径。这将是零售商和制造商组织最关键的增长推动因素之一，这是因为亚马逊在"最后一英里"方面已经领先了一段时间。

开发"最后一英里"

赢得"最后一英里"，越来越能决定谁将赢得争取消费者的整场比赛，而取胜就意味着在频度、相关性及最终的忠诚度方面击败竞争对手。亚马逊的物流基础设施是其颇具竞争力的引擎，它为支撑着亚马逊飞轮的速度和便利性服务。没有它，亚马逊的两个最大的以供应链为基础的增长引擎——金牌会员制和"亚马逊物流"就不可能成功。在赢得"最后一英里"的过程中，亚马逊

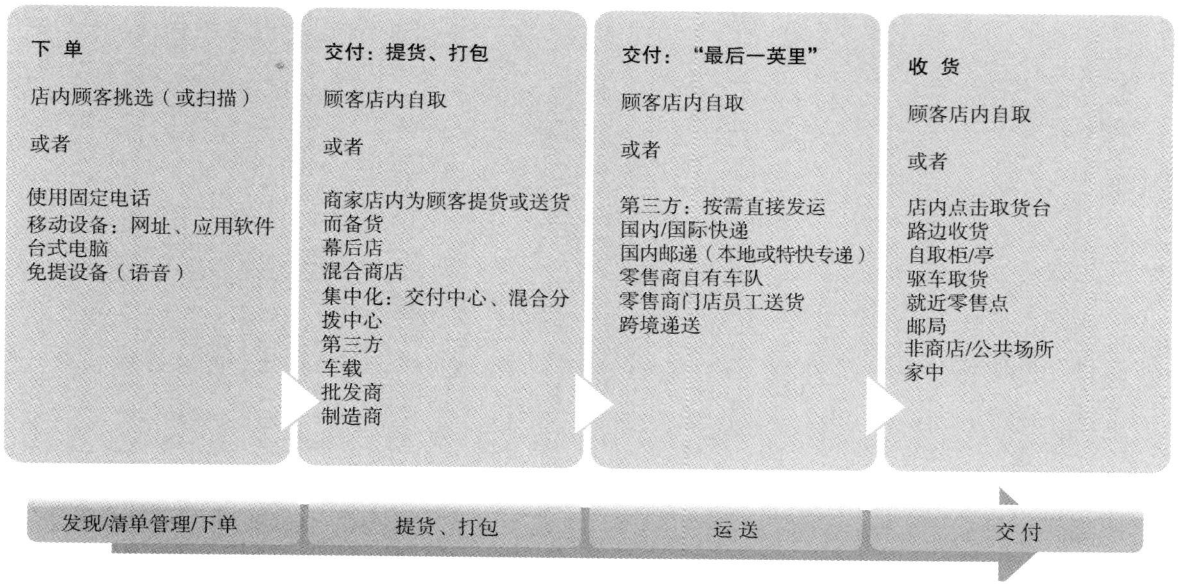

图 13-2 完成电商客户订单的复杂性日益增加

下单
店内顾客挑选（或扫描）
或者
使用固定电话
移动设备：网址、应用软件
台式电脑
免提设备（语音）

支付：提货、打包
顾客店内自取
或者
商家店内为顾客提货或送货
前置店
幕后店
混合商店
集中化：支付中心、混合分
拨中心
第三方
车载
批发商
制造商

支付："最后一英里"
顾客店内自取
或者
第三方：按需直接发运
国内/国际快递
国内邮递（本地或特快专递）
零售商自有车队
零售商门店员工送货
跨境递送

收 货
顾客店内自取
或者
店内点击取货台
路边收货
自取柜/亭
驱车取货
就近零售点
邮局
非商店/公共场所
家中

发现清单管理/下单　提货、打包　运送　交付最著名的就是希望将当日送达，或在某些领域一小时送达作为普遍标准，而其客户主张也让你可以轻松地订购你想要的任何东西。就这一点而言，亚马逊是一个真正的颠覆者。

以视频网站 YouTube（优兔）用户罗布·布利斯为例，他决定使用亚马逊的金牌现时为纽约市无家可归之人的社区送货。他问每个人需要什么，然后下单订购。捐赠的物品包括袜子、鞋、睡袋、秋裤和其他卫生用品。几个小时之内，这些东西就被送到了，而他的视频和想法也在网上被疯狂转发。[8]

在第 6 章中，我们看到亚马逊的"最后一英里"战略，它或多或少也是建立在它依赖于在食品杂货市场开疆扩土的基础之上。但值得重申的是，得益于强大的亚马逊云计算，其复杂的各种算法有序协调着强大的物流能力，并在不过几分钟的时间内完成从备货、发货、包装一直到送达曼哈顿某街角的整个复杂流程。这一支柱在最大限度地支撑着亚马逊的交付物流机制。

如果你想单独观察购物过程的最后一个环节，那也得从顾客决定购买商品并在线下订单开始。这事关他们是否在沃尔玛门店内使用自己或零售商的设备下单，包括与电商结合一体的结账、取货亭或其他所谓的"无限货架"的应用程序。在这里，我们已经看到，亚马逊是如何以优惠的价格吸引金牌会员进入其书店的。亚马逊还特别强调使用现有在线账户可加强支付的便利性，就像其为"一键下单"设定了标准一样，这轻松化解了在线结账过程中最费力的环节，即填写收货及支付信息。正如我们在前文所提到的，亚马逊通过它的一键式专利直接影响了这项功能的广泛采用，其实现简单自动补货的单键按钮和"单键魔棒"，以及嵌入其技术硬件的 Alexa 语音助手，都无须手动即能完成搜索、浏览和发现等网上购物环节，直到下订单和将所购物品放入购物车，再去结账。

在结账方面，亚马逊也做出了重大建树。在线支付门户网站"亚马逊支付"（Amazon Payments）让亚马逊网站的客户可以选择在外部商户网站上使用自己的亚马逊账户支付。就像其竞争对手"谷歌结账"（Google Checkout）和贝宝一样，亚马逊支付也高效地让客户可以使用来自可信任提供商的一个账户进行所有在线支付，它同时会向商家收取一定比例的交易费用和交易费。第三方商家喜欢亚马逊支付的原因之一，就是其客户在结账过程中无须离开该商家的网站，同时还可以使用亚马逊支持的任何方式付款。这还无关设备——商家在客户登录时能接收客户姓名及通过验证的电子邮件。亚马逊还为受中型商户欢迎的一些电子商务平台构建了 API（应用程序界面）集成，如此一来，这些平台的用户就可以激活一个免费插件，并将亚马逊支付选项添加到结账方式中。

然而，在争夺线上支付空间的比拼中，亚马逊支付尚无法宣告自己已占据市场主导地位，尽管其庞大的客户基础使其成为一个主要参与者。亚马逊可关联的活跃客户账户超过 3 亿个，而其支付网关的竞争对手贝宝也有大约 2 亿个账户。不过，苹果上一次公布数据是在 2014 年，当时它就称其拥有 8 亿个要求提供支付信息的苹果支付 iTunes 账户，而业内估计谷歌 Google Play 的账户数量与之不分伯仲。与此同时，来自社交媒体的竞争日益激烈。脸书在 2018 年年初表示，它每天的活跃用户数量超过 14.5 亿，虽然相较于广告收入，其在支付处理方面的收入只占总收益的很小比例。它宣称 2017 年总数达 7.11 亿美元的支付和其他费用来自脸书支付（Facebook Payments）和脸书市场（Facebook Marketplace）

等来源。[9]该社交网络无须注册支付细节就可以使用，这一点与其他一些网站不同。尽管如此，除了贝宝，大多数零售商都拥有更大的用户基础，而亚马逊是唯一拥有这种扩展功能的零售商（尽管苹果有专卖店销售自己的消费电子产品和服务，并且提供"苹果支付"服务）。就数量、规模和所在行业而言，唯一真正的线上竞争对手就是阿里巴巴的子公司支付宝。截至2018年，支付宝拥有5.2亿个注册用户。

扫完就走

将购买作为交易完成过程的一部分及其对"最后一英里"的影响加以考量，其中的主要原因就是要将亚马逊无人超市的概念放在适当的背景下。彻底消除对结账和付款的需求，为实现更加注重交付环节的未来商店概念指明了方向。我们在第11章和第12章重点介绍了购物过程的每一个阶段，从搜索、浏览到发现，零售商应该怎样减少摩擦。但是，就可能阻碍店内购物转化的那些流程而言，结账和支付排在最前面和最中间。零售商应该从亚马逊那里得到一些启示，将商店视为一种能让顾客觉得不麻烦就得到其心仪产品的途径。

英国零售商维特罗斯已尝试以其"小维特罗斯"模式开设了一家无现金商店，而沃尔玛和克罗格当然也注意到了亚马逊无人超市在美国的威胁，它们都在开发无须结账的购物服务，但机缘各不相同。2014年，沃尔玛首次测试了"扫完就走"手机应用程序，允许顾客扫描选定商品的条形码，然后直接付账，而无须在收银台前额外停留。不过出于安全考虑，这些顾客确实可以带着所购商品经由专门的快速通道离店。此后，就在2018年年初亚马逊无人超市在西雅图向公众开放之前，沃尔玛宣布，在其连锁批发门店山姆会员商店成功推出了类似的服务之后，将在全美范围内把试点门店从 25 家扩大到 100 家。然而，和当初宣布此决定时一样突然，6 个月后，该公司又表示，由于成效不高，公司将放弃在沃尔玛门店进行的尝试。一些业内人士表示，客户发现很难做到既要拿着手机，又要扫码，还要管好购物篮、手推车或购物袋。失窃当然也是一个问题。沃尔玛表示，将继续提供"扫完就走"服务，但需使用专用手持扫描枪，这样就消除了手机没电就无法结账的风险，而且购物车上配备了专用手机支架。克罗格做得稍好一些，它于 2018 年在 400 家门店推广了类似的移动应用程序和手持扫描器服务，称为"扫、装、走"，而克罗格在此前一年就开始试行此服务的概念了。最后需要注意的一点是，专用手持扫描枪最早是在 2002 年由维特罗斯公司推出的。

因此，亚马逊的结账和支付策略肯定能确保其在别的零售商的订购和支付过程中也能够发挥作用，因为亚马逊是从实体店的角度来继续革新这部分购物过程的。虽然亚马逊并没有把这些服务也纳入其第三方市场平台的财务报表中，但我们在考虑亚马逊在订单、支付和交货过程中所发挥的作用时，不应该忘记整个亚马逊飞轮的这个部分。亚马逊为第三方商家提供了整个电子商务前端的在线购物服务。

亚马逊的基础设施、产品和生态系统的每一个部分都强化了它的核心目标，即销售"更多的东西"，而其"最后一英里"主张则在很大程度上强化了其推出服务的核心价值：选择、方便和速度。亚马逊的多轨道"最后一英里"服务从自动补货一直延伸至金牌会员制，以及免费、无限制的两天送货服务，甚至取决于送达地点的当天送货。

值得考虑的是，亚马逊在利用会员制推动针对会员的销售增长方面到底做得如何。当然，在亚马逊金牌会员制的榜样带动下，订购服务大行其道已经有一段时间了。一项调查发现，英国消费者平均每年花在订购快递上的支出超过 20 亿英镑。[10] 当然，最受欢迎的订购服务就是亚马逊的金牌会员制，61.4% 的调查对象已注册享受这项服务。该调查显示，其他受欢迎的订购服务还包括：健康零食公司 Graze（12.3%）、时尚和家居用品零售商 nextunlimited（9.7%）、纯粹快时尚品牌 ASOS Premier（8.8%）、咖啡品牌 Pact Coffee（8.5%）和美妆用品供应商 Glossybox（7.8%）。受访者还表示，便利性（45%）和物有所值（60%）是他们注册订购服务的主要驱动力，而近一半（48.9%）的人承认，如果没有订购服务，他们就不会买这些东西。由此不难理解，联合利华（Unilever）为何愿意在 2017 年斥资 10 亿美元收购"美元剃须俱乐部"（Dollar Shave Club）。[11] 这笔直接面向消费者的收购，为这家品牌巨头带来了持续不断的收入，以及来自忠实客户群的可预测的需求。

持续不断的收入

赞助此项订购服务调查的英国国际快递公司 Whistl 的营销和传播总监梅兰妮·达瓦尔表示，推出一项成功的订购服务的关键，是要找到最佳的平衡点，使所提供的服务对零售商和消费者双方都有利。她这样评论道："要确保产品高质量，且给出的折扣的确物超所值，从而让你的客户群保持忠诚，并愿意考虑在基本为期一个月的'尝鲜'服务之后继续花钱订购，这固然是一大挑战，但只要能攻克这个隘口，那你就一定会获得丰厚回报，还能保持令人满意的客户基础。"[12] 与达瓦尔的观点不谋而合，亚马逊近期的一场广告宣传活动使用了"亚马逊会员给你更多"的口号，这指的就是，除了免费送货及其他许多福利，金牌会员还可以获得免费的影视和音乐流媒体服务。

亚马逊由于推出金牌现时服务而抬高了订单交付的风险，如前所述，金牌现时为符合条件的都市快递区域内的会员提供一小时配送服务。金牌现时是一个强有力的例子，它说明这家企业怪兽有能力在创新的基础上做大做强，同时也说明了其对市场的响应速度有多么快。现在，亚马逊不断增长的金牌会员用户基础正在提升其交付能力方面的需求。

所以，在下一章，我们将会讨论亚马逊关于如何构建"最后一英里"交付物流的主张，包括金牌现时框架内当前和未来的各种创新、亚马逊自取柜和无人机超快速送货及亚马逊物流等，还要讨论亚马逊的供应链战略如何发展，进而囊括在越来越多的行业中出现的O2O附加功能，其中就包括时尚业，当然还有食品杂货业。

做强"最后一英里"

在即时交付领域，亚马逊实际上只是个后来者。在金牌现时推出之初，行业观察人士就曾质疑，为应对消费者对即时满足感的贪欲，按需送货初创企业纷纷涌现，大肆挑战传统的零售交付模式，那么，亚马逊是否有能力砸钱与之大战一场。其他人则认为，亚马逊别无选择，只能与这个领域中的快递公司 Postmates、

Shipt、英速卡和 Delivs 等企业近身相搏，这些竞争对手自身没有任何产品，只是代表其零售商客户向订购客户交付订单产品，而那些零售商也都在拼命效法亚马逊的当天送货，包括"沃尔玛即走"倡议和特易购与 Quiqup 公司联手的伦敦一小时交付服务。

直接竞争对手也迅速做出了反应，例如，易趣就通过将布鲁克林的 80 家小企业纳入其"易趣本地计划"，而使得该公司的当日送达服务与众不同。这其实就是承认了这样一个事实，即亚马逊正利用金牌会员制和金牌现时所提供的各种选择，将其市场平台商户排除在其最新的"最后一英里"开发之外，并独独有利于其新生的自有品牌系列，包括尿布和其他日常必需品。但这也确实凸显了它与当地某些零售商的合作关系，例如与英国的葡萄酒零售商 Spirited Wines、莫里森超市和布斯超市，以及美国地区性杂货商 New Seasons Market 的关系。

事实上，2013 年，即金牌现时尚未推出之前，易趣就以未披露的金额收购了一家初创快递公司，当时该公司负责全球最快的电商快递服务 Shutl。早在 2011 年，Shutl 就在 11 个城市扩大了其电商快递服务，专门递送通过主要零售商阿果思、百安居贸易点（B&Q Tradepoint），以及时尚品牌凯伦·米莲（Karen Millen）、奥时裳（Oasis）、"海岸"（Coast）和"仓库"（Warehouse）等电商网站购买的物品，送货时间在 90 分钟之内。Shutl 于 2010 年完成了其首次快递业务，声称最快的一次交付在 15 分钟内完成，这使其成为快递算法的早期开发者。这些必备的算法能够根据成本、位置和能力等因素，将本地独立的第三方快递公司与订单和提货点匹配。然而，易趣花了 3 年时间才将这家初创企业完全融入自己的业务运营，它在 2017 年又基于 Shutl 从零开始打造的一个平台，为英国卖家推出了一项新的快递服务。令各家商户不爽的是，除了它家的特快专递，根本没有其他可选。某商家曾在布告栏上贴出这样一段话："如果重新设计 Shutl，且使其高效运作，Shutl 或有可能成为一笔财富，这是易趣在尚未完全准备好之前就仓促上马服务的又一个例子。当然，Shutl 也只是像 P2Go 那样的快递代理，它充其量是卖家与快递公司之间的中间人。每张纸有一张标签，缺乏选择，赔偿有限，这都是目前存在的问题。"

竞争背景

与易趣相比，2013 年，谷歌以更快的速度为美国地方性和全国性零售商推出了运用"谷歌购物快递"（Google Shopping Express）软件的当日送达和隔夜送达服务，后简称为"谷歌快递"。快递服务由带有专用标识的车辆和第三方快递公司提供，客户必须拥有一个谷歌账户。虽然零售商可以增加送货附加费，但快递每站收费 5 美元，而且交货窗口与金牌现时的 3~5 个小时的交货窗口相差甚远。但谷歌的此项业务却正在逐步扩张，部分原因是其整合的语音助手为零售商提供可替代亚马逊语音助手 Alexa 的有力选择，它现已与沃尔玛、好市多、塔吉特和家乐福签署了协议。

鉴于竞争对手谷歌和易趣都明显缺乏对市场的快速响应，或者说缺乏迅速扩大其快速送货业务规模的能力，因此就不难理解亚马逊在 2014 年以金牌现时打入特快专递市场所采取的相对谨慎的做法。在金牌现时推出之际，科技资讯网（CNET）高级编辑丹·艾克曼就指出，金牌现时的服务和扩张成本都很高。他所指的是"人力和基础设施，即不仅要把东西放进盒子里寄走，还得把东西放到城市里的送货员的背上，他再把它送出去才行"。[13] 同一年，亚马逊用来取悦顾客的免费送货服务（以及迅捷的金牌快递服务）和竞争成本超过了42亿美元，占净销售额的近5%。在2017年的一次行业活动上，亚马逊金牌现时副总裁斯蒂芬妮·兰德里谈到了金牌现时的成本问题。[14] "超快购物是一个成本很高的主张，"她承认道，"要做到这一点并不容易，但学会如何做的唯一方法就是在做中学。"但是，本着亚马逊领导力原则的真正精神，兰德里补充说："作为这项业务的领导者，我不会花太多时间去考虑送货成本，我真正关心的是顾客的爱，是我如何才能让顾客爱上这款产品。无论何时，我都宁愿接受成本问题，也不愿接受客户的垂爱出问题。"[15]

食品外卖扩张

除了巩固金牌会员制在亚马逊生态系统中更广泛的优势，即不断地为飞轮提供动力，亚马逊还在金牌现时提供的服务中增加了餐厅外送服务。亚马逊餐厅（Amazon Restaurants）于2015年夏推出，那是一项在线订餐服务，分别提供两小时免费和一小时7.99美元的送餐服务，涵盖美国和英国伦敦共20个都市区域。截至2018年，共有7 600多家餐厅通过金牌现时提供外卖服务。除了独立餐厅，这项服务还包括多家连锁餐馆。亚马逊餐厅可以在金牌现时手机应用和亚马逊网站上找到。用户消费只要达到一定的金额，就可享受一小时免费送餐，这由那些使用一大批餐饮外卖中介模式的餐厅决定。有趣的是，堪称快餐巨头之王的麦当劳，已经在25个国家运营其麦乐送服务，它最初于1993年在美国首次推出，比送餐淘金热还要早。然而，麦乐送将于2018年通过优食（Uber Eats）在英国展开，这一最新发展表明，第三方快递中介机构已变得多么具有颠覆性。

Deliveroo 快递公司在这里值得一提，这不仅是因为其快速餐厅外卖模式与本领域里的外卖模式有相似之处，它还自行生产一些食品。该公司于 2013 年在伦敦成立，由独立但有品牌的快递公司组成的车队，在 12 个国家的 200 个城市提供独家餐馆和连锁餐厅的送餐服务。不过，Deliveroo 已经于 2017 年在其国内市场推出了"快闪店"版本的幕后厨房。与功能服务齐全的餐厅相比，这种被称作 RooBox 的专做外卖餐食的厨房，在工业区和废弃停车场之类的地方，为顾客制作来自一些餐饮店的品牌食品，以降低装修成本。

此外，与 Deliveroo 一样，英速卡也一直在向其服务的客户学习。行业顾问、亚马逊前高管布里顿·拉德写道：

> 英速卡可以完全自由地接触与之签署协议的零售商的每一个细节和成本。英速卡一直在积极增加其所筹集资金的规模，这样它就可以成为杂货零售商、批发商和自有品牌产品的制造商。那些将英速卡视为救星的杂货零售商教会了英速卡如何做它们的生意，包括它们的优势与不足。随着英速卡业务模式的扩展，它将能够利用对其杂货业客户的了解来为自己创造优势。[16]

推动"最后一英里"需求

因此，我们可以看到，包括亚马逊餐厅、亚马逊生鲜和金牌食橱在内的各种服务的扩张，是如何通过金牌现时的机制，对不断增长的行业机遇做出反应的。这些服务所依托的是亚马逊庞大的规模，它们可以为亚马逊飞轮增添强大的动力，但它们同时必须与日益多样化的对手竞争。

就金牌现时的差异化而言，亚马逊一直试图保持领先的一个方面，自然就是实际的在线购物体验。这里有一个很好的例子。2017 年，亚马逊首次在美国软启动了跟踪功能，但第二年就不动声色地将其推广开来。此功能为顾客提供快递送货的实时行进地图，以及快递员在到达你的地址之前还会停几站或送几次货。但早期的报告显示，该系统只兼容由亚马逊自家物流网络完成的包裹，而不兼容由美国邮政服务（US Postal Service）、UPS 或 FedEx处理的包裹。跟踪功能消除了错漏投递和欺诈，这意味着亚马逊很可能希望在未来向更多优质用户推出这一系统。

第14章

"最后一英里"
的基建

> 亚马逊赚钱的方式与传统出版商不同。它是一个基础设施玩家。
>
> ——小说家尼克·哈克维[1]

在了解了金牌会员制以及金牌现时是如何将亚马逊的触角伸展到别的领域，以及如何作为主要渠道引入新服务，以加强亚马逊飞轮效应，并助推其快速增长之后，重要的就是要思考，为满足那些急不可耐的不同需求所带来的成本，将会如何影响亚马逊范围广泛的交付物流策略。例如，亚马逊的第一个金牌现时配送中心位于曼哈顿中城、帝国大厦对面，金牌现时专门团队在此通过各种方法来执行订单任务。在该项服务的发布会上，亚马逊通信发言人凯利·切斯曼表示："我们正在利用从全球 100 多个配送中心发展而来的运营专长，并将其带到纽约，为这项服务提供动力。快递员将步行、乘坐公共交通工具、骑自行车或开车为顾客送货。"

金牌现时专用配送中心都是一些迷你型的"集散点"，而非全规模的亚马逊配送中心。这些中心一般体量都小得多，例如，如今位于密尔沃基基诺沙的金牌现时购物中心占地面积为 2.5 万平方英尺，相当于城市杂货店平均规模的两倍左右。相比之下，亚马逊在苏格兰邓弗姆林的巨型配送中心占地面积为 100 万平方英尺；亚利桑那州凤凰城配送中心更是占地 127 万平方英尺，足足有 28 个足球场那么大。在地方实体商店尚未形成网络的情况下，这些配送中心减少了人口稠密的城市地区"最后一英里"的配送成本，在这些地区，快递时间受到当地交通的严重影响。更重要的是，这些中心还可以作为亚马逊的次优选择，与到当地零售商店购物的即时满足感体验竞争，其优势就是你所购买的商品会被送到你手中。高德纳 L2 咨询公司的分析师库珀·史密斯说："目前每 20 英里就共享一座亚马逊仓库的人口已占美国人口的一半。"[2] 这缩小了其与最密集城市人口在"最后一英里"水平上的差距，但相对来说，它仍比美国消费者离沃尔玛大卖场的平均 6.7 英里的距离远一些。[3]

金牌现时的配货员（在配送中心按照订单拣货和打包）使用移动手持条形码读取设备来定位商品。由于没有使用自动化程度更高的仓库管理系统所要求的指定摆放区域，而是采用了"随机摆放"系统，所以节省了空间。虽然这可能会导致一些不协调的物品被堆放在一起，但把物品放在货架过道上由配货员选拣，可以最大限度地利用空间。亚马逊的一位发言人报告说，随机码垛提高了选拣精度。如果同类商品的多个不同版本放在同一位置，则更容易出错。

金牌现时的配送中心还特别配备了"高速托盘"来方便、快捷地处理被频繁订购的物品，比如厕纸和香蕉，同时为冷冻和冷

　　　　　　　　　　　　　　　　　　　　　亚马逊效应

鲜商品配备了步入式冰箱和冷藏设备。这些商品也可以通过亚马逊生鲜和金牌食橱的家庭杂货服务被订购。订单商品备货完成后，就会通过亚马逊所谓的"斯兰姆线"（SLAM line）被发送，SLAM是英语 scan（扫描）、label（贴标签）、处理（apply）和登记在册（manifest）的首字母缩写。之后，客户订单将以多种交付方式完成。该公司在曼哈顿进行的自行车快递实验被大量报道，还在金牌现时推出几周时引发了亚马逊要进军快递行业的传言。

送货人

从"最后一英里"的劳动力成本来看，金牌现时与亚马逊其他物流基础设施的不同之处，就在于它大量使用配货员，以及随机码垛系统。这使得它比大型的配送中心更依赖于人力。在大型配送中心里，亚马逊仓储机器人 Kiva 分拣系统承担了更多传统的拣货和打包工作。亚马逊使用快递服务来递送金牌现时订单商品，这也是亚马逊必须承担的另一项额外的劳动密集型支出，以换取最快、最广泛的"最后一英里"服务。这也是为什么在金牌现时首次推出之后，亚马逊很快又在 2015 年年底前推出了"亚马逊灵活送"，这是一个为独立合约人提供送货服务而搭建的平台。该平台利用了由优步和其他快递竞争对手所推广的日益壮大的零工经济，最早只是满足金牌现时的需求，但现在也为一般的亚马逊递送服务。[4] 就像优步将司机与其所称的"搭车人"配对，以及英速卡将顾客与购物者配对一样，这个基于安卓系统的"亚马逊灵活送"应用程序引导"灵活送货人"送货到其本地半径内的收货地址。

"亚马逊灵活送"之所以让我们感兴趣，主要有两个原因。第一个原因是，在"最后一英里"雇用独立合约人进入"零工经济"，并没有完全证明它就是亚马逊所希望的以客户为中心的"最后一英里"快递解决方案。的确，这个方法给了亚马逊端到端的控制权，在这里，它能通过其应用的送货跟踪功能与客户分享"最后一英里"服务的可视性。但是"灵活送货人"使用他们自己的车辆，一开始也没有从着装上表明他们是为亚马逊工作的，这引发了那些警觉的街坊四邻的强烈反应——这些来到他们门前的陌生人，着实把他们"吓了一跳"。[5]与优步一样，亚马逊也不得不为前"灵活送货人"提起的承包人诉讼进行辩护。这些前承包合同签约人辩称，扣除使用自己车辆产生的相关成本之后，他们拿到手的报酬要低于最低工资标准。一些原告是通过亚马逊物流和当地快递公司与亚马逊签订分包合同的，他们声称亚马逊应该将他们视作全职员工来支付报酬，因为他们在亚马逊配送中心之外工作，得到了亚马逊的高度指导，亚马逊还为他们提供客户服务培训。[6]

或许，为收购全食超市而工作的员工可以在下班后送货，以降低"零工经济"模式带来的诉讼风险，就像沃尔玛在2017年所尝试的那样。在另一项降低电子商务实现成本的尝试中，沃尔玛不仅利用其分布广泛的门店来推进"网购店取"，还开始仰赖其庞大的门店员工基础开展送货上门服务。沃尔玛提出，员工只要使用一款应用送货就可得到额外薪酬，该应用指导员工在每趟通勤途中递送至多10份客户订单。沃尔玛美国电子商务总裁兼首席执行官马克·罗尔在一篇博客文章中表示，"这样做是有道理的，我们用卡车将订单商品从配送中心运送到商店，供客户提货。同样，我们也可以用这些卡车把'送货到家'订单的商品送到离最终目的地很近的门店，再由参加送货的员工登记后将订单货物送到订货人家中"。[7]

第三方承运人定制

"亚马逊灵活送"让我们感兴趣的第二个原因是，亚马逊基于兼职零工的举措揭示了一种订单执行策略，它旨在减少对美国邮政服务、FedEx 和 UPS 等第三方包裹递送服务的依赖。别忘了，亚马逊目前有 20 多个不同的物流合作伙伴，每年共递送约 6 亿件亚马逊包裹，其中由美国邮政服务、FedEx 和 UPS 递送的最多。成本管理显然是必须优先考虑的事项，在这方面，亚马逊可以通过在其整条供应链上获得端到端的可见性来实现高效率。亚马逊将"最后一英里"的控制权委托给第三方，就等于将供应链上面对客户的最直观的部分拱手相让，这与其客户为上的企业精神不符。后来，亚马逊同美国邮政服务之间的委托定制也成为美国总统特朗普在推特上漫无边际咆哮的攻击对象。一些人认为，这是对杰夫·贝佐斯及其对《华盛顿邮报》所有权的几乎不加掩饰的攻击，该报一直批评美国总统威胁做过他认为对自己是不利报道的那些记者。特朗普在推特上写道，在其所称的"亚马逊邮政骗局"中，"据报道，美国邮局平均每为亚马逊递送一个包裹，就损失 1.5 美元"。[8] 尽管这一点及亚马逊支付的税款被特朗普批评了，而且最终可能成为这位共和党总统发起更广泛的反垄断行动的一部分，但业界一致认为，造成美国邮政服务困境的原因，其实与亚马逊一点儿关系也没有。有人预测，美国邮政服务对包裹投递的收费低于市场水平，而亚马逊无疑有能力就可能的最佳价格进行谈判。但该公司收入下降，实际上是由直邮需求放缓造成的，与包裹投递无关。[9] 亚马逊还与 FedEx 和 UPS 就其为前者的竞争对手美国邮政服务提供的业务量发生了争执。但反过来，FedEx 和 UPS 也一直抱怨，按法律要求产生的固定成本[10]与来自竞争激烈的包裹业务的收入严重不符，它们认为至少 5.5% 是不够的，因为竞争性业务已经占其总收入的 30%，比十年前高 11%。

其他值得注意的竞争挑战，则直接来自其零售竞争对手，如沃尔玛和塔吉特等。2017 年年底有报道披露，沃尔玛曾对多家签约运营商表示，如果它们与亚马逊开展业务，沃尔玛就可能选择不再跟它们做生意[11]，这就是美国电子商务销售增长所带来的对第三方订单执行能力的需求。沃尔玛对使用亚马逊云计算的供应商也采取了类似的立场。2017 年年底，塔吉特以 5.5 亿美元收购杂货市场和当日送达平台 Shipt，这被视为对亚马逊实现当日送达能力的直接挑战，同时也让这家零售连锁企业更有能力克服伴随"网购店取"而来的库存挑战。在一篇关于此次收购的官方博客上，塔吉特首席运营官约翰·穆里根将之称为塔吉特的一系列新举措之一，旨在让顾客感到"在塔吉特购物更轻松、更可靠、更方便"，其他举措包括将"门店到家"服务能力扩大到全美 1 400 多家店铺，推出必需品次日送达服务——"塔吉特补货驾到"，以及收购"最后一英里"运输技术公司 Grand Junction。[12]塔吉特宣布，其目标是在 2018 年年初让半数塔吉特门店实现当日送达。

> 我们在全美有 1 800 间微型仓库，还有 460 间特色休息室被改造成网上订单执行中心。接受过交叉培训的员工在销售楼层和特色休息室工作，从商店的货架或库存中拣选在线订单的货物，并在店里打包。然后由 UPS 接单，并将其递送到中心辐射型配送中心。
> ——塔吉特首席执行官布莱恩·康奈尔，2018 年[13]

亚马逊效应

我们已经讨论过金牌会员制和金牌现时如何助力亚马逊飞轮，以及新增的诸如亚马逊金牌食橱、亚马逊生鲜和亚马逊衣橱等服务，如何为更广泛的亚马逊的生态系统扩大规模和广度。但我们也开始探索这些新增项目是如何给其供应链和物流配送带来更大压力的，这些扩张都必须靠不断增长的分销和执行网络来支撑。如前所述，亚马逊用传统的"配送中心＋物流网络"的模式为金牌会员制奠定了基础，即使用第三方快递商。但该公司仍在继续创新，利用其实力强大的亚马逊云计算服务能力，增强了整合其庞大物流网络的能力，从而提高自动化、效率和生产率。亚马逊最早在西雅图和特拉华州开设了两家配送中心，在其后的 20 年里，该公司在全球拥有了占地超过 2.5 亿平方英尺的数据中心和配送中心空间。

信息技术基础设施

看看亚马逊的数据中心，这个巨大的计算资源很少被讨论，因为这是亚马逊的正业、开发软件集，以及运行的互联网流量。由于全球一些大型媒体和社交网络、流媒体服务、出版商和零售商都在亚马逊云计算上运行，所以，很难估计全球互联网流量中到底有多少是通过亚马逊云传输的。据网络性能管理公司 DeepField Networks 估计，这一比例占全球互联网流量的 1/3，而这一数据还是 2012 年的。[14] 亚马逊对其亚马逊云计算数据中心的基础设施也守口如瓶，从未开放该中心任何设施的参观服务。亚马逊网站只显示其众多数据中心的大致位置，这些数据中心被划分为"地区"，每个"地区"至少包含两个"可用区域"，而这两个区域又各是数个数据中心的基地。亚马逊尽可能将这些数据中心设置在靠近互联网交流点的地方，以方便传输内容流量，并构建自己的配套电力变电站，其中每座变电站都可以产生100兆瓦以上的电力，足以为每个中心的成千上万台最密集的服务器供电，或从全球来说就是数百万台服务器。2006年，亚马逊在美国弗吉尼亚州北部建立了第一个亚马逊云计算数据中心，这是整个基础设施的中心。到2018年，亚马逊在全球已经拥有了50个可用区域。亚马逊通过其子公司Vadata经营着这一产业的大部分。

亚马逊物流的兴起

正如当初通过快速扩张其全球数据中心基础设施来构建亚马逊云计算服务一样，亚马逊采用类似的闪电战策略，通过亚马逊物流运营来构建并支持其实体的"最后一英里"执行网络。虽然最早的两家配送中心成立于1997年，但自2005年和金牌会员制推出以来，该公司一直在积极扩大其供应链和物流布局。目前，亚马逊全球总的房地产资源的80%以上用于数据中心和约750处仓储设施。2008—2010年，亚马逊推行北美配送中心推广战略，在那些对零售销售提供最优惠税收政策的州，可以看到此战略的发展轨迹。

但是，到2013年，每个州开始实行税收公平政策，亚马逊也已经将发展重心从服务更多城市以最大限度地减少运输成本，转移到了"最后一英里"基建和培养其金牌现时的勃勃雄心上。供应链、物流和分销咨询公司MWPVL International Inc.的总裁兼创始人马克·沃尔弗拉特在给作者的一封电子邮件中评论道："如果你把美国乘地铁的人口按降序排列，你就会发现亚马逊显然已开始在主要地铁市场附近建造配送中心了。"亚马逊经营着各种不同类型的交付中心和配送中心，包括那些处理可分类小件、可分类大件、不可分类大件、特殊服装、鞋类和小型零部件、退货的配送中心，以及其第三方物流外包设施。亚马逊还拥有一个由常温和冷藏食品杂货分销中心组成的网络，为亚马逊食橱和亚马逊生鲜业务提供服务。[15]

同样在2013年，为争夺最后一分钟圣诞节消费的亚马逊和美国其他许多零售商，都无法按时送达订单快件，因为许多人将订单截止时间推迟到12月23日晚上11点，而且因为节前最后一个周末的订单同比上涨37%，激增的需求使它们无法招架。[16]许多人将此归咎于UPS，因为该公司在圣诞节前的那个周一通过其航空网络运送了大约775万件包裹，而其中相当大的一部分是由该公司负责"最后一英里"投递的。

吸取教训之后，为了应对随后对于金牌现时的需求，在其仓储网络扩张的新近阶段，亚马逊的租赁模式已经明确强调，"最后一英里"配送仓库必须与消费者保持开车即到的距离。亚马逊现在将其物流仓库的投资分成以下4种类型。

- **配送中心（FC）**：大型仓库（通常约为100万平方英尺），负责接收散装货物，然后储存并分别配送出去。
- **进出货物分拣中心（SCs）**：在2013年圣诞快递业务崩溃之后，亚马逊开始增加分拣中心，为UPS和FedEx等货运公司及其周末的美国邮政服务进行预分拣。（分拣中心通常与配送中心相邻，并通过传送带与之连接。）这些设施按照地区代码对包裹进行分类，以便交给负责单个包裹最终交付的承运人。从那里，承运人为客户执行"最后一英里"交付。分拣中心还将包裹运送到亚马逊四通八达的发货站网络，而每一个发货站都代表着亚马逊分销网络的最后节点。分拣中心可以代表一个或多个配送中心处理一个区域内的包裹。

- **再分销配送中心（RFC）或称入站交叉理货台（IXD）网络**：亚马逊在某些地区开放了端对端设施，向已形成网络的单个配送中心提供服务。例如，加利福尼亚州那个被称为"ONT8"的仓库（亚马逊使用附近机场的代码为其设施命名，其中的数字表示建造的顺序），就是和另一个ONT仓库以及加利福尼亚配送中心配套的再分销配送中心。这些设施位于主要货物集散地附近，以减少从集散地到设施的地面运输费用。

- **金牌现时枢纽及发货站网络**：有时配送中心离地铁很近，可以支持金牌现时（如佐治亚州亚特兰大市）。而在其他地区，亚马逊开设了专门的金牌现时枢纽（如伊利诺伊州芝加哥市）。这些枢纽弥补了地铁配送站设施的不足，为发货站网络提供服务。这些枢纽占地面积更小，大约为100平方英尺，用于当地快递公司和"亚马逊灵活送"兼职快递员对包裹进行分拣和投送。

2014年，亚马逊在美国各地引入区域性分拣中心，从而加强了对其配送网络内包裹出库运输的控制。专家们认识到，这些建筑是亚马逊摆脱对于UPS和FedEx的依赖的关键因素，包裹由此可以由美国邮政服务、当地快递公司和亚马逊投递。

推动房地产需求

亚马逊在美国和欧洲不可阻挡的扩张（目前大有向亚洲和印度次大陆蔓延之势）不仅推动了电子商务的崛起，还使行业房地产市场大热。美国城市土地研究所（Urban Land Institute）发布的《2018 年新兴趋势报告》将物流中心和仓库列为最具投资潜力的两个行业，其平均建筑高度从 24 英尺增至 34 英尺，以满足电商配送的需求。亚马逊表示，在繁忙的假日季节，其仓库每天可以运送 100 多万件商品，而亚马逊的一项典型送货任务只需要一分钟的人力。[17] 尽管如此，亚马逊也因其仓库的工作条件严苛而受到抨击，比如筛选和跟踪定位程序繁重，每班的工作时间和来回走动的路程漫长，上洗手间和工间休息受到严格监管，以及相对较低的薪酬水平。因而在 2013 年，德国工会呼吁就亚马逊仓库工人的工资水平罢工。[18]

> 未来的工厂（或仓库）将只有两名员工：一个男子和一条狗。那个人将在那里喂狗，而狗会在那里防止那个人触摸设备。
> ——沃伦·本尼斯[19]

我们不要忘记，正如我们在探讨自动化发展时提到的，亚马逊在 2012 年以 7.75 亿美元收购了机器人制造商 Kiva 系统。在收购完成后，为了在 2014 年的节假日旺销季为自己提供服务，亚马逊在 10 个美国配送中心增加了约 1.5 万台 Kiva 机器人。据估计，这些机器人占亚马逊劳动力的 1/5，它们使仓库运营成本减少了20%。机器人负责将专用货架"单元"沿着一个预定义的网格移动到工作站，由亚马逊分拣员工挑选、包装和备好待运物品，然后放入每秒可处理400多份订单的传送带网。亚马逊仓库管理软件为每份订单匹配大小合适的箱子，并掌握运输标签的应用。

据说，亚马逊机器人系统所负责的流程部分，比人工分拣的效率高5~6倍，并且消除了对人体宽度过道的需求，所占用的空间仅为传统的非自动化仓库的一半。机器人的灵活性还意味着它可以根据销售数据的持续变化而不断重新配置仓库空间，由此可以迅速地重新定位高速移动的货物。然而，与传统的零售和批发仓库相比，这些机器人只能处理放入货架单元的那些小体积物品，而传统的零售和批发仓库则靠叉车搬运和堆放大部分托盘上的库存。至于更大的物品，就由被称为"装卸机器人"的大型机械臂〔由蒂勒（Thiele）技术公司制造〕负责处理，它通常在亚马逊体量更大的配送中心搬运和打包箱子。仓库技术的另一大特点，就是可以在30分钟内卸载和接收一整辆拖车货物的可视系统。2017年，亚马逊创建了一支团队，专门负责指导使用无人驾驶技术，部署无人驾驶叉车、卡车和其他类似的工具，这一切都基于亚马逊当前为自动化做出的努力。

由于拥有如此庞大的供应链和配送物流网络，以及不断地努力提高效能、降低送货成本、减少送货时间，亚马逊进入运输市场或许是不可避免的。事实上，根据行业研究，运输和物流可能是电商公司下一个数十亿美元的发展机遇。[20] 根据来自世界银行、波音公司和金谷（Golden Valley）公司的数据：包括海运、空运和陆路卡车货运在内，全球运输市场价值为2.1万亿美元。随着电子商务支出的增长，包裹快递业发展火爆，传统的货运公司从中获利匪浅，但同时风险也不小，因为它们面临着来自亚马逊以及阿里巴巴、京东和沃尔玛等公司越来越大的压力。迄今为止，亚马逊及其竞争对手一直专注于打造"最后一英里"配送物流能力，但现在它们也在逐渐转向发展配送供应链的"中间一英里"和"最初一英里"的能力。

2014年，亚马逊开始为国际卖家提供外包整合服务，利用大宗折扣获得更低的美国进口价格。到2015年年底，亚马逊以一连串动作迅速现身运输市场，包括一直在谈判租用20架波音767喷气式飞机开展自己的空运服务，在中国注册提供海运服务，以及购买数千辆卡车拖车用于在其分销配送设施之间运送商品。[21]随后，亚马逊中国注册提供海运服务，这使得中国卖家需使用其服务向亚马逊美国客户发货。亚马逊海事公司（Amazon Maritime, Inc.）持有美国联邦海事委员会（US Federal Maritime Commission）颁发的运营执照，是无船承运人（NVOCC）。

作为运输商的亚马逊

2016年，亚马逊获得了购买国际航空运输公司至多19.9%股份的期权，并开始安排20架波音767飞机的运营。一年后，亚马逊推出了第一架自有品牌的货机，并宣布亚马逊航空（Amazon Air）将把辛辛那提的北肯塔基国际机场作为主要枢纽。该公司还获得了高达4 000万美元的税收优惠，用于建设占地920英亩 ① 的空运设施，包括面积达300万平方英尺的分拣中心和可停100多架货机的停机坪，预计建设总成本为15亿美元。根据现场分拣

---

① 　1英亩约为4 047平方米。——编者注

设施的申报计划，440 英亩的地块定于 2020 年完工，而剩下的约 479 英亩将于 2025—2027 年在二期工程开展建设。根据规划，届时将能装卸以本枢纽为基地的 100 架货机的载货，每天运营超过 200 架次航班。这一举措是对在较小机场建立的货物处理设施的补充，它使亚马逊位于肯塔基州希伯伦的航空分拣中心与设有配送中心的大城市之间的连接成为可能。MWPVC International Inc. 将这些设施称为"空运分拣枢纽"。它们的位置靠近机场跑道，便于处理和接收运往希伯伦航空枢纽的货运包裹。

除了当日送达和一小时送达的颠覆性举措，以及运营管理自己的货运车队、船队和机队，并减少依赖第三方服务提供商，亚马逊还在 2017 年推出了其首个专为卡车司机设计的应用程序，便于他们更容易地在亚马逊仓库装卸包裹。[22] 既然亚马逊可以直接接触全美数百万个卡车司机，据信亚马逊还在开发一款同类的应用程序，它可将卡车司机与货物匹配。另有一项有点儿另类的创新，即亚马逊在 2015 年申请的一项专利，它涉及为送货卡车配备 3D 打印机，以便其在前往客户目的地的途中也能够制造产品。[23] 2018 年，亚马逊又申请了一项 3D 专利，接受定制的 3D 打印产品的订单、制造产品，以及向客户交货或由客户取货，以期将制造商完全踢出局。[24]

亚马逊物流

如果亚马逊真的希望将中间商从配送过程中剥离，并对其供应链进行端到端控制，那么它就不可能将扩大其全球物流布局的任何举措，仅看成"亚马逊物流"服务的延伸。此服务存储、拣选、包装和运送第三方商家在亚马逊市场平台上销售的产品，并处理相关退货，当然还包括亚马逊支付。该服务是作为优化最终客户购买体验的最佳方式进行推销的，但它也能满足客户严格的发货和交货时间表，并考虑列入适用于金牌会员制的产品清单。"亚马逊物流"的扩张值得注意，其中包括 2010 年在德国，2012年在加拿大，2013 年在西班牙，2015 年在印度，以及 2018 年在澳大利亚的推出。

亚马逊通过金牌现时大幅提升了"最后一英里"服务的速度和规模，正是这个原因，2015—2016 年，那些积极利用亚马逊市场平台进行销售并使用"亚马逊物流"服务的商家数量上升了 70%，尽管亚马逊没有披露由"亚马逊物流"服务所产生的收益。与此同时，亚马逊替第三方卖家销售的商品数量在同一时期也翻了一番。从 B2B[①] 的角度来看，我们也应该考虑"亚马逊商盟"（Amazon Business）的影响。该平台于 2012 年推出，2015 年更名为亚马逊供应（AmazonSupply）。亚马逊网站上这个竞争激烈的 B2B 产品市场，服务于各种产品类别的采购业务需求，诸如笔记本电脑、台式电脑、打印机、其他办公用品、办公家具、手动工具、电动工具、安全设备、办公厨房必需品和清洁用品。一年后，该公司披露，"亚马逊商盟"创造了 10 亿美元的收入，为 40万名商业客户提供了服务。从这个角度来看，考虑到"亚马逊物流"和"亚马逊商盟"所处理的产品数量庞大，再加上亚马逊进军航空货运、地面运输和海运等因素，亚马逊已然成为全球规模

---

① B2B（即 Business-to-Business 的缩写）指企业与企业之间通过网络进行数据信息的交换、传递，开展交易活动的商业模式。——编者注

的主要物流企业。

即便如此，亚马逊也尝试了一些服务，让商品可以直接从商家那里快速发货，以免自己的仓库积压过多库存。这项被称为"恒星灵活送"（Stellar Flex）的服务于2017年推出，在印度和美国西海岸进行了测试，让亚马逊的物流覆盖范围从配送中心扩展到商户。最新的服务迭代"现场亚马逊物流"（FBA Onsite）诞生于2018年，它给予亚马逊更大的灵活性和对"最后一英里"的控制权，同时通过总量折扣和避免配送中心拥堵来省钱。在此之前，一些业内人士曾暗示，亚马逊是其自身和亚马逊物流获得成功的受害者。由于产能问题，亚马逊在2017年年底前削减了订单。与此同时，一些预估数字表明，让卖家把商品存放在自家的设施中，可以为亚马逊节省高达70%的成本。因此，将亚马逊物流延展到卖家的设施，可能是为其日益增长的物流需求增加产能和规模的另一种方式。

亚马逊还曾尝试退货流程，我们之前提到，退货流程对所有电商公司的经营底线都有重大影响。业内估计，高达30%的在线购买的产品遭遇了退货。在2017年年末公布的一项试点计划中，亚马逊与科尔士百货公司合作，允许这家百货商店销售亚马逊的硬件设备，但同时也接受亚马逊客户的退货。这家零售商的店员会将符合条件的商品打包并免费运送回亚马逊的物流中心。[25] 在双方合作几个月之后，科尔士董事长、总裁兼首席执行官凯文·曼塞尔评论道："有一点是肯定的，这种体验非常棒，人们都在使用这项服务。要说客户有什么反应的话，那他们一定认为，这是一种很好的体验，他们愿意使用这项服务。不过，最要紧的是，这项服务推动了客流量的增加，所以我们打算扩大其规模。"[26]

"最后一英里"竞赛

相比之下，沃尔玛不断扩张的运输和物流业务，在很大程度上是出于成本节约的考虑的，它必须要用庞大的全球门店网络来平衡其电子商务所带来的配送业务不断上升的成本。沃尔玛已开始租赁集装箱，从中国运输制成品，并在更大程度上使用前面提到的储物柜和分期提货方式，以降低送货成本。2017年，沃尔玛美国创新发展总监克里斯蒂·布鲁克斯概述了该公司如何在较大的门店解决上架问题。缺货是近年来该公司一直迫切致力解决的问题。沃尔玛所称的"顶层库存系统"，就是将备货放置在销售楼面的货架顶层上。沃尔玛声称，这使得它能够保持"更满的货架，同时也能更好地即时读取库存"。布鲁克斯表示，这样做有好处，包括减少沃尔玛使用租用的临时补货拖车，并释放了特色休息室的空间，这使得这家零售商能够整合网上提取杂货等服务。这个空出来的空间也被用来进行员工培训。布鲁克斯以北卡罗来纳州莫里斯维尔的门店为例，称该门店在采用了顶层库存系统，并利用新空间开设了一所助理培训学院之后，在两个月内就将休息室库存削减了75%。[27]该公司还抢在亚马逊及其科尔士退货计划之前，通过2017年年底更新的沃尔玛应用程序，来更新门店的网购退货流程。这一更新意味着，该公司的一些在线销售产品，如健康和美容产品，可以立即退款，而不需要去商店再退。[28]

亚马逊已经为第一方和第三方购买的一些商品即时退款，而且低于一定价值的商品也不需要顾客退回实物就可先退款。但沃尔玛一直试图通过这种退货方式，在配送方面与亚马逊齐头并进。这一方式建立在其网上杂货提取、取货塔和免费的两日送达等服务的基础上，沃尔玛特别强调的是，两日送达服务是不需要缴纳会员费的。

阿里巴巴已经开始在货轮上租赁集装箱，这类似于亚马逊的海运做法。这意味着，阿里巴巴物流现在可以为其市场平台上的第三方商家提供"最初一英里"的运输便利。将阿里巴巴的物流模式与亚马逊进行比较是值得的。2003 年，阿里巴巴与其他 8 家金融服务和物流公司联合推出了中国智能物流网络，它也被称为菜鸟物流网。如今，菜鸟物流网由超过 15 家主要的第三方物流公司或物流公司组成，阿里巴巴持有控股权，并于 2017 年注资 8.07 亿美元，从而将其在该公司的股份从 47% 提高到 51%。中国这家商业巨头当时表示，将在未来五年投资 1 000 亿元打造其全球物流能力。阿里巴巴计划利用无人机和机器人技术，打造 24 小时内送达中国任何地方，以及 72 小时内送达世界任何地方的配送能力。

鉴于菜鸟物流网每天完成 5 700 万次配送，阿里巴巴在中国国内市场占据绝对主导地位，这意味着它可以对该地区的物流网络施加重大影响。与亚马逊非常相似，阿里巴巴将这种能力建立在技术投资的基础上，这些技术投资提供了供应链的可视性和数据集成，这是该网络全域内高效统筹配送交付过程所必需的。尽管作为世界上最大的消费经济体，美国为其全球业务提供了基础，但亚马逊的市场份额只是已经成熟的美国电子商务市场的一小部分。相比之下，阿里巴巴在中国的市场份额超过 60%，在这个增长最快的全球第二大消费经济体中，传统贸易仍占 78% 以上。

阿里巴巴的竞争对手京东也一直忙于打造自己的物流网络。按照与亚马逊类似的模式，到 2017 年年底，京东已在中国各地建立了一个由 7 个配送中心和 486 间仓库组成的网络，以及数千个本地配送和提货点。据报道，京东还考虑在洛杉矶开设一家配送中心门店，作为其在美国进行物流扩张的前哨。最值得一提的是，2018 年春，京东推出了欧洲—中国货运班列，所运货物一经装车，就可以向中国国内客户销售。这是中国第一列发自欧洲的货运快车，从德国汉堡行驶 1 万千米到达中国中部陕西省的省会西安。西安是京东最重要的跨境进口分销枢纽之一，铁路快运比海运快35 天，比空运便宜 80%。

京东物流公司的国际供应链总经理在一份声明中说："这是一列从德国到中国的铁路班列，所有货物全部运往京东。通过它，我们大大减少了欧洲零售商和供应商打入中国市场的时间，这也为我们的消费者提供了更多产品选择，价格也更便宜。随着京东网上对欧洲进口产品的需求飙升，我们预计今年晚些时候将推出一项常规服务[1]，我们期待着这趟班列能在未来几个月和几年里开行更多车次。"

全食超市与未来

在探讨了快速送货的效果及其在各大洲对配送需求和能力的影响之后，我们再来看一下亚马逊物流策略的最后一个重要领域。我们不妨先回顾本章开头所提及的，亚马逊原本除了其书店网络，并没有多少实体零售店，所以无法像其美国竞争对手沃尔玛和塔吉特，抑或是欧洲和亚洲的其他类似公司那样，大规模提供 O2O的服务，比如"网购店取"。这种状况一直延续到 2017 年收购全食超市为止，此时亚马逊不仅收购了全食超市的 450 多家门店，

---

[1]　该班列现已成为常规服务。——编者注

更是将为这些门店服务的全食超市零售杂货分销网络纳入囊中。

> 当你想到要（商店）兼做仓库的时候，它们其实就已经盈利了。
> 它们早就在那里，而产品正通过一辆辆满载的卡车运到它们那里。
> 这是提前部署产品的最有效的方法。
> ——沃尔玛美国电子商务部门首席执行官马克·罗尔[29]

正如第 7 章中所讨论的，全食超市分销网络侧重于向每个主要市场的自家零售商店供应生鲜商品，收购这一网络将支持更多的第三方和自有品牌提供配送服务，而其门店网络将使其直接接触更多城市零售站点。然而，一些报道强调，某些门店将停车场留给金牌现时的货车，以及工作人员在店内揽货时与顾客争抢商品和空间，这让现有顾客感到极其不爽。

值得一提的是，在撰写本书时，全食超市仍然通过英速卡配送订单。在被亚马逊收购时，全食超市占英速卡业务的近 10%，还持有这家第三方快递服务提供商的少数股权。但现在全食超市是英速卡最大竞争对手的子公司，人们不禁要问，亚马逊会卖出全食超市在英速卡的股份，还是将其也一并收购？鉴于此次收购让亚马逊斩获了 O2O 的最初成功，加之收购所带来的"最后一英里"配送和交付的优势，也就不难理解会有人猜测，亚马逊或许正在考虑在欧洲也来一场类似的收购，从而为它再开 1 300 家零售门店，还能"兼做仓库"。这一想法也许正是马克·罗尔的意思。该公司与欧洲多家零售商达成的配送交付协议，进一步加剧了人们的猜测，其中包括卡西诺集团在法国的旗舰店 Monoprix，英国的莫里森超市和 Celesio 药店，西班牙的迪亚超市，以及德国的劳

亚马逊效应

诗曼超市。

但是，就其目前的供应链和门店网络战略而言，亚马逊正通过此战略来增加包括时尚和杂货在内的越来越多的商品供应，以及通过自动补货服务和 Alexa 语音助手来推动需求。亚马逊在配送交付方面的下一步举措会是什么呢？有一点是可以肯定的，亚马逊很可能会继续创新，以保持在"最后一英里"方面的领先地位，收窄送货时间窗口，以更快的送货让顾客满意。

远程创新

虽然我们迄今还未提到过，但是既然已经探索了亚马逊的"最后一英里"的雄心，我们现在就可以思考其他可以开发的有趣的领域了，这不仅涉及配送交付，还涉及传统商店模式之外的即时满足。亚马逊的"宝藏卡车"（Treasure Truck）让亚马逊应用程序的用户可以通过注册收到车到附近的通知，从而获得每天的打折品和独家产品。该项目于 2016 年 2 月在西雅图启动，目前已扩展到美国和英国的 30 个主要城市。2017 年推出的另外两项快递配送计划，即亚马逊生鲜提货和亚马逊即时提货（Amazon Instant Pickup），现在也可以放到整个大背景中来解读。正如第 7 章所讨论的那样，亚马逊众多承诺中的第一个就是，对于每月为"鲜上鲜"（Fresh Add-on）额外支付 15 美元的亚马逊金牌会员制年度服务预订者来说，只需 15 分钟就能收到所订购的商品。相比生鲜提货，即时提货的风险更大，因为零售商在顾客下单后两分钟内就必须在亚马逊自取柜中为客户备好要提取的货物。同样，只要客户是金牌会员，他们就可以在亚马逊的即时提货点附近刷新应用程序，查看可即时提取的货品。这些货品包括小件必需品，如手机充电器、饮料和零食，以及亚马逊的产品，如 Kindle 和 Echo。第一个这样操作的即时自取柜被放置在大学校园附近，以适应不断流动的光顾者。在这两种情况下，亚马逊前瞻性的货运专利——前文曾将其作为亚马逊人工智能发展的一个例子进行过讨论——可能会被证明对其成功具有至关重要的意义，尤其是与亚马逊开发依托城市地铁的金牌现时枢纽和发货站网络一同服务时。

此外，2017 年，亚马逊推出了基于亚马逊密钥（Amazon Key）的家中和车中送货服务。这为 37 个符合条件的美国城市地区的金牌会员提供了一个选择，让"亚马逊灵活送"承运人可以使用一次性门禁密钥码进入会员的家中送货。该服务在刚推出时，客户被要求拥有指定制造商的智能锁和型号合适的亚马逊云相机安全摄像头。为了确认发货并防止潜在的欺诈指控，当快递员使用门禁码进入客户家中直到离开时，监控摄像头会全程记录下来，并将活动影像发到客户的智能手机上。亚马逊密钥应用还支持远程锁门和开锁，用户可以用它来发放虚拟钥匙。但在 2018 年，亚马逊通过以 10 亿美元收购智能相机和门铃制造商 Ring，大大加强了在这一领域以及更广泛的互联家居领域的投入。这项投资可能会加速扩大其家中送货服务的覆盖面，力争有一天能够将漏送、错送记录在册，并将 Ring 门铃上的摄像头和音频设备与迅速扩大的使用 Alexa 语音助手的互联家居生态系统连接起来。

"亚马逊车中密钥"（Amazon Key In-Car）允许适用车辆的车主在其车辆后备厢中接收包裹，只要他们位于"亚马逊家中密钥"（Amazon Key In-Home）送货服务的相同区域。顾客只需把车停在可接近的公共区域，但他们不需要任何额外的硬件。和家中送货

亚马逊效应

一样，顾客也有 4 个小时的送货窗口。[30] 无论是将货送到家里还是车里，此项服务是否受欢迎到足以克服隐私和安全方面的顾虑，还有待观察。但是，作为自取柜概念及其"最后一英里"优势的延伸，亚马逊多年来一直在开发这项必备的技术，并且能够利用其先发优势。未来的发展将使其充分依靠可能形成的联盟，并将 Alexa 语音助手嵌入汽车操作系统。

就亚马逊以更快速度执行订单的流程而言，无人机技术就是最后一个前沿领域。杰夫·贝佐斯在 2013 年年底透露计划将无人机送货商业化。2016 年年底，亚马逊宣布金牌航递完成了其首单全自动无人机送货。在没有飞行员的情况下，无人机从剑桥地区的一个主要的空运配送中心起飞，从点击下单到交货只花了 13 分钟。[31] 适合无人机运送的物品重量必须小于 5 磅，体积小到足以被装进无人机的货箱，送货范围在开展此项业务的配送中心周边 10 英里之内。除了在英国的剑桥中心，该公司还在美国、奥地利、法国和以色列设有开发中心。这些计划揭示了亚马逊在配送交付方面的雄心壮志，但这目前还仅是一个概念，因为可能存在的监管障碍仍未可知。

与此同时，阿里巴巴自己的外卖应用"饿了么"，也已在中国开启无人机送餐业务。凭借这块广袤大陆的地理规模，京东也在强力发展无人机的使用。2017 年，京东宣布计划建设 150 个用于配送交付的无人机专用机场，这是京东对无人机技术的重大战略承诺。京东的无人机目前可以携带 50 千克的货物，尽管有传言说京东正在研制携带重量为 500 千克的无人机。然而，这项投资只支持其在多山的四川省展开有限的应用，在那里，远程无线电控制通信是最有效的。电池寿命现在也有了大幅提高，足以使无人机几乎无间断地连续飞行。但是，实际上，目前设计用于商业用途的最先进的无人机，其平均飞行时间可达 100 分钟左右，飞行距离约为 35 千米。尽管存在这些限制，但考虑到京东的目的是降低 70% 的运费，该公司极力推进无人机配送的初衷也就一目了然了。

无论谁会在大规模部署无人机的拼抢中获胜，有一件事是肯定的，那就是无人机绝不会是各方争夺最便宜、最快捷的"最后一英里"服务的最后一项创新。

第15章

结语：
亚马逊之巅？

> 亚马逊现在是一家大公司，我希望我们能经得起督查。
>
> ——杰夫·贝佐斯，2018 年[1]

从公司创办的第一天起，亚马逊的不懈使命就是无论做任何事都要以顾客为中心，而这也使得亚马逊为顾客奉上了几乎所有的东西。亚马逊利用无处不在的技术界面、无处不在的网络连通性，以及深受"按自己的方式"购物者欢迎的自主计算的出现，成为世界上最具主导地位的零售力量之一。

我们对亚马逊的飞轮模型和数字生态系统的研究表明，亚马逊在揭露作为其竞争对手的零售业巨头的不足方面发挥了核心作用。那些空间过大、表现不佳、数字化水平低、电子商务渠道不完善的商店，将继续让赢家从一众输家中脱颖而出，从而助长亚马逊的进取之志。

但到目前为止，亚马逊天文数字的增长并未被华盛顿忽视，因为就在这里，关于亚马逊主导地位的话题正变得越来越热。甚至连贝佐斯本人也意识到，像他这样日益庞大的帝国引来政府更强力的监督是完全正常的。

2017 年发表在《耶鲁法律杂志》（*Yale Law Journal*）上的一篇极具影响力的论文"亚马逊的反垄断悖论"的作者莉娜·汗表示，亚马逊此前一直回避立法者的这种关注，因为现行反垄断法"评估竞争主要着眼于消费者的短期利益，而不是生产商或整个市场的健康状况。反垄断原则认为，只有低消费价格才是良性竞争的证据"。[2]

对于亚马逊来说，很难证明高价格或低质量对消费者造成的伤害。压榨消费者丝毫无助于亚马逊成为地球上最以客户为中心的公司。这样的战略不可能支撑亚马逊增长，使其 2018 年的市值超过其最大的实体店对手沃尔玛 2.5 倍。尽管沃尔玛在 2017 年的年营收和净收入约三倍于亚马逊，但二者的市值仍存在很大差异。莉娜·汗说："就好像贝佐斯首先绘制了一幅反垄断法的分布图，然后设计出顺利绕过它的路线，以此来规划公司的增长。凭借对消费者的如传教士般的热情，亚马逊通过高唱当代反垄断的曲调向垄断迈进。"

亚马逊取得行业主导地位，付出了大多数普通零售商无法承受的代价。为适应数字化时代，目前对修改现行法律的呼声也越来越高。特朗普的推文可能会得到各方大肆宣扬，但亚马逊面临着两党共同的反对。在极右势力方面，特朗普的前顾问史蒂夫·班农曾呼吁，既然科技巨头对 21 世纪的生活至关重要，那它们就应该像公用事业公司一样受到监管；而民主党领导人则在 2018 年推动了更广泛的反垄断行动，以作为他们所谓的"更好的方案"经

　　　　　　　　　　　　　　　　　　　亚马逊效应

济平台的一部分。民主党参议员伯尼·桑德斯在 2018 年说:"我们眼看着这家规模庞大的公司几乎涉足了所有的商业领域,我认为,弄清亚马逊的实力和影响力是很重要的。"[3]

莉娜·汗认为,掠夺性定价和垂直整合这两点,与分析亚马逊走向主宰地位的途径高度相关,而当前的理论低估了这些做法隐含的风险。竞技场从一开始就已经倾斜了,从那一刻起,贝佐斯就说服了他的早期投资者,让他们相信增长高于利润的策略从长远来看一定会有丰硕成果。亚马逊一直遵循着自己的规则。

那今天的结果又如何呢?这很难说。由于亚马逊不断地多样化发展而进入新的服务领域,并颠覆了整个行业,它的竞争优势日益加强。毕竟,这都是亚马逊飞轮的原动力。但多少才是太多?此问不仅针对监管者,也针对消费者。还没有哪一家零售商能像亚马逊这样如此成功地融入消费者的生活和家中。亚马逊已经无处不在。综观其整个生态系统,亚马逊就是一种不可或缺的资源,它也是许多购物者的一种生活方式,但随着亚马逊进军食品、时尚、医疗和银行业等直接面向消费者的新领域,其品牌弹性将受到考验。消费者会为了方便而牺牲很多东西(比如价格和隐私),但我们相信,如果亚马逊变得太强大、太无所不在,人们对亚马逊的看法也很快就会改变。难道我们已经接近亚马逊之巅了?

与此同时,亚马逊的平台已经成为电子商务的主导推动者。亚马逊是世界上最大的产品搜索引擎,而且其算法有利于推广自己的产品。亚马逊的各种设备,从 Echo 音箱到单键按钮,都能将购买的物品无缝导入平台。与世界上的其他零售商不同,亚马逊还可以访问数据。几十年来,亚马逊不受与其实体店同行相同的税法的约束。该公司的零售业务得到了亚马逊云计算等利润率较高的细分市场的补贴，未来其广告业务还将继续增长，成为另一个利润丰厚的收入来源。你不必是反垄断专家，也能意识到亚马逊已经从不平等的竞争环境中获得了回报。

那么，接下来会发生什么呢？亚马逊会被拆分吗？为了安抚监管机构和竞争激烈的零售商（越来越多的零售商拒绝与魔鬼共舞），亚马逊会分拆其云计算部门吗？我们认为，反垄断活动的前景是亚马逊增长所面临的仅目前可信的威胁之一。但亚马逊的企业飞轮模型也具有内在的弹性，由于是建立在基于技术的以服务为导向的架构概念之上，每个组件或模块都共享由三大支柱所提供的核心内部服务。这也是我们预测亚马逊云计算服务收入将很快超过其零售业务收入的原因之一。

真正能与亚马逊一决高低的零售商，我们用一只手都能数得过来（基本都位于亚洲）。亚马逊首先是一家技术公司，其次才是零售商，它现在是这样，并且将永远是这样。但了解亚马逊是如何运用自己的技术专长，消除最具功用性的购物体验中的摩擦的，可以帮助竞争对手跟上步伐。我们相信，如果零售商坚持以下 5 项基本原则，它们就能与亚马逊和平共存。

（1）策展人：不要试图以亚马逊之道超越亚马逊。

（2）独树一帜：功夫在销售之外。

（3）创新：视商店为资产而非负债。

（4）不要单打独斗。

（5）行动要迅捷。

这并不是说，整个进程中都不会有什么短痛。随着数字时代的到来，还有零售业的重组，我们必须做好准备，以应对更多的商店倒闭、破产、裁员和整合的情况发生。时间是根本，对于无法适应的零售商来说，不会有第二次机会，因为环境实在是太无情了。最终，在数字化转型中能侥幸活下来的，将是那些始终追随客户，并努力确保自己在"亚马逊时代"依然不落伍的零售商。

注　释

第 1 章

1 Vena, Danny (2018) Amazon dominated e-commerce sales in 2017, *The Motley Fool*, 12 January. Available from: https://www.fool.com/investing/2018/01/12/amazon-dominated-e-commerce-sales-in-2017.aspx [Last accessed 12/6/2018].

2 YouTube (2018) Jeff Bezos on breaking up and regulating Amazon (Online video). Available from: https://www.youtube.com/watch?time_continue=85&v=xVzkOWxd7uQ [Last accessed 12/6/2018].

3 Nickelsburg, Monica (2017) Chart: Amazon is the most popular destination for shoppers searching for products online, *Geekwire*, 6 July. Available from:https://www.geekwire.com/2017/chart-amazon-popular-destination-shopperssearching-products-online/ [Last accessed 12/6/2018].

4 Thomas, Lauren (2018) Amazon's 100 million Prime members will help it become the No. 1 apparel retailer in the US, *CNBC*, 19 April. Available from:https://www.cnbc.com/2018/04/19/amazon-to-be-the-no-1-apparel-retailer-inthe-us-morgan-stanley.html [Last accessed 12/6/2018].

5 Author research; Google finance.

6 Author research; Amazon 10-K; 18 markets outside US as of June 2018, as per confirmation from Angie Quenell at Amazon.

7 Securities and Exchange Commission (nd) Amazon 10-K for the fiscal year

ended 31/12/17. Available from: https://www.sec.gov/Archives/edgar/ data/1018724/000101872418000005/amzn-20171231x10k.htm [Last accessed 12/6/2018].

8 Sender, Hanna, Stevens, Laura and Serkez, Yaryna (2018) Amazon: the making of a giant, *Wall Street Journal*, 14 March. Available from: https:// www.wsj.com/graphics/amazon-the-making-of-a-giant/ [Last accessed 12/6/2018].

9 Siegel, Rachel (2018) The Amazon stat long kept under wraps is revealed:Prime has over 100 million subscribers, *Washington Post*, 18 April. Available from: https://www.washingtonpost.com/news/business/ wp/2018/04/18/the-amazon-stat-long-kept-under-wraps-is-revealed-prime- has-over-100-million-subscribers [Last accessed 12/6/2018].

10 Kowitt, Beth (2018) How Amazon is using Whole Foods in a bid for total retail domination, *Fortune*, 21 May. Available from: http://fortune.com/ longform/amazon-groceries-fortune-500/ [Last accessed 12/6/2018].

第2章

1 Amazon's website (2018). Available from: https://www.amazon.jobs/en/ principles [Last accessed 19/6/2018].

2 https://www.jimcollins.com/concepts/the-flywheel.html

3 Stone, B (2013) *The Everything Store: Jeff Bezos and the age of Amazon*, Bantam Press, London.

4 Thompson, Scott (2018) We'll all be banking with Amazon in 10 years: agree? *Tech HQ*, 22 May. Available from: http://techhq.com/2018/05/ wellall-be-banking-with-amazon-in-10-years-agree-or-disagree/ [Last accessed19/6/2018].

5 Amazon's website (2018). Available from: https://www.amazon.jobs/en/

亚马逊效应

principles [Last accessed 19/6/2018].

6 Stone, B (2013) *The Everything Store: Jeff Bezos and the age of Amazon*, Bantam Press, London.

7 Tonner, Andrew (2016) 7 Sam Walton quotes you should read right now, *The Motley Fool*, 8 September. Available from: https://www.fool.com/investing/2016/09/08/7-sam-walton-quotes-you-should-read-right-now.aspx[Last accessed 19/6/2018].

8 Amazon 2016 letter to shareholders (2017), *Amazon.com*. Available from:http://phx.corporate-ir.net/phoenix.zhtml?c=97664&p=irol-reportsannual [Last accessed 19/6/2018].

9 Molla, Rani (2018) Amazon spent nearly $23 billion on R&D last year-more than any other US company, *Recode*, 9 April. Available from:https://www.recode.net/2018/4/9/17204004/amazon-research-development-rd [Last accessed 19/6/2018].

10 Delgado, Cristina (2013) Butcher's boy who has discreetly risen to become Spain's second-richest man, *El Pais*, 11 November. Available from: https://elpais.com/elpais/2013/11/11/inenglish/1384183939_312177.html [Last accessed 19/6/2018].

11 Sillitoe, Ben (2018) 10 tips from a UK retail stalwart: ASOS chairman Brian McBride, Retail Connections, 9 May. Available from:http://www.retailconnections.co.uk/articles/10-tips-uk-retail-boss-brianmcbride/[Last accessed 19/6/2018].

12 Misener, Paul (13 September 2017) Retail Innovation at Amazon presentation,Retail Week. Tech event, 2017 Agenda. Available from: http://rw.retail-week.com/Video/TECH/AGENDA/PDF/MAINSTAGE_AGENDA.pdf [Last accessed 2/4/2018].

13 McAllister, Ian (2012) What is Amazon's approach to product development

and product management? *Quora*, 18 May. Available from:https://www.quora.com/What-is-Amazons-approach-to-product-developmentand-product-management [Last accessed 19/6/2018].

14 Gonzalez, Angel (2016) For Amazon exec Stephenie Landry, the future is Now,*Seattle Times*, 21 May. Available from: https://www.seattletimes.com/business/amazon/for-amazon-exec-stephenie-landry-the-future-is-now/ [Last accessed 19/6/2018].

15 https://www.goodreads.com/quotes/6071-many-of-life-s-failures-are-peoplewho-did-not-realize.

16 MacLean, Rob (2000) What business is Amazon.com really in? *Inc.*, 21 February. Available from: https://www.inc.com/magazine/20000201/16854.html [Last accessed 19/6/2018].

17 Yglesias, Matthew (2013) Amazon profits fall 45 percent, still the most amazing company in the world, *Slate*, 29 January. Available from: http://www.slate.com/blogs/moneybox/2013/01/29/amazon_q4_profits_fall_45_percent.html [Lastaccessed 19/6/2018].

18 Khan, Lina (2017) Amazon's antitrust paradox, *Yale Law Journal*. Available from: https://www.yalelawjournal.org/note/amazons-antitrust-paradox [Last accessed 19/6/2018].

19 Pender, Kathleen (2000) Scathing report of Amazon is a must-read for stock owners, *SF Gate*, 30 June. Available from: https://www.sfgate.com/business/networth/article/Scathing-Report-of-Amazon-Is-a-Must-Read-for-2750932.php [Last accessed 19/6/2018].

20 Anonymous (2000) Can Amazon survive? *Knowledge at Wharton*, 30 August.Available from: http://knowledge.wharton.upenn.edu/article/can-amazonsurvive/[Last accessed 19/6/2018].

21 Anonymous (2000) Amazon: Ponzi scheme or Wal-Mart of the web?

亚马逊效应

Slate, 8 February. Available from: http://www.slate.com/articles/business/moneybox/2000/02/amazon_ponzi_scheme_or_walmart_of_the_web.html [Lastaccessed 19/6/2018].

22 Corkery, Michael and Nick Wingfield (2018) Amazon asked for patience. Remarkably, Wall Street complied, *New York Times*, 4 February. Available from: https://www.nytimes.com/2018/02/04/technology/amazon-asked-forpatience-remarkably-wall-street-complied.html [Last accessed 19/6/2018].

23 Baldwin, Caroline (2018) Sir Ian Cheshire on how to compete with Amazon,*Essential Retail*, 30 January. Available from: https://www.essentialretail.com/news/sir-ian-cheshire-amazon/ [Last accessed 28/6/2018].

24 Lee, Nathaniel, Shana Lebowitz and Steve Kovach (2017) Scott Galloway:Amazon is using an unfair advantage to dominate its competitors, *Business Insider*, 11 October. Available from: http://uk.businessinsider.com/scott-galloway-why-amazon-successful-2017-10 [Last accessed 28/6/2018].

25 Fox, Justin (2013) How Amazon trained its investors to behave, *Harvard Business Review*, 30 January. Available from: https://hbr.org/2013/01/howamazon-trained-its-investo [Last accessed 28/6/2018].

26 Hern, Alex (2013) How can Amazon pay tax on profits it doesn't make? *Guardian*,16 May. Available from: https://www.theguardian.com/commentisfree/2013/may/16/amazon-tax-avoidance-profits [Last accessed 28/6/2018].

27 Nellis, Stephen and Paresh Dave (2018) Amazon, Google cut speaker prices in market share contest: analysts. Reuters, 3 January. Available from:https://www.reuters.com/article/us-amazon-alphabet-speakers/

amazon-googlecut-speaker-prices-in-market-share-contest-analysts-idUSKBN1ES0VV [Last accessed 28/6/2018].

28 Santos, Alexis (2012) Bezos: Amazon breaks even on Kindle devices, not trying to make money on hardware, *Engadget*, 12 October. Available from:https://www.engadget.com/2012/10/12/amazon-kindle-fire-hd-paperwhitehardware-no-profit/ [Last accessed 28/6/2018].

29 Williams, Robert (2018) Study: Amazon Echo owners are big spenders, *Mobile Marketer*, 4 January. Available from: https://www.mobilemarketer. com/news/study-amazon-echo-owners-are-big-spenders/514050/ [Last accessed 28/6/2018].

30 Authors' analysis of company 10-ks and annual reports.

31 La Monica, Paul R (2018) Apple is leading the race to $1 trillion, *CNN*, 27 February. Available from: http://money.cnn.com/2018/02/27/investing/apple-google-amazon-microsoft-trillion-dollar-market-value/index.html [Last accessed 28/6/2018].

32 Shephard, Alex (2018) Is Amazon too big to tax? *The New Republic*, 1 March.Available from: https://newrepublic.com/article/147249/amazon-big-tax [Last accessed 28/6/2018].

33 Soper, Spencer, Matthew Townsend and Lynnley Browning (2017) Trump's bruising tweet highlights Amazon's lingering tax fight, *Bloomberg*, 17 August.Available from: https://www.bloomberg.com/news/articles/2017-08-17/trump-s-bruising-tweet-highlights-amazon-s-lingering-tax-fight [Last accessed 28/6/2018].

34 Bowman, Jeremy (2018) Analysis: Trump is right. Amazon is a master of tax avoidance. *USA Today*, 9 April. Available from: https://www.usatoday. com/story/money/business/2018/04/09/trump-is-right-amazon-is-a-master-of-taxavoidance/33653439/ [Last accessed 28/6/2018].

35 Isidore, Chris (2017) Amazon to start collecting state sales taxes everywhere,*CNN*, 29 March. Available from: http://money.cnn. com/2017/03/29/technology/amazon-sales-tax/index.html [Last accessed 28/6/2018].

36 Finley, Klint (2018) Why the Supreme Court sales tax ruling may benefit Amazon, *Wired*, 21 June. Available from: https://www.wired.com/story/ why-the-supreme-court-sales-tax-ruling-may-benefit-amazon/ [Last accessed 27/82018].

37 https://www.supremecourt.gov/opinions/17pdf/17-494_j4el.pdf?mod= article_inline

38 Amazon 10-K for the fiscal year ended December 31, 2017. Available from:https://www.sec.gov/Archives/edgar/data/1018724/000101872418 000005/amzn-20171231x10k.htm [Last accessed 28/6/2018].

39 Ovide, Shira (2018) How Amazon's bottomless appetite became corporate America's nightmare, *Bloomberg*, 14 March. Available from: https:// www.bloomberg.com/graphics/2018-amazon-industry-displacement/ [Last accessed 28/6/2018]

40 Amazon 10-K for the fiscal year ended December 31, 2017. Available from:https://www.sec.gov/Archives/edgar/data/1018724/000101872418 000005/amzn-20171231x10k.htm [Last accessed 28/6/2018].

41 Amazon 2015 letter to shareholders (2016), Amazon.com, Available from:http://phx.corporate-ir.net/phoenix.zhtml?c=97664&p=irol-reportsannual [Last accessed 28/6/18]

42 Amazon's website (nd). https://aws.amazon.com/about-aws/ [Last accessed 28/6/18].

43 Thompson, Ben (2017) Amazon's new customer, *Stratechery*, 19 June. Available from: https://stratechery.com/2017/amazons-new-customer/

[Last accessed 28/6/2018].

44 Miller, Ron (2016) At Amazon the Flywheel Effect drives innovation, *TechCrunch*, 10 September. Available from: https://techcrunch.com/2016/09/10/at-amazon-the-flywheel-effect-drives-innovation/ [Last accessed 28/6/2018].

45 Fedorenko, Sasha (2018) Doug Gurr of Amazon UK on four ways digital transformation is changing retail, *Internet Retailing*, 14 June. Available from:https://internetretailing.net/strategy-and-innovation/doug-gurr-of-amazon-ukon-four-ways-digital-transformation-is-changing-retail-17895 [Last accessed 28/6/2018].

第 3 章

1 Amazon press release, 2005. Amazon.com announces record free cash flow fueled by lower prices and free shipping; introduces new express shipping program – Amazon Prime, *Amazon.com*, 2 February. Available from: http://phx.corporate-ir.net/phoenix.zhtml?c=176060&p=irolnewsArticle&ID=669786 [Last accessed 28/6/2018].

2 ibid.

3 Stone, Brad (2013) *The Everything Store: Jeff Bezos and the age of Amazon*, Bantam Press, London.

4 ibid.

5 Siegel, Rachel (2018) The Amazon stat long kept under wraps is revealed: Prime has over 100 million subscribers, *Washington Post*, 18 April. Available from: https://www.washingtonpost.com/news/business/wp/2018/04/18/the-amazon-stat-long-kept-under-wraps-is-revealed-prime-has-over-100-million-subscribers [Last accessed 12/6/2018].

6 Amazon UK Analyst Briefing, London, July 2018.

亚马逊效应

7 Disis, Jill and Seth Fiegerman (2018) Amazon is raising the price of Prime to $119, *CNN*, 26 April. Available from: http://money.cnn.com/2018/04/26/technology/business/amazon-prime-cost-increase/index.html [Last accessed 28/6/2018].

8 Stevens, Laura (2018) Amazon targets Medicaid recipients as it widens war for low-income shoppers, *Wall Street Journal*, 7 March. Available from: https://www.wsj.com/articles/amazon-widens-war-with-walmart-for-low-income-shoppers-1520431203 [Last accessed 28/6/2018].

9 Amazon UK Analyst Briefing, London, 2017.

10 McAlone, Nathan (2016) Amazon CEO Jeff Bezos said something about Prime Video that should scare Netflix, *Business Insider*, 2 June. Available from:http://uk.businessinsider.com/amazon-ceo-jeff-bezos-said-something-aboutprime-video-that-should-scare-netflix-2016-6 [Last accessed 2.7.2018]

11 Amazon press release (2018) Amazon.com announces first quarter sales up 43% to $51.0 billion, *Amazon*, 26 April. Available from: http://phx.corporate-ir.net/phoenix.zhtml?c=97664&p=irol-newsArticle&ID=2345075 [Last accessed 28/6/2018].

12 Kim, Eugene (2016) Bezos to shareholders: It's 'irresponsible' not to be part of Amazon Prime, *Business Insider*, 17 May. Available from:http://uk.businessinsider.com/amazon-ceo-jeff-bezos-says-its-irresponsible-not-to-bepart-of-prime-2016-5 [Last accessed 28/6/2018].

13 Stone, Brad (2013) *The Everything Store: Jeff Bezos and the age of Amazon*, Bantam Press, London.

14 ibid.

15 Vizard, Sarah (2016) Loyalty cards aren't convincing British consumers to shop, *Marketing Week*, 7 December. Available from: https://www.

marketingweek.com/2016/12/07/loyalty-cards-nielsen/ [Last accessed 28/6/18].

16 Columbus, Louis (2018) 10 charts that will change your perspective of Amazon Prime's growth, *Forbes*, 4 March. Available from: https://www.forbes.com/sites/louiscolumbus/2018/03/04/10-charts-that-will-changeyour-perspective-of-amazon-primes-growth/#5d364e813fee [Last accessed 28/6/2018].

17 Braverman, Beth (2017) Amazon Prime members spend a whole lot more on the site than non-members, *Business Insider*, 7 July. Available from: http://www.businessinsider.com/is-amazon-prime-worth-it-2017-7?IR=T [Last accessed 28/6/2018].

18 Soper, Spencer (2018) Bezos says Amazon has topped 100 million Prime members, *Bloomberg*, 18 April. Available from: https://origin-www.bloomberg.com/news/articles/2018-04-18/amazon-s-bezos-says-company-has-topped-100-million-prime-members [Last accessed 28/6/2018].

19 Hirsch, Lauren (2018) Amazon plans more Prime perks at Whole Foods, and it will change the industry, *CNBC*, 1 May. Available from: https://www.cnbc.com/2018/05/01/prime-perks-are-coming-to-whole-foods-and-it-will-changethe-industry.html [Last accessed 28/6/2018].

20 Molla, Rani (2017) For the wealthiest Americans, Amazon Prime has become the norm, *Recode*, 8 June. Available from: https://www.recode.net/2017/6/8/15759354/amazon-prime-low-income-discount-piper-jaffraydemographics [Last accessed 28/6/2018].

21 Hirsch, Lauren (2018) Amazon wants to make it easier to shop its website without a credit card, *CNBC*, 5 March. Available from: https://www.cnbc.com/2018/03/05/amazons-talks-with-jp-morgan-may-build-on-services-

亚马逊效应

to-theunbanked.html [Last accessed 28/6/2018].

22 Anonymous (2017) Amazon to discount Prime for US families on welfare,*BBC*, 6 June. Available from: https://www.bbc.com/news/ technology-40170655[Last accessed 28/6/2018]

23 Authors' own estimates.

24 Saba, Jennifer (2018) Priming the pump, *Reuters*, 19 April. Available from:https://www.breakingviews.com/considered-view/amazons-10-bln-subsidy-isprime-for-growth/ [Last accessed 28/6/2018].

第 4 章

1 Kumar, Kavita (2018) Amazon's Bezos calls Best Buy turnaround 'remarkable' as unveils new TV partnership, *Star Tribune*, 19 April. Available from: http://www.startribune.com/best-buy-and-amazon-partner-up-in-exclusive-deal-tosell-new-tvs/480059943/ [Last accessed 2/11/2018].

2 Wylie, Melissa (2018) No relief for retail in 2018, *Bizjournals*, 2 January.Available from: https://www.bizjournals.com/bizwomen/news/ latestnews/2018/01/no-relief-for-retail-in-2018.html [Last accessed 29/3/2018].

3 Thomas, Lauren (2017) Bankruptcies will continue to rock retail in 2018,*CNBC*, 13 December. Available from: https://www.cnbc. com/2017/12/13/bankruptcies-will-continue-to-rock-retail-in-2018-watch-these-trends.html [Last accessed 29/3/2018].

4 Isidore, Chris (2017) Malls are doomed: 25% will be gone in 5 years, *CNN*, 2 June. Available from: http://money.cnn.com/2017/06/02/news/economy/ doomed-malls/index.html [Last accessed 29/3/2018].

5 Armstrong, Ashley (2018) What will 2018 have in store for the retail sector?, *Telegraph*, 2 January. Available from: https://www.telegraph.co.uk/

business/2018/01/02/will-2018-have-store-retail-sector/ [Last accessed 29/3/2018].

6 Marinova, Polina (2017) This is only the beginning for China's explosive e-commerce growth, *Fortune*, 5 December. Available from: http://fortune. com/2017/12/04/china-ecommerce-growth/ [Last accessed 29/3/2018].

7 Bowsher, Ed (2018) Online retail sales continue to soar, *Financial Times*,11 January. Available from: https://www.ft.com/content/a8f5c780-f46d-11e7-a4c9-bbdefa4f210b [Last accessed 28/6/2018].

8 BRC (2018) 'Every Industrial Revolution has brought long-term benefits but always goes through short-term pain', Doug Gurr, UK Country Manager, @AmazonUK #BRCAnnualLecture [Twitter] 12 June. Available from: https://twitter.com/the_brc/status/1006597059615608832 [Last accessed 29/6/2018].

9 Reynolds, Treacy (2017) Holiday Retail Sales Increased 4 percent in 2016,*National Retail Federation*, 13/1. Available from: https://nrf.com/ blog/holiday-retail-sales-increased-4-percent-2016 [Last accessed 29/6/18]

10 Boren, Zachary Davies (2014) There are officially more mobile devices than people in the world, *Independent*, 7 October. Available from:https:// www.independent.co.uk/life-style/gadgets-and-tech/news/there-areofficially-more-mobile-devices-than-people-in-the-world-9780518. html [Last accessed 29/3/2018].

11 Anonymous (2017) Push Growth Seminar 15 May 2017 [Blog] *The Internet Retailer* 17 May. Available from: http://www.theinternetretailer. co.uk/582-push-growth-seminar-15th-may-2017-google-headquarters-st-gileshigh-street-london/ [Last accessed 29/3/18].

12 Andrews, Travis M (2017) Nordstrom's wild new concept: a clothing store with no clothes, *Washington Post*, 12 September. Available from:

亚马逊效应

https://www.washingtonpost.com/news/morning-mix/wp/2017/09/12/
nordstroms-wildnew-concept-a-clothing-store-with-no-clothes/
?noredirect=on&utm_term=.bed99d644159 [Last accessed 29/6/18].

13 Emarketer (2018) Worldwide retail and ecommerce sales. Available
from:https://www.emarketer.com/Report/Worldwide-Retail-Ecom-
merce-Sales-eMarketers-Updated-Forecast-New-Mcommerce-
Estimates-20162021/2002182 [Last accessed 29/2/2018].

14 Ovide, Shira (2018) How Amazon's bottomless appetite became corporate
America's nightmare, *Bloomberg*, 17 March. Available from: https://
www.bloomberg.com/graphics/2018-amazon-industry-displacement/ [Last
accessed 29/3/2018].

15 Sullivan, Ted (2008) Borders: Interview with CEO George Jones, *Seeking
Alpha*, 7 October. Available from: https://seekingalpha.com/article/98837-
borders-interview-with-ceo-george-jones [Last accessed 28/6/2018].

16 Stone, Brad (2013) *The Everything Store: Jeff Bezos and the age of
Amazon*, Bantam Press, London.

17 PWC (2017) 10 retailer investments for an uncertain future. Available
from:https://www.pwc.com/gx/en/industries/assets/total-retail-2017.pdf
[Last accessed 29/3/2018].

18 Fung Global Retail & Technology (2016) Deep dive: the mall is not dead:
part 1. Available from: https://www.fungglobalretailtech.com/wp-content/
uploads/2016/11/Mall-Is-Not-Dead-Part-1-November-15-2016.pdf [Last
accessed 29/3/2018].

19 Cowen and Company (2017) Retail's disruption yields opportunitiesstore
wars! Available from: https://distressions.com/wp-content/uploads/ 2017/
04/Retail_s_Disruption_Yields_Opportunities_-_Ahead_of_the_Curve_
Series__Video_-_Cowen_and_Company.pdf [Last accessed 29/3/2018].

注　释

20 Townsend, Matt et al (2017) America's 'retail apocalypse' is really just beginning,*Bloomberg*, 8 November. Available from: https://www.bloomberg.com/graphics/2017-retail-debt/ [Last accessed 29/3/2018].

21 Thompson, Derek (2017) What in the world is causing the retail meltdown of 2017? *The Atlantic*, 10 April. Available from: https://www.theatlantic.com/business/archive/2017/04/retail-meltdown-of-2017/522384/ [Last accessed 29/3/2018].

22 Next PLC 2017 annual report (2018) Available from: http://www.nextplc.co.uk/~/media/Files/N/Next-PLC-V2/documents/reports-and-presentations/2018/Final%20website%20PDF.pdf [Last accessed 28/6/2018].

23 Felsted, Andrea and Shelly Banjo (2016) Apparel Armageddon across the Atlantic, *Bloomberg*, 31 May. Available from: https://www.bloomberg.com/gadfly/articles/2016-05-31/women-curtailing-clothes-shopping-hit-uk-us-retailers-iov824k1 [Last accessed 28/6/2018].

24 Goldfingle, Gemma (2018) Charles Tyrwhitt founder Nick Wheeler laments the fact that no-one buys ties anymore: 'It's the only bloody product that has a decent margin', #TDC18 [Twitter] 30 January. Available from: https://twitter.com/gemmagoldfingle/status/958279318068760578 [Last accessed 29/3/2018].

25 Anonymous (2017) This whole 'malls are dying' thing is getting old, mall CEOs say, *Investors.com*, 12 April. Available from: https://www.investors.com/news/this-whole-malls-are-dying-thing-is-getting-old-mall-ceos-say/ [Last accessed 29/3/2018].

26 Ibid.

27 Thompson, Derek (2017) What in the world is causing the retail meltdown of 2017? *The Atlantic*, 10 April. Available from: https://www.theatlantic.

亚马逊效应

com/business/archive/2017/04/retail-meltdown-of-2017/522384/ [Last accessed 29/3/2018].

28 Fung Global Retail & Technology (2016) 'Deep Dive: The Mall Is Not Dead: Part 1' [Online] https://www.fungglobalretailtech.com/wp-content/uploads/2016/11/Mall-Is-Not-Dead-Part-1-November-15-2016.pdf [Last accessed 29.3.18]

29 Isidore, Chris (2017) Malls are doomed: 25% will be gone in 5 years, *CNN*,2 June. Available from: http://money.cnn.com/2017/06/02/news/economy/doomed-malls/index.html [Last accessed 29/3/2018].

30 Walmart 1997 Annual Report. Available from: http://stock.walmart.com/investors/financial-information/annual-reports-and-proxies/default.aspx [Last accessed 28/6/2018].

31 Berg, Natalie and Bryan Roberts (2012) *Walmart: Key insights and practical lessons from the world's largest retailer*, Kogan Page, London.

32 Walmart 10-Ks, author research.

33 Office for National Statistics (2018) Retail sales, Great Britain: February 2018.Available from: https://www.ons.gov.uk/businessindustryandtrade/retailindustry/bulletins/retailsales/february2018#whats-the-story-in-online-sales [Last accessed 29/3/2018].

34 U.S. Census Bureau News (2018) Quarterly retail e-commerce sales 4th quarter 2017. Available from: https://www.census.gov/retail/mrts/www/data/pdf/ec_current.pdf [Last accessed 29/3/2018].

35 McKevitt, Fraser (2017) Lidl becomes the UK's seventh largest supermarket,*Kantar*. Available from: https://uk.kantar.com/consumer/shoppers/2017/september-kantar-worldpanel-uk-grocery-share/

36 Ruddick, Graham (2014) Supermarkets are 20 years out of date, says Waitrose boss, *Telegraph*, 22 October. Available from: http://www.

telegraph.co.uk/finance/newsbysector/epic/tsco/11178281/Supermarkets-are-20-years-out-ofdate-says-Waitrose-boss.html [Last accessed 29/3/2018].

37 John Lewis Partnership (2017) The Waitrose Food & Drink Report 2017–2018. Available at: http://www.johnlewispartnership.co.uk/content/dam/cws/pdfs/Resources/the-waitrose-food-and-drink-report-2017.pdf [Last accessed 29/3/2018].

38 Ibid.

39 Fung Global Retail & Technology (2017) Deep dive: the mall is not dead:part 2. Available at: https://www.fungglobalretailtech.com/wp-content/uploads/2017/09/The-Mall-Is-Not-Dead-Part-2%E2%80%94-The-Mall-Is-in-Need-of-Transformation-September-6-2017.pdf [Last accessed 29/3/2018].

40 Garfield, Leanna (2017) 17 photos show the meteoric rise and fall of Macy's, JCPenney, and Sears, *Business Insider*, 3 September. Available from: http://uk.businessinsider.com/department-store-sears-macys-jcpenney-closureshistory- 2017-8 [Last accessed 29/3/2018].

41 Hardy, Emily (2018) Alvarez says (unsurprisingly) that 'department stores are great & have a great future'. 'They've been trying to kill us for centuries. We've been through hypermarkets, supermarkets, the specialists & now pure plays. It's just about finding what makes you different.' [Twitter] 19/4. Available from: https://twitter.com/Emily_L_Hardy/status/986958259801198592 [Last accessed 28/6/18].

42 Cowen and Company (2017) Retail's disruption yields opportunities-store wars! Available from: https://distressions.com/wp-content/uploads/2017/04/Retail_s_Disruption_Yields_Opportunities_-_Ahead_of_the_Curve_Series__Video_-_Cowen_and_Company.pdf [Last accessed

29/3/2018].

43 Wahba, Phil (2017) Can America's department stores survive? *Fortune*, 21 February. Available from: http://fortune.com/2017/02/21/department-storesfuture-macys-sears/ [Last accessed 29/3/2018].

44 Ibid.

45 Bain, Marc (2017) A new generation of even faster fashion is leaving H&M and Zara in the dust, *Quartz*, 6 April. Available from: https://qz.com/951055/a-new-generation-of-even-faster-fashion-is-leaving-hm-andzara-in-the-dust/ [Last accessed 29/3/2018].

46 Klepacki, Laura (2017) Why off-price retail is rising as department stores are sinking, *Retail Dive*, 1 February. Available from: https://www.retaildive.com/news/why-off-price-retail-is-rising-as-department-stores-are-sinking/434454/[Last accessed 29/3/2018].

47 McKinsey (2016) 'The State of Fashion 2017' [Online] https://www.mckinsey.com/~/media/mckinsey/industries/retail/our%20insights/the%20state%20 of%20fashion/the-state-of-fashion-mck-bof-2017-report.ashx [Last accessed 29/3/18].

48 Andrews, Travis M (2016) It's official: Millennials have surpassed baby boomers to become America's largest living generation. *The Washington Post*, 26/4. Available from: https://www.washingtonpost.com/news/morning-mix/wp/2016/04/26/its-official-millennials-have-surpassed-baby-boomers-tobecome-americas-largest-living-generation/?utm_term=.84adab7ac6d2 [Last accessed 29/3/18].

49 Morgan Stanley (2016) Generations change how spending is trending, 26 August. Available from: https://www.morganstanley.com/ideas/millennialboomer-spending [Last accessed 11/9/2019].

50 Sarah Quinlan from Mastercard, speech at Shoptalk Copenhagen Oct 2017

based on Christmas 2016.

51 Farrell, Sean (2016) We've hit peak home furnishings, says Ikea boss,*Guardian*, 18 January. Available from: https://www.theguardian.com/ business/2016/jan/18/weve-hit-peak-home-furnishings-says-ikea-boss-consumerism [Last accessed 29/3/2018].

52 Mastercard News (2017) Sarah Quinlan on how consumers choose experiences and services over goods (Online video). Available from: https://www.youtube.com/watch?v=hCiZqtSDumY [Last accessed 28/6/2018].

53 Thompson, Derek (2017) What in the world is causing the retail meltdown of 2017? *The Atlantic*, 10 April. Available from: https://www.theatlantic. com/business/archive/2017/04/retail-meltdown-of-2017/522384/ [Last accessed 29/3/2018].

54 Cahill, Helen (2017) Debenhams boss shuns selling stuff, *City A.M.*, 4 April.Available from: http://www.cityam.com/262339/debenhams-boss-shuns-selling-stuff [Last accessed 29/3/2018].

55 Barua, Akrur and Daniel Bachman (2017) The consumer rush to 'experience': Truth or fallacy? *Deloitte*, 17 August. Available from: https://dupress.deloitte.com/dup-us-en/economy/behind-the-numbers/ are-consumers-spending-moreon-experience.html#endnote-sup-5 [Last accessed 29/3/2018].

第 5 章

1 Thomson, Rebecca (2014) Analysis: Sir Terry Leahy and Nick Robertson on why delivery has become so crucial, *Retail Week*, 6 February. Available from:https://www.retail-week.com/topics/supply-chain/analysis-sir-terry-leahy-andnick-robertson-on-why-delivery-has-become-so-crucial/5057200.

亚马逊效应

article [Last accessed 29/6/2018].

2 Fitzgerald, Melanie (2018) Will digital brands spell the death of the physical store? *ChannelSight*. Available from: https://www.channelsight.com/ blog/digital-brands-spell-the-death-of-the-physical-store/ [Last accessed 29/6/2018].

3 Kumar, Kavita (2018) Amazon's Bezos calls Best Buy turnaround 'remarkable'as unveils new TV partnership, *Star Tribune*, 19 April. Available from:http://www.startribune.com/best-buy-and-amazon-partner-up-in-exclusive-dealto-sell-new-tvs/480059943/ [Last accessed 29/6/2018].

4 McGregor, Kirsty (2015) Pure-play etail will cease to exist by 2020, predicts Planet Retail, *Drapers*, 22 July. Available from: https://www.drapersonline. com/news/pure-play-etail-will-cease-to-exist-by-2020-predicts-planetretail-/5077310.article [Last accessed 29/6/2018].

5 MDJ2 (2015) Ten things we learned at Retail Week Live 2017. Available from:http://mdj2.co.uk/wp-content/uploads/2016/11/Ten-things-we-learned-at-Retail-Week-Live-2017-1.pdf [Last accessed 29/6/2018]

6 Jiang, Moliang (2017) New retail in China: a growth engine for the retail industry, *China Briefing*, 15 August. Available from: http://www.china-briefing.com/news/2017/08/15/new-retail-in-china-new-growth-engine-for-the-retailindustry.html [Last accessed 29/6/2018].

7 Wynne-Jones, Stephen (2017) Shoptalk Europe: an eye-opening journey through the future of retail, *European Supermarket News*, 12 October. Available from: https://www.esmmagazine.com/shoptalk-europe-eye-openingjourney-future-retail/50514 [Last accessed 29/6/2018].

8 Simpson, Emma (2017) New John Lewis boss says department store needs reinventing, *BBC*, 30 March. Available from: https://www.bbc.co.uk/news/ business-39441039 [Last accessed 29/6/2018].

9 Amazon UK Analyst Briefing, London, July 2018.

10 Simpson, Jeff, Lokesh Ohri and Kasey M Lobaugh (2016) The new digital divide, *Deloitte*, 12 September. Available from: https://dupress.deloitte. com/dup-us-en/industry/retail-distribution/digital-divide-changing-consumer-behavior.html [Last accessed 29/6/2018].

11 Del Ray, Jason (2016) 55 percent of online shoppers start their product searches on Amazon, *Recode*, 27 September. Available from: https:// www.recode.net/2016/9/27/13078526/amazon-online-shopping-product-searchengine [Last accessed 29/6/2018].

12 Garcia, Krista (2018) Consumers' trust in online reviews gives Amazon an edge, *eMarketer*, 7 March. Available from: https://retail.emarketer.com/ article/consumers-trust-online-reviews-gives-amazonedge/5a9f05e9ebd40 00744ae415f [Last accessed 29/6/2018].

13 Kowitt, Beth (2018) How Amazon is using Whole Foods in a bid for total retail domination, *Fortune*, 21 May. Available from: http://fortune.com/ longform/amazon-groceries-fortune-500/ [Last accessed 19/6/2018].

14 Accenture/Salesforce joint report (2016) Retailing, reimagined: embracing personalization to drive customer engagement and loyalty. Available from:https://www.accenture.com/t20161102T060800Z__w__/us-en/_ acnmedia/PDF-28/Accenture-Salesforce-Retail-Exploring-Loyalty-ebook. pdf [Last accessed 29/6/2018].

15 Reagan, Courtney (2017) Think running retail stores is more expensive than selling online? Think again, *CNBC*, 19 April. Available from: https://www.cnbc.com/2017/04/19/think-running-retail-stores-is-more-expensive-thanselling-online-think-again.html [Last accessed 29/6/2018].

16 Meyersohn, Nathaniel (2018) Walmart figured out its Amazon strategy. So why's the stock down 13%? *CNN*, 17 May. Available from: http://money.

亚马逊效应

cnn.com/2018/05/16/news/companies/walmart-stock-jet-amazon-whole-foods/index.html [Last accessed 29/6/2018].

17 Transcript of Alexandre Bompard's speech (2018) Carrefour, 23 January.Available from: http://www.carrefour.com/sites/default/files/carrefour2022_-_transcript_of_the_speech_of_alexandre_bompard.pdf [Last accessed 29/6/18].

18 Bohannon, Patrick (2017) Online Returns: A Challenge for Multi-Channel Retailers. Oracle, 27/1. Available from: https://blogs.oracle.com/retail/onlinereturns:-a-challenge-for-multi-channel-retailers [Last accessed 29/6/2018].

19 Cochrane, Matthew (2018) Why 2017 was a year to remember for The Home Depot, Inc, *The Motley Fool*, 28 January. Available from: https://www.fool.com/investing/2018/01/28/why-2017-was-a-year-to-remember-for-the-homedepot.aspx [Last accessed 29/6/2018].

20 Ellis, James (2017) Online retailers are desperate to stem a surging tide of returns, *Bloomberg*, 3 November. Available from: https://www.bloomberg.com/news/articles/2017-11-03/online-retailers-are-desperate-to-stem-a-surgingtide-of-returns [Last accessed 29/6/2018].

21 ibid.

22 Ikea website. Available from: https://www.ikea.com/ms/en_US/this-is-ikea/ikeahighlights/Virtual-reality/index.html [Last accessed 29/6/2018].

23 Stern, Matthew (2018) Boxed CEO 'definitely' sees physical stores in its future, *Forbes*, 24 January. Available from: https://www.forbes.com/sites/retailwire/2018/01/24/boxed-ceo-definitely-sees-physical-stores-in-itsfuture/#619ff68c7cf3 [Last accessed 29/6/2018].

24 Permission received from Tim Yost.

25 Reagan, Courtney (2017) Think running retail stores is more expensive

than selling online? Think again, *CNBC*, 19 April. Available from: https://www.cnbc.com/2017/04/19/think-running-retail-stores-is-more-expensive-thanselling-online-think-again.html [Last accessed 29/6/2018].

26 ibid.

27 Carey, Nick and Nandita Bose (2015) Shippers, online retailers seek way around rising delivery costs, *Reuters*, 15 December. Available from: https://www.reuters.com/article/us-usa-ecommerce-freeshipping/shippers-online-retailers-seek-way-around-rising-delivery-costs-idUSKBN1432ZL [Last accessed 29/6/2018].

28 Sender, Hannah, Laura Stevens and Yaryna Serkez (2018) Amazon: the making of a giant, *Wall Street Journal*, 14 March. Available from: https://www.wsj.com/graphics/amazon-the-making-of-a-giant/ [Last accessed 29/6/2018].

29 Amazon 10-K for the fiscal year ended December 31, 2017. Available from:https://www.sec.gov/Archives/edgar/data/1018724/000101872418 000005/amzn-20171231x10k.htm [Last accessed 28/6/2018].

30 McGee, Tom (2017) Shopping for data: the truth behind online costs, *Forbes*, 10 August. Available from: https://www.forbes.com/sites/tommcgee/2017/08/10/shopping-for-data-the-truth-behind-onlinecosts/#53fdecdfc9d7 [Last accessed 29/6/2018].

31 Death of Pureplay Retail report (2016) *Gartner L2*, 12 January. Available from: https://www.l2inc.com/research/death-of-pureplay-retail [Last accessed 29/6/2018].

32 Walsh, Mark (2016) The future of e-commerce: bricks and mortar, *Guardian*, 30 January. Available from: https://www.theguardian.com/business/2016/jan/30/future-of-e-commerce-bricks-and-mortar [Last accessed 29/6/2018].

亚马逊效应

33 Death of Pureplay Retail report (2016) *Gartner L2*, 12 January. Available from: https://www.l2inc.com/research/death-of-pureplay-retail [Last accessed 29/6/2018].

34 Shelton, Kelly (2017) The value of search results rankings, *Forbes*, 30 October.Available from: https://www.forbes.com/sites/forbesagenc-ycouncil/2017/10/30/the-value-of-search-results-rankings/# fab4b6b44d3a [Last accessed 29/6/2018].

35 ibid.

36 ICSC (2017) The socio-economic impact of European retail real estate. Available from: https://www.businessimmo.com/system/datas/112816/ original/europeanimpactstudy-2017_.pdf [Last accessed 29/6/2018].

37 Khan, Humayun (2016) Why the top ecommerce brands are moving into physical retail (and what you can learn from them), *Shopify*, 10 May. Available from: https://www.shopify.com/retail/why-the-top-ecommerce-brands-aremoving-into-physical-retail-and-what-you-can-learn-from-them [Last accessed 29/6/2018].

38 Worldwide Business Research (2018) Putting the customer in the center of your business [Online Video]. Available from: https://slideslive.com/38906045/putting-the-customer-in-the-center-of-your-business [Last accessed 29/6/2018].

39 ibid.

40 O'Keefe, Brian (2017) What's driving Walmart's digital focus? Paranoia,top exec says, *Fortune*, 7 December. Available from: http://fortune.com/2017/12/07/walmart-penner-amazon-alibaba/ [Last accessed 29/6/2018].

41 Bhasin, Kim (2012) Bezos: Amazon would love to have physical stores, but only under one condition, *Business Insider*, 27 November. Available

from:http://www.businessinsider.com/amazon-jeff-bezos-stores-2012-11?IR=T [Last accessed 29/6/2018].

42 Denham, Jess (2015) Amazon to sell books the old-fashioned way with first physical book shop, *Independent,* 3 November. Available from: https://www.independent.co.uk/arts-entertainment/books/news/amazon-to-sell-booksthe-old-fashioned-way-with-first-physical-book-shop-a6719261.html [Last accessed 29/6/2018].

43 Kurtz, Dustin (2015) My 2.5-star trip to Amazon's bizarre new bookstore,*The New Republic*, 4 November. Available from: https://newrepublic.com/article/123352/my-25-star-trip-to-amazons-bizarre-new-bookstore [Last accessed 29/6/2018].

44 Del Ray, Jason (2017) One of the most popular mattress makers on Amazon is building an Amazon-powered store, *Recode*, 31 July. Available from:https://www.recode.net/2017/7/31/16069424/tuft-needle-seattle-store-amazonmattresses-echo-alexa-prime-delivery [Last accessed 29/6/2018].

45 ibid.

第 6 章

1 Stone, B (2013) *The Everything Store: Jeff Bezos and the age of Amazon*, Bantam Press, London.

2 Anonymous (2017) The challenge of selling toys in an increasingly digital world,*eMarketer*, 19 September. Available from: https://retail.emarketer.com/article/challenge-of-selling-toys-increasingly-digital-world/59c169efebd4000a7823ab1c [Last accessed 19/6/2018].

3 Walmart (2017) Thomson Reuters Streetevents edited transcript: WMT-Wal-Mart Stores Inc 2017 Investment Community Meeting, 10 October.

亚马逊效应

Available from: https://cdn.corporate.walmart.com/ea/31/4aa1027b4be 6818f1a65ed5c293a/wmt-usq-transcript-2017-10-10.pdf [Last accessed 19/6/2018].

4 Kowitt, Beth (2018) How Amazon is using Whole Foods in a bid for total retail domination, *Fortune*, 21 May. Available from: http://fortune.com/ longform/amazon-groceries-fortune-500/ [Last accessed 19/6/2018].

5 Harris, Briony (2017) Which countries buy the most groceries online? *World Economic Forum*, 6 December. Available from: https://www.weforum.org/ agenda/2017/12/south-koreans-buy-the-most-groceries-online-by-far/ [Last accessed 19/6/2018].

6 ibid.

7 Bowman, Jeremy (2018) Walmart thinks you'll pay $10 for grocery delivery, *The Motley Fool*, 18 March. Available from: https://www.fool. com/investing/2018/03/18/walmart-thinks-youll-pay-10-for-grocery-delivery.aspx [Last accessed 19/6/2018].

8 NPR/Marist (2018) The Digital Economy Poll, June 2018 [Have you ever bought fresh groceries online?] The Marist College Institute for Public Opinion, Poughkeepsie, NY: NPR [distributor]. Available from: http:// maristpoll.marist.edu/wp-content/misc/usapolls/us180423_NPR/NPR_ Marist%20Poll_Tables%20of%20Questions_May%202018.pdf#page=2 [Last accessed 19/6/2018].

9 Walmart (2017) Thomson Reuters Streetevents edited transcript WMT-Wal-Mart Stores Inc 2017 Investment Community Meeting, 10 October. Available from: https://cdn.corporate.walmart.com/ea/31/4aa1027b4be 6818f1a65ed5c293a/wmt-usq-transcript-2017-10-10.pdf [Last accessed 19/6/2018].

10 ibid.

注　释

11 Kowitt, Beth (2018) How Amazon is using Whole Foods in a bid for total retail domination, *Fortune*, 21 May. Available from: http://fortune.com/longform/amazon-groceries-fortune-500/ [Last accessed 19/6/2018].

12 ibid.

13 Millerberg, Spencer (2018) Amazon Grocery Year in Review, Clavis Insight,16 January. Available from: https://www.clavisinsight.com/blog/amazongrocery-year-review [Last accessed 19/6/2018].

14 Chambers, Sam (2018) Britain's robot grocer is coming to the U.S., *Bloomberg*, 15 June. Available from: https://www.bloomberg.com/news/articles/2018-06-15/britain-s-robot-grocer-ocado-is-coming-to-the-u-s [Last accessed 19/6/2018].

15 Wilkinson, Sue (2017) How my weekly grocery shopping habits relate to U.S. grocery shopper trends, *Food Marketing Institute*, 25 July. Available from: https://www.fmi.org/blog/view/fmi-blog/2017/07/25/how-my-weeklygrocery-shopping-habits-relate-to-u.s.-grocery-shopper-trends [Last accessed 19/6/2018].

16 Kowitt, Beth (2018) How Amazon is using Whole Foods in a bid for total retail domination, *Fortune*, 21 May. Available from: http://fortune.com/longform/amazon-groceries-fortune-500/ [Last accessed 19/6/2018].

17 ibid.

18 ibid.

19 O'Brien, Mike (2018) Google, Amazon and the relationship between paid search and ecommerce, *Clickz*, 29 March. Available from: https://www.clickz.com/google-amazon-paid-search-ecommerce/213753/ [Last accessed 29/6/18].

20 Kowitt, Beth (2018) How Amazon is using Whole Foods in a bid for total retail domination, *Fortune*, 21 May. Available from: http://fortune.com/

亚马逊效应

longform/amazon-groceries-fortune-500/ [Last accessed 19/6/2018].

21 Bensinger, Greg (2015) Rebuilding history's biggest dot-com bust, *Wall Street Journal*, 12 January. Available from: https://www.wsj.com/articles/ rebuildinghistorys-biggest-dot-come-bust-1421111794 [Last accessed 19/6/2018].

22 Anonymous (2001) What Webvan could have learned from Tesco, *Knowledge at Wharton*, 10 October. Available from: http://knowledge. wharton.upenn.edu/article/what-webvan-could-have-learned-from-tesco/ [Last accessed 19/6/2018].

23 ibid.

24 Bluestein, Adam (2013) Beyond Webvan: MyWebGrocer turns supermarkets virtual, *Bloomberg*, 17 January. Available from: https:// www.bloomberg.com/news/articles/2013-01-17/beyond-webvan- mywebgrocer-turns-supermarketsvirtual [Last accessed 19/6/2018].

25 Anonymous (2001) What Webvan could have learned from Tesco, *Knowledge at Wharton*, 10 October. Available from: http://knowledge. wharton.upenn.edu/article/what-webvan-could-have-learned-from-tesco/ [Last accessed 19/6/2018].

26 Barr, Alistair (2013) From the ashes of Webvan, Amazon builds a grocery business, *Reuters*, 16 June. Available from: https://www.reuters.com/ article/amazon-webvan-idUSL2N0EO1FS20130616 [Last accessed 19/6/2018].

27 Ocado website. Available from: http://www.ocadogroup.com/who-we-are/ our-story-so-far.aspx [Last accessed 19/6/2018].

28 Barr, Alistair (2013) From the ashes of Webvan, Amazon builds a grocery business, *Reuters*, 16 June. Available from: https://www.reuters.com/ article/amazon-webvan-idUSL2N0EO1FS20130616 [Last accessed

19/6/2018].

29 Amazon press release (1999) Amazon.com announces minority investment in HomeGrocer.com, *Amazon*, 18 May. Available from: http://phx.corporate-ir.net/phoenix.zhtml?c=176060&p=irol-newsArticle&ID=502934 [Last accessed 19/6/2018].

30 Barr, Alistair (2013) From the ashes of Webvan, Amazon builds a grocery business, *Reuters*, 16 June. Available from: https://www.reuters.com/article/amazon-webvan-idUSL2N0EO1FS20130616 [Last accessed 19/6/2018].

31 Kowitt, Beth (2018) How Amazon is using Whole Foods in a bid for total retail domination. *Fortune*, 21/5. Available from: http://fortune.com/longform/amazon-groceries-fortune-500/ [Last accessed 19/6/2018].

32 Anonymous (2016) AmazonFresh expands to Chicago, Dallas, *Progressive Grocer*, 26 October. Available from: https://progressivegrocer.com/amazonfresh-expands-chicago-dallas [Last accessed 29/6/18].

33 Amazon press release (2007) Amazon.com's grocery store launches new Subscribe & Save feature allowing automatic fulfillment of most popular items, *Amazon*, 15 May. Available from: http://phx.corporate-ir.net/phoenix.zhtml?c=176060&p=irol-newsArticle&ID=1000549 [Last accessed 29/6/18].

34 Sheehan, Brian (2018) The key to a winning Amazon ad strategy? Go big everywhere else, *Ad Week*, 2 February. Available from: https://www.adweek.com/brand-marketing/the-key-to-a-winning-amazon-ad-strategy-go-bigeverywhere-else/ [Last accessed 29/6/18].

35 Paul Clarke, CTO of Ocado, speaking at Salesforce event in London, 2016.

36 Kowitt, Beth (2018) How Amazon is using Whole Foods in a bid for total retail domination, *Fortune*, 21 May. Available from: http://fortune.com/

亚马逊效应

longform/amazon-groceries-fortune-500/ [Last accessed 19/6/2018].

37 Amazon UK Analyst Briefing, London, July 2018.

38 Macadam, Dan (2018) Can supermarkets really deliver in a day? BBC,4
February. Available from: https://www.bbc.co.uk/news/business-42777284
[Last accessed 29/6/18].

第 7 章

1 McGregor, Jena (2017) Five telling things the Whole Foods CEO said about
the Amazon deal in an employee town hall, *Washington Post*, 20 June.
Available from: https://www.washingtonpost.com/news/on-leadership/
wp/2017/06/20/five-telling-things-the-whole-foods-ceo-said-about-the-
amazon-deal-in-anemployee-town-hall/?utm_term=.1e861128178f [Last
accessed 11/7/2018].

2 (2017) Thomson Reuters Streetevents edited transcript WMT-Wal-Mart
Stores Inc 2017 Investment Community Meeting, 10 October. Available
from: https://cdn.corporate.walmart.com/ea/31/4aa1027b4be6818f1a65ed5
c293a/wmt-usqtranscript-2017-10-10.pdf [Last accessed 19/6/2018].

3 Meyer, Robinson (2018) How to fight Amazon (before you turn 29), *The
Atlantic*, July/August issue. Available from: https://www.theatlantic.com/
magazine/archive/2018/07/lina-khan-antitrust/561743/ [Last accessed
11/7/2018].

4 McGregor, Jena (2017) Five telling things the Whole Foods CEO said about
the Amazon deal in an employee town hall, *Washington Post*, 20 June.
Available from: https://www.washingtonpost.com/news/on-leadership/
wp/2017/06/20/five-telling-things-the-whole-foods-ceo-said-about-the-
amazon-deal-in-anemployee-town-hall/?utm_term=.1e861128178f [Last
accessed 11/7/2018].

5 Lovelace, Berkeley Jr. (2018) Amazon could double Whole Foods' customer base with Prime perks: analyst. CNBC, 25/6. Available from: https://www.cnbc.com/2018/06/25/mark-mahaney-amazon-could-double-whole-foodscustomer-base-with-prime.html [Last accessed 11/7/2018].

6 Levy, Nat (2017) How Amazon's $13.7B purchase of Whole Foods is a 'blessing in disguise' for Instacart, *Geekwire*, 10 October. Available from: https://www.geekwire.com/2017/amazons-13-7b-purchase-whole-foods-blessingdisguise-instacart/ [Last accessed 11/7/2018].

7 Rovnick, Naomi (2017) Ocado dismisses fears of increased competition from Amazon, *Financial Times*, 5 July. Available from: https://www.ft.com/content/f48fecac-6151-11e7-8814-0ac7eb84e5f1 [Last accessed 9/7/2018].

8 Levy, Nat (2017) How Amazon's $13.7B purchase of Whole Foods is a 'blessing in disguise' for Instacart, *Geekwire*, 10 October. Available from: https://www.geekwire.com/2017/amazons-13-7b-purchase-whole-foods-blessingdisguise-instacart/ [Last accessed 11/7/2018].

9 Guest commentary.

10 Dawkins, David (2018) Marks and Spencer told to team up with Amazon to save retailer as stores close, *Express*, 20 June. Available from: https://www.express.co.uk/finance/city/977070/amazon-uk-marks-and-spencer-m-and-shigh-street-online [Last accessed 11/7/2018].

11 Key, Alys (2018) Iceland Food rules out deal with Amazon as Food Warehouse attracts new customers, *City AM*, 15 June. Available from: http://www.cityam.com/287618/iceland-sales-heat-up-food-warehouse-attracts-new-customers [Last accessed 11/7/2018].

12 Berg, Natalie (2017) 3 Predictions: Amazon and Wholefoods, *LinkedIn*, 21 June. https://www.linkedin.com/pulse/3-predictions-amazon-whole-foods-natalie-berg.

13 Ovide, Shira (2018) Amazon is still sorting out its grocery strategy, *Bloomberg*, 12 June. Available from: https://www.bloomberg.com/view/articles/2018-06-12/amazon-whole-foods-anniversary-sorting-the-groceries[Last accessed 11/7/2018].

第 8 章

1 Creswell, Julie (2018) How Amazon steers shoppers to its own products, *New York Times*, 23 June. Available from: https://mobile.nytimes.com/2018/06/23/business/amazon-the-brand-buster.html [Last accessed 29/6/2018].

2 Housel, Morgan (2013) The 20 smartest things Jeff Bezos has ever said, *The Motley Fool*, 9 September. Available from: https://www.fool.com/investing/general/2013/09/09/the-25-smartest-things-jeff-bezos-has-ever-said.aspx [Last accessed 29/6/2018].

3 Franck, Thomas (2018) Amazon's flourishing private label business to help stock rally another 20%, analyst says, *CNBC*, 4 September. Available from:https://www.cnbc.com/2018/06/04/suntrust-amazons-private-label-business-tohelp-stock-rally-20-percent.html [Last accessed 29/6/2018].

4 Lebow, Victor (1955) Price competition in 1955, *Journal of Retailing*, Spring.Available from: http://www.gcafh.org/edlab/Lebow.pdf [Last accessed 3/9/2018].

5 Creswell, Julie (2018) How Amazon steers shoppers to its own products, *New York Times*, 23 June. Available from: https://mobile.nytimes.com/2018/06/23/business/amazon-the-brand-buster.html [Last accessed 29/6/2018].

6 ibid.

7 Anderson, Keith (2016) Amazon's move into private label consumables,

Profitero (blog post) 28 July. Available from: https://www.profitero. com/2016/07/amazons-move-into-private-label-consumables/ [Last accessed 11/9/2018].

8 ibid.

9 ibid.

10 Anonymous (2018) Amazon worth a trillion? Advertising may hold the key to growth, *Ad Age*, 13 March. Available from: http://adage.com/article/ digital/amazon-worth-a-trillion-advertising-hold-key-growth/312716/ [Last accessed 29/6/2018].

11 Spitz, David (2018) Wow, RBC's @markmahaney out with report forecasting Amazon AMS to hit \$26 billion in revenue by 2022 – most aggressive projection I've seen (and I tend to agree). \$AMZN [Twitter] 22 June. Available from:https://twitter.com/davidspitz/ status/1010278559213084673 [Last accessed 29/6/2018].

12 Sparks, Daniel (2018) Amazon.com, Inc. talks advertising, Prime's price increase, and more, *The Motley Fool*, 29 April. Available from: https:// www.fool.com/investing/2018/04/29/amazoncom-inc-talks-advertising-primesprice-incre.aspx [Last accessed 29/6/2018].

13 Creswell, Julie (2018) How Amazon steers shoppers to its own products, *New York Times*, 23 June. Available from: https://mobile.nytimes. com/2018/06/23/business/amazon-the-brand-buster.html [Last accessed 29/6/2018].

14 Franck, Thomas (2018) Amazon's flourishing private label business to help stock rally another 20%, analyst says, *CNBC*, 4 June. Available from:https://www.cnbc.com/2018/06/04/suntrust-amazons-private-label-business-tohelp-stock-rally-20-percent.html [Last accessed 29/6/2018].

15 Smith, Cooper (2018) We've been doing a lot of analyses on Amazon's

亚马逊效应

private label marketing strategy and one of the starkest findings is the # of ads they run on other brands' product listings ... ex) 80% of product listing pages in the paper products (ie toilet paper) category have an ad for Presto! [Twitter] 25 June. Available from: https://twitter.com/ CooperASmith/status/1011314597213634560 [Last accessed 29/6/2018].

16 Burdick, Melissa (2016) Should CPGs be worried about Amazon Private Label? *LinkedIn*, 27 June. Available from: https://www.linkedin.com/ pulse/ should-cpgs-worried-amazon-private-label-melissa-burdick/ [Last accessed 29/6/2018].

17 Chaudhuri, Saabira and Sharon Terlep (2018) The next big threat to consumer brands (yes, Amazon's behind it), *Wall Street Journal*, 27 February. Available from: https://www.wsj.com/articles/big-consumer-brands-dont-have-an-answerfor-alexa-1519727401 [Last accessed 29/6/2018].

18 ibid.

19 Thomas, Lauren (2018) Amazon's 100 million Prime members will help it become the No. 1 apparel retailer in the US, *CNBC*, 19 April. Available from:https://www.cnbc.com/2018/04/19/amazon-to-be-the-no-1-apparel-retailer-inthe-us-morgan-stanley.html [Last accessed 29/6/2018].

20 Chazan, Guy (2017) Zalando updates its look as it prepares for a new push by Amazon, *Financial Times,* 28 May. Available from: https://www. ft.com/content/2e9d7e80-3bc0-11e7-821a-6027b8a20f23 [Last accessed 29/6/2018].

21 Business of Fashion and McKinsey (2017) The State of Fashion 2018 report.Available from: https://cdn.businessoffashion.com/reports/The_ State_of_Fashion_2018_v2.pdf [Last accessed 29/6/2018].

22 ibid.

第 9 章

1 Amazon Investor Relations (2017) 2016 Letter to Shareholders, 12 April. Available from: http://phx.corporate-ir.net/phoenix.zhtml?c=97664&p=irolr eportsannual [Last accessed 2/4/2018].

2 Amazon Netflix case study (2016) Amazon AWS. Available from: https:// aws.amazon.com/solutions/case-studies/netflix/ [Last accessed 2/4/2018].

3 Breeden II, J (2013) The tech behind NASA's Martian chronicles, *GCN*, 4 January. Available from: https://gcn.com/articles/2013/01/04/techbehind-nasa-martian-chronicles.aspx [Last accessed 2/4/2018].

4 Amazon retail case studies (2018), Amazon AWS. Available from: https:// aws.amazon.com/retail/case-studies/ [Last accessed 2/4/2018].

5 Wang, Helen (2017) Alibaba's Singles' Day by the numbers: a record $25 billion haul, *Forbes*, 12 November. Available from: https://www.forbes. com/sites/helenwang/2017/11/12/alibabas-singles-day-by-the-numbers-a-record-25-billion-haul/#4677e8b81db1 [Last accessed 24/4/2018].

6 GSMA Intelligence (2018) The Mobile Economy 2018, 26 February. Available from: https://www.gsmaintelligence.com/research/?file=061ad2d 2417d6ed1ab002da0dbc9ce22&download [Last accessed 10/6/2018].

7 Dvorak, John (1984) The Mac meets the press, *San Francisco Examiner*,2 February, quoted in Owen Linzmayer, *Apple Confidential 2.0*, p115. Available from: https://books.google.co.uk/books?id=mXnw5tM8QRwC&l pg=PA119&pg=PA119#v=onepage&q&f=false [Last accessed 24/4/2018].

8 Molen, Brad (2014) Amazon Fire phone review: a unique device, but you're better off waiting for the sequel, *Endgadget*, 22 June. Available from:https:// www.engadget.com/2014/07/22/amazon-fire-phone-review/ [Last accessed 1/5/2018].

9 Limer, Eric (2014) Amazon Fire Phone review: a shaky first step, *Gizmodo*,

22 June. Available from: https://gizmodo.com/amazon-fire-phone-review-a-shakyfirst-step-1608853105 [Last accessed 1/5/2018].

10 Wohlsen, Marcus (2015) The Amazon Fire Phone was always going to fail, *Wired*, 1 June. Available from: https://www.wired.com/2015/01/amazon-firephone-always-going-fail/ [Last accessed 1/5/2018].

11 Staff researcher (2017) 37 cart abandonment rate statistics, *Baymard Institute*, 9 January. Available from: https://baymard.com/lists/cart-abandonment-rate [Last accessed 1/5/2018].

12 Pathak, Shareen (2017) End of an era: Amazon's 1-click buying patent finally expires, *Digiday*, 13 September. Available from: https://digiday. com/marketing/end-era-amazons-one click-buying-patent-finally-expires/ [Last accessed 1/5/2018].

13 Brooke, Eliza (2014) Amazon touts reduced shopping cart abandonment with newly expanded 'login and pay' service, *Fashionista*, 16 September. Available from: https://fashionista.com/2014/09/amazon-login-and-pay [Last accessed 1/5/2018].

14 Molla, Rani (2018) Amazon Prime has 100 million-plus Prime memberships-here's how HBO, Netflix and Tinder compare, *Recode*, 19 April. Available from: https://www.recode.net/2018/4/19/17257942/ amazon-prime-100-million-subscribers-hulu-hbo-tinder-members [Last accessed 1/5/2018].

15 Rao, Leena (2017) Two years after launching, Amazon Dash shows promise, *Fortune*, 25 April. Available from: http: //fortune.com/2017/04/25/amazon dash-button-growth/ [Last accessed 1/5/2018].

16 Lipsman, Andrew (2017) 5 interesting facts About Millennials' mobile app usage from 'The 2017 U.S. Mobile App Report', *comScore*, Insights, 24 August.Available from: https://www.comscore.com/Insights/Blog/5-

Interesting-Facts-About-Millennials-Mobile-App-Usage-from-The-2017-US-Mobile-App-Report [Last accessed 1/5/2018].

第 10 章

1 Pemberton Levy, Heather (2016) Gartner predicts a virtual world of exponential change, *Gartner*, 18 October Available from: https://www.gartner.com/smarterwithgartner/gartner-predicts-a-virtual-world-of-exponential-change/[Last accessed 27/6/2018].

2 Staff researchers (2018) Artificial intelligence in retail market 2025-global analysis and forecasts by deployment type, retail type, technology and application [Report] *The Insight Partners*, February 2018, Available from:http://www.theinsightpartners.com/reports/artificial-intelligence-in-retail-market [Last accessed 1/5/2018].

3 Mackenzie, Ian, Meyer, Chris and Noble, Steve (2013) How retailers can keep up with consumers, *McKinsey & Company*, October. Available from:https://www.mckinsey.com/industries/retail/our-insights/how-retailers-can-keepup-with-consumers [Last accessed 9/7/2018].

4 Erickson, Jim and Wang, Susan (2017) At Alibaba, artificial intelligence is changing how people shop online, *Alizila*, 5 June. Available from:https://www.alizila.com/at-alibaba-artificial-intelligence-is-changing-howpeople-shop-online/ [Last accessed 9/7/2018].

5 Buzek, Greg (2015) REPORT: Retailers and the ghost economy: $1.75 trillion reasons to be afraid, *IHL Group*, 30 June. Available from: http://engage.dynamicaction.com/WS-2015-05-IHL-Retailers-Ghost-Economy-AR_LP.html [Last accessed 1/5/2018].

6 Staff writer (2018) In algorithms we trust: how AI is spreading throughout the supply chain, *Economist* Special Report, 31 March. Available from:

https://www.economist.com/news/special-report/21739428-ai-making-companies-swifter-cleverer-and-leaner-how-ai-spreading-throughout [Last accessed 1/5/2018].

7 Kopalle, Praveen Prof (2014) Why Amazon's anticipatory shipping is pure genius, *Forbes*, 28 January. Available from: https://www.forbes.com/sites/onmarketing/2014/01/28/why-amazons-anticipatory-shipping-is-puregenius/#4011e6ba4605 [Last accessed 1/5/2018].

8 Knight, Will (2015) Intelligent machines: inside Amazon, *MIT Technology Review*, 23 July. Available from: https://www.technologyreview.com/s/539511/inside-amazon/ [Last accessed 1/5/2018].

9 Amazon (2018) Amazon Prime Air, *Amazon.com*. Available from: https://www.amazon.com/Amazon-Prime-Air/b?ie=UTF8&node=8037720011[Last accessed 1/5/2018].

10 Harris, Mark (2017) Amazon's latest Alexa devices ready to extend company's reach into your home, *Guardian*, 27 September. Available from: https://www.theguardian.com/technology/2017/sep/27/amazon-alexa-echoplus-launch [Last accessed 12/11/2018]!]

11 OC&C News (2018) Alexa, I need ... everything. Voice shopping sales could reach $40 billion by 2022, *occstrategy*, 28 February. Available from: https://www.occstrategy.com/en-us/news-and-media/2018/02/voice-shoppingsales-could-reach-40-billion-by-2022 [Last accessed 10/6/2018].

12 Ovide, Shira (2018) Amazon won by losing the smartphone war, *Bloomberg*,28 September. Available from: https://www.bloomberg.com/gadfly/articles/2017-09-28/amazon-leaped-ahead-on-gadgets-by-losing-thesmartphone-war [Last accessed 1/5/2018].

13 ibid.

14 Marchick, Adam (2018) Strong signals that the Amazon Echo is changing

purchase behaviour, 30 May. Available from: https://alpine.ai/amazon-echochanging-purchase-behavior/ [Last accessed 24/6/2018].

15 Peapod (2017) Ask Peapod Alexa Skill, *Amazon.com*, 25 June. Available from:https://www.amazon.com/Peapod-LLC-Ask/dp/B072N8GFZ3 [Last accessed 1/5/2018].

16 Blog (2018) Help shoppers take action, wherever and however they choose to shop, *Google Inside Adwords*, 19 March. Available from: https://adwords.googleblog.com/2018/03/shopping-actions.html [Last accessed 24/6/2018].

17 Clavis Insight (2018) One Click Retail: the double click episode (video podcast), 15 March. Available from: https://www.youtube.com/watch?v=218LelVkGDQ&t=11s [Last accessed 13/9/2018].

18 ibid.

19 Blue Yonder (2018) Media alert: 'Amazon effect'will grow as retail challenges increase, say Blue Yonder, 16 April. Available from:https://www.blueyonder.ai/sites/default/files/media-alert-amazon-effect-willgrow-as-retail-challenges-increase.pdf [Last accessed 11/9/2018].

20 Chokshi, Niraj (2018) Is Alexa listening? Amazon Echo sent out recording of couple's conversation, *New York Times*, 25 May. Available from: https://www.nytimes.com/2018/05/25/business/amazon-alexa-conversationshared-echo.html [Last accessed 10/6/2018].

第 11 章

1 Greene, Jay (2015) Amazon opening its first real bookstore – at U-Village, *Seattle Times*, 2 November. Available from: https://www.seattletimes.com/business/amazon/amazon-opens-first-bricks-and-mortar-bookstore-at-u-village/[Last accessed 25/6/2018].

亚马逊效应

2 Press Release (2017) The shopping habits of today's consumers: ecommerce vs.in-store, *Imprint Plus*, 16 October. Available from: https://www. prnewswire.com/news-releases/the-shopping-habits-of-todays-consumers-ecommerce-vs-instore-300535550.html [Last accessed 25/6/2018].

3 Lipsman, Andrew (2017) 5 interesting Millennials' mobile app usage from the '2017 mobile app usage report', *comScore*, August 24. Available from: facts about https://www.comscore.com/Insights/Blog/5-Interesting-Facts-About-Millennials-Mobile-App-Usage-from-The-2017-US-Mobile-App-Report. [Last accessed 6/9/2018].

4 White Paper (2017) Amazon: the big e-commerce marketing opportunity for brands, *Kenshoo*, 13 September. Available from: https://kenshoo.com/ e-commerce-survey/ [Last accessed 20/6/2018].

5 Bazaarvoice (2018) The ROBO Economy: how smart marketers use consumergenerated content to influence omnichannel shoppers [E-book] January.Available from: http://media2.bazaarvoice.com/documents/robo-economyebook.pdf [Last accessed 6/6/2018].

6 Cullinan, Emily (2017) How to use customer testimonials to generate 62% more revenue from every customer, every visit, *Big Commerce*, 2 April.Available from: https://www.bigcommerce.com/blog/customer-testimonials/[Last accessed 20/6/2018].

7 Kurst, Dustin (2015) My 2.5 star trip to Amazon's bizarre new bookstore, *New Republic*, 4 November. Available from: https://newrepublic.com/ article/123352/my-25-star-trip-to-amazons-bizarre-new-bookstore [Last accessed 26/6/2018].

8 Gobry, Pascal-Emmanuel (2015) Why Amazon built a bookstore, *The Week*, 4 November. Available from: http://theweek.com/articles/586793/why-amazonbuilt-bookstore [Last accessed 25/6/2018].

9 Kim, Eugene (2017) Amazon is getting almost no revenue from its bookstores, *CNBC*, 26 October. Available from: https://www.cnbc. com/2017/10/26/amazon-is-getting-almost-no-revenue-from-its-bookstores. html [Last accessed 25/6/2018].

10 Lecinski, Jim (2011) Winning the zero moment of truth ebook, *Google*, June.Available from: https://www.thinkwithgoogle.com/marketing-resources/micromoments/2011-winning-zmot-ebook/ [Last accessed 25/6/2018].

11 Gevelber, Lisa (2018) How 'Near Me' helps us find what we need, not just where to go, *Think with Google*, May. Available from: https://www. thinkwithgoogle.com/consumer-insights/near-me-searches/ [Last accessed 26/6/2018].

12 Peterson, Haylet (2018) Google now lets you see what's on shelves at stores near you, and it's a powerful new weapon against Amazon, *Business Insider UK*, 12 June. Available from: http://uk.businessinsider. com/google-see-whatsin-store-vs-amazon-2018-6 [Last accessed 20/6/2018].

13 Murga, Guillermo (2017) Amazon takes 49 percent of consumers' first product search, but search engines rebound, *Survata*, 20 December. Available from:https://www.survata.com/blog/amazon-takes-49-percent-of-consumers-firstproduct-search-but-search-engines-rebound/ [Last accessed 25/6/2018].

14 ibid.

15 Press release (2016) Three, Two, One ... Holiday! Amazon.com launches Black Friday deals store and curated holiday gift guides, *Amazon*, 1 November. Available from: http://phx.corporate-ir.net/phoenix.zhtml?c=1 76060&p=irolnewsArticle&ID=2217692 [Last accessed 25/6/2018].

16 Mason, Rodney (2014) Dynamic pricing in a smartphone world: A shopper showrooming study, *Parago*, 4 January. Available from: https://www.slideshare.net/Parago/dynamic-pricing-30010764 [Last accessed 25/6/2013].

17 Amazon Technologies, Inc. (2017) Physical store online shopping control, US Patent No. 9665881, 30 May. Available from: http://patft.uspto.gov/netacgi/nph-Parser?Sect2=PTO1&Sect2=HITOFF&p=1&u=/netahtml/PTO/searchbool.html&r=1&f=G&l=50&d=PALL&RefSrch=yes&Query=PN/9665881[Last accessed 20/6/2018].

18 Displaydata commissioned report (2018) Analogue to automated: retail in the connected age, *PlanetRetail RNG*, May. Available from: https://info.displaydata.com/planet-retail [Last accessed 27/6/2018].

19 Official Journal of the European Communities (1998) Directive 98/6/EC of the European Parliament and of the Council on consumer protection in the indication of the prices of products offered to consumers, *EUR-Lex*,16 February. Available from: https://eur-lex.europa.eu/legal-content/EN/TXT/?uri=celex%3A31998L0006 [Last accessed 27/6/2018].

20 Official Journal of the European Communities (2011) Regulation (EU) No 1169/2011 of the European Parliament and of the Council of 25 October 2011 on the provision of food information to consumers, *EUR-Lex*, 25 October.Available from: https://eur-lex.europa.eu/eli/reg/2011/1169/oj [Last accessed 27/6/2018].

21 Profitero (2013) Profitero Price Intelligence: Amazon makes more than 2.5 million daily price changes, *Profitero*, 10 December. Available from:https://www.profitero.com/2013/12/profitero-reveals-that-amazon-com-makesmore-than-2-5-million-price-changes-every-day/ [Last accessed 27/6/2018].

注　释

22 Dastin, Jeffrey (2018) Amazon tracks repeat shoppers for line-free Seattle store – and there are many, *Reuters*, 19 March. Available from: https://ca.reuters.com/article/technologyNews/idCAKBN1GV0DK-OCATC [Last accessed 27/6/2018].

23 Liu, Richard (2018) Interview conducted by broadcaster and Plenary session moderator of World Retail Congress, Munchetty, N, Madrid, 17 April.

第 12 章

1 Kestenbaum, Richard (2017) HBC's Richard Baker on WeWork-Lord & Taylor deal: 'This is a moment of transition', *Forbes*, 24 October. Available from:https://www.forbes.com/sites/richardkestenbaum/2017/10/24/richard-bakerof-hudsons-bay-talks-about-we-work-lord-taylor-deal/#2ca653d23487 [Last accessed 30/6/2018].

2 Microsoft Office 365 (2017) Introducing Microsoft To-Do, now in Preview (online video). Available from: https://www.youtube.com/watch?v=6k3_ T84z5Ds [Last accessed 1/7/2018].

3 Thomas, Lauren (2017) Malls ditch the 'M word' as they spend big bucks on renovations, *CNBC*, 24 October. Available from: https://www.cnbc.com/2017/10/24/malls-ditch-the-m-word-as-they-spend-big-buckson-renovations.html [Last accessed 29/3/2018].

4 Selfridges (nd) Selfridges loves: the secrets behind our house. Available from:http://www.selfridges.com/US/en/features/articles/selfridges-loves/selfridgeslovesourhouse secrets [Last accessed 6/9/2018].

5 Abrams, Melanie (2017) Come for the shopping, stay for the food, *New York Times*, 26 October. Available from: https://www.nytimes.com/2017/10/26/travel/shopping-in-store-restaurants.html [Last accessed 30/6/2018].

亚马逊效应

6 Ringen, Jonathan (2017) Ikea's big bet on meatballs, *Fast Company*. Available from: https://www.fastcompany.com/40400784/Ikeas-big-bet-on-meatballs.[Last accessed 12/9/2018].

7 Henninger, Danya (2015) Vetri to sell restaurants to Urban Outfitters, *Philly*,16 November. Available from: http://www.philly.com/philly/food/Vetri_to_sell_restaurants_to_Urban_Outfitters.html [Last accessed 30/6/2018].

8 Prynn, Jonathan (2015) Burberry invites customers to check out its all-day café in the flagship Regent Street store, *Evening Standard*, 12 June. Available from:https://www.standard.co.uk/fashion-0/burberry-invites-customers-to-checkout-its-all-day-cafe-in-the-flagship-regent-street-store-10315921.html [Last accessed 30/6/2018].

9 Abrams, Melanie (2017) Come for the shopping, stay for the food, *New York Times*, 26 October. Available from: https://www.nytimes.com/2017/10/26/travel/shopping-in-store-restaurants.html [Last accessed 30/6/2018].

10 Ryan, John (2018) In pictures: how China's ecommerce giants Alibaba and JD.com have reinvented stores, *Retail Week*, 5 June. Available from: https://www.retail-week.com/stores/in-pictures-chinas-alibaba-and-jdcom-reinventstores/7029203.article?authent=1 [Last accessed 30/6/2018].

11 Alton, Larry (2018) Why more millennials are flocking to shared office spaces, *Forbes*, 9 May. Available from: https://www.forbes.com/sites/larryalton/2017/05/09/why-more-millennials-are-flocking-to-shared-officespaces/#3ec317ee69e8 [Last accessed 30/6/2018].

12 Casino Group and L 'Oreal (2018) The Casino Group and L'Oréal France unveil '... le drugstore parisien', 22 June. Available from:https://www.groupe-casino.fr/en/wp-content/uploads/sites/2/2018/06/2018-06-22-The-

注　释

Casino-Group-and-LOreal-France-unveil-le-drugstore-parisien.pdf [Last accessed 6/9/2018].

13 Translated from French.

14 Anonymous (2018) Two-thirds of world population will live in cities by 2050, says UN, *Guardian*, 17 May. Available from: https://www. theguardian.com/world/2018/may/17/two-thirds-of-world-population-will-live-in-cities-by-2050-says-un [Last accessed 30/6/2018].

15 Sharf, Samantha (2017) WeWork's acquisition of flagship Lord & Taylor is a sign of the changing real estate times, *Forbes*, 24 October. Available from:https://www.forbes.com/sites/samanthasharf/2017/10/24/in-a-sign-of-the-timewework-acquiring-lord--taylors-manhattan-flagship/#16255ee326ad [Last accessed 30/6/2018].

16 JLL (2017) bracing for the flexible space revolution. Available from:http://www.jll.com/Documents/research/pdf/Flexible-Space-2017.pdf[Last accessed 30/6/2018].

17 Kestenbaum, Richard (2017) HBC's Richard Baker on WeWork-Lord & Taylor deal: 'this is a moment of transition', *Forbes*, 24 October. Available from: https://www.forbes.com/sites/richardkestenbaum /2017/10/24/richard-bakerof-hudsons-bay-talks-about-we-work-lord-taylor-deal/#2ca653d23487 [Last accessed 30/6/2018].

18 Taylor, Kate (2018) Tesla may have just picked a spot for Elon Musk's dream 'roller skates & rock restaurant' – here's everything we know about the old-school drive in, *Business Insider*, 13 March. Available from:http://uk.businessinsider.com/elon-musk-tesla-restaurant-los-angeles-2018-3 [Last accessed 1/7/2018].

19 Anonymous (2018) Mothercare confirms 50 store closures, *BBC*, 17 May. Available from: http://www.bbc.co.uk/news/business-44148937 [Last

亚马逊效应

accessed 1/7/2018].

20 La Monica, Paul (2018) The death of the big toy store, *CNN*, 13 March. Available from: http://money.cnn.com/2018/03/15/investing/toys-r-us-toyretailers-dead/index.html [Last accessed 1/7/2018].

21 GlobalData Retail (2017) Press release: 46.2% of toys & games will be sold online by 2022, *GlobalData*, 17 October. Available from:https://www.globaldata.com/46-2-of-toys-games-will-be-sold-online-by-2022/ [Last accessed 1/7/2018].

22 Anonymous (2017) The challenge of selling toys in an increasingly digital world, *eMarketer*, 19 September. Available from: https://retail.emarketer.com/article/challenge-of-selling-toys-increasingly-digitalworld/59c169efe bd4000a7823ab1c [Last accessed 19/6/2018].

23 Hoand, Limei (2016) 7 Lessons for retail in the age of e-commerce, *Business of Fashion*, 13 September. Available from: https://www.businessoffashion.com/articles/intelligence/concept-store-story-rachel-shechtman-seven-retail-lessons [Last accessed 1/7/2018].

24 Ahrendts, Angela (2017) Another exciting chapter, *LinkedIn*, 27 December. Available from: https://www.linkedin.com/pulse/another-exciting-chapterangela-ahrendts/?trk=mp-reader-card&irgwc=1 [Last accessed 1/7/2018].

25 Casino Group and L'Oreal (2018) The Casino Group and L'Oréal France unveil '... le drugstore parisien', 22 June. Available from: https://www.groupe-casino.fr/en/wp-content/uploads/sites/2/2018/06/2018-06-22-The-Casino-Group-and-LOreal-France-unveil-le-drugstore-parisien.pdf [Last accessed 1/7/2018].

26 Parker, Ceri (2016) 8 predictions for the world in 2030, *World Economic Forum*, 12 November. Available from: https://www.weforum.org/

agenda/2016/11/8-predictions-for-the-world-in-2030/ [Last accessed 1/7/2018].

27 Taylor, Colleen (2011) Airbnb CEO: The future is about access, not ownership, *Gigaom*, 10 November. Available from https://gigaom. com/2011/11/10/airbnbroadmap-2011/ [Last accessed 12/9/2018].

28 Westfield (2017) Press release: Westfield launches style trial pop-up – rent this season's looks, November. Available from: https://uk.westfield. com/content/dam/westfield-corp/uk/Style-Trial-Press-Release.pdf [Last accessed 1/7/2018]

29 Balch, Oliver (2016) Is the Library of Things an answer to our peak stuff problem? *Guardian*, 23 August. Available from: https://www.theguardian. com/sustainable-business/2016/aug/23/library-of-things-peak-stuff-sharingeconomy-consumerism-uber [Last accessed 1/7/2018].

第 13 章

1 Video (2017) 'You do not want to give Jeff Bezos a seven-year head start,' *CNBC*, 8 May. Available from: https://www.cnbc.com/video/2017/05/08/buffett-you-do-not-want-to-give-jeff-bezos-a-seven-year-head-start.html [Last accessed 5/11/2018].

2 Lexis Nexis (2014) Annual Report: True cost of fraud study: post-recession revenue growth hampered by fraud as all merchants face higher costs,*LexisNexis*, August. Available from: https://www.lexisnexis.com/risk/downloads/assets/true-cost-fraud-2014.pdf [Last accessed 7/6/2018].

3 Wells, Jeff (2017) Report: France's drive is a growth model for U.S. grocery e-commerce, *RetailDive*, 20 July. Available from: https://www.fooddive. com/news/grocery–report-frances-drive-is-a-growth-model-for-us-grocery-e-commerce/447522/ [Last accessed 6/6/2018].

4 Global Data (2017) Click & Collect in the UK, 2017–2022, *GlobalData*, December. Available from: https://www.globaldata.com/store/report/vr0104ch–click-collect-in-the-uk-2017-2022/ [Last accessed 6/6/2018].

5 IMRG (2016) IMRG Collect+ UK Click & Collect Review, *IMRG*, 14 June.Available from: https://www.imrg.org/data-and-reports/imrg-reports/imrgcollect-plus-uk-click-and-connect-review-2016/ [Last accessed 6/6/2018].

6 Gov.uk (2016) Case study: Amazon lockers in libraries, *Gov.uk*, 5 January. Available from: https://www.gov.uk/government/case-studies/amazon-lockersin-libraries [Last accessed 7/6/2018].

7 Schlosser, Kurt (2017) Amazon's new 'Hub' delivery locker system is already a hit in San Francisco apartment building, *GeekWire*, 25 August. Available from:https://www.geekwire.com/2017/amazons-new-hub-delivery-locker-systemalready-hit-san-francisco-apartment-building/ [Last accessed 7/6/2018].

8 Lang, Cady (2017) How you can use Amazon Prime to help people in need this holiday season, *Time*, 12 December. Available from: http://time.com/5061792/amazon-prime-charity/ [Last accessed 2/6/2018].

9 Facebook (2018) Facebook Quarterly Earnings Slides Q1 2018, page 4, *Facebook Investor Relations*, 25 April. Available from: https://investor.fb.com/investor-events/event-details/2018/Facebook-Q1-2018-Earnings/default.aspx [Last accessed 6/6/2018].

10 Whistl (2018) Press release: Brits spending over £2bn on average a year on delivery subscriptions, *Whistl*, 25 May. Available from: http://www.whistl.co.uk/news/subscription-services-a-whistl-survey/ [Last accessed 6/6/2018].

11 Primack, Dan (2017) Unilever buys Dollar Shave Club for $1 Billion,

Fortune, 20 July. Available from: http://fortune.com/2016/07/19/unilever-buys-dollarshave-club-for-1-billion/ [Last accessed 24/4/2018].

12 Morrell, Liz (2018) British consumers spending more than £2 billion a year on delivery subscriptions, edelivery, 14 May. Available from: https://edelivery.net/2018/05/british-consumers-spending-2-billion-year-delivery-subscriptions/[Last accessed 13/9/2018].

13 Staff writer (2014) Instant gratification: Amazon launches 1-hour shipping in Manhattan, *CNBC*, 18 December. Available from: https://www.cbsnews.com/news/amazon-launches-1-hour-shipping-in-manhattan/ [Last accessed 6/6/2018].

14 Wienbren, Emma (2017) Two-hour deliveries will be normal, says Amazon Prime Now VP, *The Grocer*, 20 March. Available from: https://www.thegrocer.co.uk/channels/online/two-hour-deliveries-will-be-normal-says-amazon-primenow-vp/550248.article?rtnurl=/# [Last accessed 6/6/2018].

15 Galloway, Scott (2015) The future of retail looks Like Macy's, not Amazon,*Gartner L2*, 1 May. Available from: https://www.l2inc.com/daily-insights/thefuture-of-retail-looks-like-macys-not-amazon [Last accessed 7/6/2018].

16 Ladd, Brittain (2018) The Trojan Horse: Instacart's covert operation against grocery retailers, *LinkedIn*, 18 March. Available from: https://www.linkedin.com/pulse/trojan-horse-instacarts-covert-operation-grocery-retailing-ladd/[Last accessed 4/9/2018].

第 14 章

1 Harkaway, Nick (2012) Amazon aren't destroying publishing, they're reshaping it, *Guardian*, 26 April. Available from: https://www.theguardian.com/books/2012/apr/26/amazon-publishing-destroying [Last accessed

5/11/2018].

2 Sisson, Patrick (2017) How Amazon's 'invisible' hand can shape your city,*Curbed*, 2 May. Available from: https://www.curbed.com/2017/5/2/15509316/amazon-prime-retail-urban-planning [Last accessed 6/6/2018].

3 Holmes, Thomas J (2005) The diffusion of Wal-Mart and economies of density, *Semantic Scholar*, November. Available from: https://pdfs.semanticscholar.org/947c/d95a37c55eefb84ccab56896b4037f5c2acd.pdf [Last accessed 6/6/2018].

4 Machkovech, Sam (2015) Amazon Flex will pay you '$18-25 per hour' to deliver Prime Now packages, *Arstechnica*, 29 September. Available from:https://arstechnica.com/information-technology/2015/09/amazon-flex-will-payyou-18-25-per-hour-to-deliver-prime-now-packages/ [Last accessed 17/5/2018].

5 Consumerist (2016) Amazon Flex Drivers are kind of freaking customers out, *ConsumerReports*, 7 October. Available from: https://www.consumerreports.org/consumerist/amazon-flex-drivers-are-kind-of-freaking-customers-out/ [Last accessed 7/6/2018].

6 Bhattacharya, Ananya (2015) Amazon sued by delivery drivers, *CNN Tech*, 29 October. Available from: http://money.cnn.com/2015/10/29/technology/amazon-sued-prime-now-delivery-drivers/ [Last accessed 7/6/2018].

7 Lore, Marc (2017) Serving customers in new ways: Walmart begins testing associate delivery, *Walmart Today* (Blog), 1 June. Available from: https://blog.walmart.com/innovation/20170601/serving-customers-in-new-ways-walmartbegins-testing-associate-delivery [Last accessed 7/6/2018].

8 Trump, Donald (2018) Amazon US Postal Service tweet, @realDonald Trump, 31 March. Available from: https://twitter.com/realDonaldTrump/status/980063581592047617 [Last accessed 7/6/2018].

9 Gold, Michael and Rogers, Katie (2018) The facts behind Trump's tweets on Amazon, taxes and the postal service, *New York Times*, 29 March. Available from: https://www.nytimes.com/2018/03/29/us/politics/trump-amazon-postoffice-fact-check.html [Last accessed 7/6/2018].

10 US Postal Accountability and Enhancement Act 2006.

11 Jaillet, James (2017) Walmart pressures its carriers against doing business with Amazon, *ccjdigital*, 17 July. Available from: https://www.ccjdigital.com/walmart-pressures-its-carriers-against-doing-business-with-amazon/ [Last accessed 17/5/2018].

12 Target (2017) Here's how acquiring Shipt will bring same-day delivery to about half of Target stores in early 2018, a bullseye view (Blog), 13 December.Available from: https://corporate.target.com/article/2017/12/target-acquiresshipt [Last accessed 7/6/2018].

13 Waldron, J (2016) Bullseye! The Power of Target's Fulfilment Strategy, *eTail*, 20 June. Available from: https://etaileast.wbresearch.com/bullseye-the-powerof-targets-fulfillment-strategy [Last accessed 8 October 2018].

14 Deepfield Networks (2012) How big is Amazon's Cloud? *DeepField Networks*, 18 April. Available from: https://blogdeepfield.wordpress.com/2012/04/18/how-big-is-amazons-cloud/ [Last accessed 10/6/2018].

15 Wulfraat, Marc (2018) Amazon Global Fulfilment Centre Network, *MWPVL International Inc.*, June. Available from: http://www.mwpvl.com/html/amazon_com.html [Last accessed 19/6/2018].

16 Finley, Klint (2013) Christmas delivery fiasco shows why Amazon wants its own UPS, *Wired*, 30 December. Available from: https://www.wired.com/2013/12/amazon-ups/ [Last accessed 10/6/2018].

17 Sisson, Patrick (2017) 9 facts about Amazon's unprecedented warehouse empire, *Curbed*, 21 November. Available from: https://www.curbed.

亚马逊效应

com/2017/11/21/16686150/amazons-warehouse-fulfillment-black-friday [Last accessed 9/9/2018].

18 Edwards, Jim (2013) Brutal conditions in Amazon's warehouses threaten to ruin the company's image, *Business Insider UK*, 5 August. Available from:http://www.businessinsider.com/brutal-conditions-in-amazons-warehouses-2013-8?IR=T [Last accessed 10/6/2018].

19 Wikiquote (nd) Warren Bennis. Available from: https://en.wikiquote.org/wiki/Warren_Bennis [Last accessed 23/9/2018].

20 Smith, Cooper (2016) The Future of Shipping Report: Why big ecommerce companies are going after the legacy shipping industry, *Morgan Stanley*, June.Available from: https://read.bi/2JxXJMc [Last accessed 6/6/2018].

21 Greene, Jay and Gates, Dominic (2015) Amazon in talks to lease Boeing jets to launch its own air-cargo business, *Seattle Times*, 17 December. Available from:https://www.seattletimes.com/business/amazon/amazon-in-talks-to-lease-20-jets-to-launch-air-cargo-business/ [Last accessed 10/6/2018].

22 Kim, Eugene (2017) Amazon quietly launched an app called Relay to go after truck drivers, *CNBC*, 16 November. Available from: https://www.cnbc.com/2017/11/16/amazon-quietly-launched-an-app-called-relay-to-go-aftertruck-drivers.html [Last accessed 17/6/2018].

23 Amazon Technologies, Inc. US Patent Application (2013) Providing services related to item delivery via 3D manufac turing on demand, US Patent & Trademark Office, 8 November. Available from: https://bit.ly/1aQfBvU [Last accessed 10/6/2018].

24 Amazon Technologies, Inc. US Patent Application (2018) Vendor interface for item delivery via 3D manufacturing on demand, US Patent & Trademark Office, 2 January. Available from: http://pdfpiw.uspto.gov/.

piw?Docid=09858604 [Last accessed 10/6/2018].

25 Amazon has also rolled the same service out at Whole Foods to Amazon. com customers since its acquisition.

26 Gurdus, Elizabeth (2018) Kohl's CEO says 'big idea' behind Amazon partnership is driving traffic, *CNBC.com*, 27 March. Available from:https://www.cnbc.com/2018/03/27/kohls-ceo-big-idea-behind-amazonpartnership-is-driving-traffic.html [Last accessed 20/6/2018].

27 Brooks, Cristy (2017) Why smarter inventory means better customer service, *Walmart Today*, 16 August. Available from: https://blog.walmart. com/business/20170816/why-smarter-inventory-means-better-customer-service [Last accessed 20/6/2018].

28 Walmart (2017) Walmart reinvents the returns process (blog post), *Walmart*, 9 October. Available from: https://news.walmart.com/2017/10/09/walmartreinvents-the-returns-process [Last accessed 20/6/2018].

29 Nusca, Andrew (2017) 5 moves Walmart is making to compete with Amazon and Target, *Fortune*, 27 September. Available from: http://fortune.com/2017/09/27/5-moves-walmart-is-making-to-compete-with-amazon-andtarget/[Last accessed 13/9/2018].

30 Amazon (2018) Press release: Buckle up, Prime members: Amazon launches in-car delivery, *Amazon*, 24 April. Available from: http://phx.corporate-ir.net/phoenix.zhtml?c=176060&p=irol-newsArticle&ID=2344122 [Last accessed 10/6/2018].

31 Amazon (2016) First Prime Air delivery (video). Available from:https://www.amazon.com/Amazon-Prime-Air/b?ie=UTF8&node=8037720011[Last accessed 9/9/2018].

亚马逊效应

第 15 章

1 Kumar, Kavita (2018) Amazon's Bezos calls Best Buy turnaround 'remarkable' as unveils new TV partnership, *Star Tribune*, 19 April. Available from: http://www.startribune.com/best-buy-and-amazon-partner-up-in-exclusive-deal-to-sellnew-tvs/480059943/ [Last accessed 2/11/2018].

2 Khan, Lina (2017) Amazon's antitrust paradox, *Yale Law Journal*, 3 January. Available from: http://digitalcommons.law.yale.edu/cgi/viewcontent.cgi?article=5785&context=ylj [Last accessed 7/7/2018].

3 CNN (2018) Sen. Bernie Sanders: Amazon has gotten too big, *YouTube*, 1 April. Available from: https://www.youtube.com/watch?v=-AxDWoR_zaQ&feature=share [Last accessed 8/7/2018].